岩 波 文 庫

33-616-3

形 而 上 学 叙 説

他 五 篇

ライプニッツ著
佐々木能章訳

凡　例

本書に収めたのは、ライプニッツの中期から後期に至る手前まで、年号で言うと一六八六年から一六九九年までに書かれたものである。これらの作品の多くは、岩波文庫としてすでに刊行されている『モナドロジー』に先立つ時期のものであるので、あわせて一つの大きな流れを概観できる。

一、訳出した各著作の底本については、それぞれの表題への注で示した。
　以下は多くの著作で用いた。

　アカデミー版（A版と略す）*Gottfried Wilhelm Leibniz. Sämtliche Schriften und Briefe*, Darmstadt-Berlin, 1923-. 引用の指示はA（系列）,（巻）,（著作番号N.）もしくは（頁S.）。例えば、A VI, 5, N. 306, S. 1529–1588. なお、今回多くの著作で用いた第六系列第五巻（A VI, 5）は、訳出時点で暫定版（VE版、最新版は二〇二四年七月）なので、今後変更の可能性がある。

　ゲルハルト版哲学著作集（G版と略す）*Die Philosophischen Schriften von G. W. Leibniz*, hrsg. v. C. I. Gerhardt, Berlin, 1875–1890. 引用の指示はGP（巻）,（頁）。

これ以外の刊行本で、参照したもの。【　】内の漢数字は、本書著作番号。

ゲルハルト版数学著作集(GMと略す) *Leibnizens Mathematischen Schriften*, hrsg. v. C. I. Gerhardt, Berlin, 1849–1863. 引用の指示はGM（巻)，(頁)。

デュタン版(Dutと略す) *G. W. Leibniz. Opera omnia*, éd. par L. Dutens, Genève, 1768.

ビュルジュラン版【一】*Commentaire du Discours de Métaphysique de Leibniz*, éd. par P. Burgelin, Paris, 1959.

フィシャン版【一、二】*G. W. Leibniz Discours de Métaphysique suivi de Monadologie et autres textes*, éd. par M. Fichant, Paris, 2004.

フシェ・ド・カレーユ版【四】*Nouvelles lettres et opuscules*, éd. par L. A. Foucher de Careil, Paris, 1857.

フレモン版【一、四(四のみ仏訳)】*G. W. Leibniz Discours de métaphysique et autres textes 1663–1689*, éd. par C. Frémont, Paris, 2001.

フレモン版【五、六】*G. W. Leibniz Système Nouveau de la Nature et de la Communication des Substances et autres textes 1690–1703*, éd. par C. Frémont, Paris, 1994.

ル・ロワ版【一、二】*Leibniz Discours de Métaphysique et Correspondence avec Arnauld*, éd. par G. LeRoy, Paris, 1957, 2014.

レスティエンヌ版【一】*G. W. Leibniz Discours de Métaphysique*, éd. par H. Lestienne,

Paris, 1907, 6ème éd., 1970.

ロージー版【一、二】 *Leibniz Discours de Métaphysique sur la liberté, le destin, la grâce de Dieu Correspondence avec Arnauld*, éd. par J-P. Rauzy, Paris, 1993.

ロディス＝レヴィス版【二】 *Lettres de Leibniz à Arnauld d'après un Manuscript Inédit*, par G. (Rodis-) Lewis, Paris, 1952.

・翻訳(部分訳も含む)で参考にしたもの。

アリュー&ガーバー訳【一、四(英訳)】 G. W. *Leibniz Philosophical Texts*, ed. & tr. by R. Ariew & D. Garber, Indianapolis & Cambridge, 1989.

シュナイダー訳【一(仏独対訳)】 *Gottfried Wilhelm Leibniz Monadologie und metaphysische Schriften*, hrsg. und übers. von U. J. Schneider, Hamburg, 2002.

シュレッカー訳【三(羅仏対訳)】 G. W. *Leibniz Opuscules Philosophiques Choisis*, éd. trad. par P. Schrecker, Paris, 1959, 1969, 2001.

シュレッカー訳【三(英訳)】 *Leibniz Monadology and Other Philosophical Essays*, tr. by P. Schrecker & A. M. Schrecker, New York, London, 1965.

パーキンソン&モーリス訳【一、二、四(英訳)】 *Leibniz Philosophical Writings*, ed. by G. H. R. Parkinson, tr. by M. Morris & G. H. R. Parkinson, London, 1973.

ブヘナウ&カッシーラー訳【一、二、三、四(独訳)】 *Gottfried Wilhelm Leibniz Haupt-*

schriften zur Grundlegung der Philosophie, übers. von A. Buchenau, und hrsg. von E. Cassirer, Hamburg, 1966, 1996.
フランクス&ウルハウス訳【一（英訳）】G. W. *Leibniz Philosophical Texts*, tr. by R. Francks & R. S. Woolhouse, New York, 1998.
ホルツ訳【一（仏独対訳）】G. W. *Leibniz Kleine Schriften zur Metaphysik*, hrsg. und übers. von H. Holz, Frankfurt am Mein, 1996.
ロージー訳【四（仏訳）】G. W. *Leibniz Recherches Générales sur l'Analyse de notions et desVérités*. tr. par J-B. Rauzy, Paris, 1998.
ロムカー訳【一、二、三、四、五、六（英訳）】*Philosophical Papers and Letters*. tr. by L. E. Loemker, 1969, 2nd ed., Dordrecht/Boston, 1976.
河野与一訳【一、二】岩波書店、一九五〇年
清水富雄・飯塚勝久訳【二】（「世界の名著25」）中央公論社、一九六九年
増永洋三訳【二】（「人類の知的遺産38」）講談社、一九八一年
西谷裕作訳【一、二】（「ライプニッツ著作集」第I期第八巻）工作舎、一九九〇年
橋本由美子・秋保亘・大矢宗太朗訳【一、二】平凡社、二〇一三年
山田弘明・町田一編訳【一、二、三】知泉書館、二〇二三年
工作舎版『ライプニッツ著作集』（K版と略す）工作舎、第I期、全一〇巻、一九八八—

一九九九年、第Ⅱ期、全三巻、二〇一五―二〇一八年

・デカルトの引用

アダン&タヌリ版（ATと略す）*Œuvres de Descartes*, publiées par Charles Adam & Paul Tannery, Paris, 1996.

その他、注で触れた文献については、その該当箇所で書誌情報を示した。

一、原文にある（　）は基本的にそのまま（　）とする。

一、原文にある強調の隔字体（ゲシュペルト）は、傍点とする。

一、原文の引用文（イタリック体）は「　」で括る。

一、著作名（原文ではイタリック体）は『　』で括る。

一、本文の言語以外の表記は［　］で括り、［ラテン語の場合には］L、［ギリシア語の場合には］G、などと小字を付した。ただし「ア・プリオリ」のように定着した表現は通常通りに扱う。

一、原語の綴字は原文表記のままとし、現代表記には改めない。

一、〈　〉はひとまとまりの推論や叙述であることを示すために訳者が付したもので原文にはない。

一、〔　〕は訳者による補足。

目　次

形而上学叙説　他五篇

一　形而上学叙説(1)　一六八六年

Discours de Metaphysique

一 《神の完全性について、そして神はすべてのことを最も好ましい仕方で行うということについて。》

神の概念として人々に広く受け入れられ最も重要なものとされている理解の仕方は、[2] 神は絶対的に完全な存在だ、という言葉で表される。[3] しかしその先のことは考えられていない。そこにもっと深入りするためにまず注意しておいた方がよいのは、自然の中には全く異なる種類の完全性〔美点〕が幾つもあり、神はそれらすべてを一緒に保有していて、しかもその一つ一つの完全性〔美点〕はどれもが最高の程度で神に属している、ということである。完全性とは何か、ということも知っておかなければならない。完全性であるためのきわめて確かな指標となるのは、例えば数や図形のようにその形相《けいそう》や本性《ほんせい》が最高度に達し得ないものは、完全性ではない、ということである。なぜなら、最大の数（あるいはすべての数の個数）だとか最大の図形というものには矛盾が含まれるからである。ところが最大の知とか全能には不可能なところはない。したがって、能力や知識は完全性〔美点〕であり、それらが神に属している限りは、限界をもたない。そういうわけで、神は至高にして無限の知恵を有し、形而上学的な意味としてだけではなく実践的に言っても最も完全な仕方で振舞うことになる。このことを我々人間に即して表すならば、神の作品が明らかになりそれについての知識が増えるにつれ、その作品は優れたものであり、人が何を望んだとしても一つ残らず望み通りとなっている(4)ことが人々には一層よくわかるようになる。

二　《神の作品に良《よ》さはないとか、善や美の規則は任意だ(5)などと主張する人々に反対して。》

世の中には、自然の事物そのものの内にであれ、神がその事物に抱く考え方の内にであれ、善や完全性の規則はないと主張する人々(6)がいるが、私の考えからは遠く離れている。この人たちは、神の作品が良い(7)とされるのはそれを神が作ったからだという形式的な理由にのみあるとしている。しかしもしそうだとしたら、神は自分が作者だと知っていながら、自分の作品を後から見てこれで良しと言ったという聖書の言葉(8)には何の意味もないことになってしまう。聖書が擬人的に語ったのは、神の作品が優れたものであることは作品そのものを見れば一目瞭然であって、ことさら〔神が〕作品の原因(9)であることをあからさまに示して思い起こさせるまでもない、ということを人々に知らせようとしたからに他ならないだろう。そしてまた、作品をじっくり見れば作者を見出すことができるということもまた確かなことであり、作品はその中に作者の特色を示しているに違いないのである。これと反対の考え方はとても危険であり、近頃の革新派の人々の考え方に極めて近い。この人たちは、宇宙の美しさも、神の作品に人々が与える良さも、神を自分なりの仕方で捉える人間の幻想にすぎないと考えている。そして、事物が良いのは善の規則によるのではなく、単に神がそう望んだからだと言って、神の愛とその栄光を浅はかにも打ち壊してしまう。仮に神が全く反対のことをしても同じように称えられるとしたら、一体その所業からなぜ神を称えることができるというのだろうか。それゆえ更に、もし専制的な権力しかないならば、また意志が理由にとって代わるならば、そして、暴君の定義通りに、最強の者が気に入ったということだけで正当だとされるならば、神の正義と知恵はどこにあるというのだろうか。言うまでもないことながら、およそ意志は[意志すべき何らかの理由]を前提にしている。あるいは本来的に理由は意志に先行するとも言える。こう考えてみると、他の幾人かの哲学者の主張にもきわめて奇妙な言い回しがあることもわかった。彼らは形而上学の永遠真理も幾何学の永遠真理もそしてそれゆえ善や正義その他の完全性〔美点〕の規則も神の意志の結果に他ならないと主張している。これに対して私は、そうした永遠真理や完全性の規則は神の知性から生じたものであると考えている。神の知性はその意志に依存するものではない。それは神の本質が意志に依存しないのと同じことだ。

三 《神はもっと良く行うことができたはずだと考える人々に反対して。》

また近頃は、神が行うことは完璧だったのではなくもっと良く行うことができたはずだ、などと向こう見ずにも主張する人々がいるが、(14) これにも私は与《くみ》することができない。なぜなら、このような考え方の帰結たるやおよそ神の栄光とは相容れないからである。[より少なき悪が善の理由となるのと同様に、より少なき善は悪の理由となる。]L もっと完全に行おうと思えばできたはずなのに完成度が低くなるように行うということは、不完全に行うということである。建築家の作品に対してもっと良いものができたはずだと非難するなら、それはその作品を貶《けな》していることになる。これは聖書に反することでもある。聖書は神の作品が良いものであることを我々に請け合っているからである。そもそも不完全なものにはいくらでも下があるのだから神がどんな仕方で自分の作品を作ってもそれより不完全なものと比べればましに決まっている、などといった仕方でしか褒め称《たた》えないとしたら、そのような作品は全く称賛には値しない。聖書や教父の書物には私の考え方の後押しをしてくれる言い回しを幾らでも発見できるが、近頃の学者の考え(15) 方に賛意を示しているような箇所は一つとして見つからない。思うにこの人たちの考え方は前代未聞の代物で、宇宙の普遍的調和とか神の導きの隠れた理由について我々があまりにも知らなすぎるということにのみ基づいている。このために我々は向こう見ずにも多くの事物はもっと良いものであり得たはずだと考えることになってしまうのである。しかもこの人たちは、根拠もない瑣末な議論にしがみつき、どれほど完全なものであってもそれを上回って完全なものがあると思っているが、それも間違いである[16]。彼らはまた、至高の理由に完全に従った行いがまるで最高の自由ではないかのように考えることで神の自由を請け合えると思っているが、そもそも神が場面によっては何を欲するか一切の理由もなしに行うなどということはあるはずもないのだから、そのような考え方は神の栄光にはふさしくないものである。例えば、神がAとBのどちらかを選ぶとして、Aを選んだがBよりも好ましいという理由を示さなかったとしたら、このような神の行いは少なくとも称賛に値しないことになる。というのも、およそ称賛とは何らかの理由に基づいていなければならないのに、この場合には[仮定から]L称賛する理由は見当たらないからである。こうした考え方とは違って私は、神は称賛に値しないようなことは一切行わないと考える。

四《神を愛するためには、神が行うことに余す所なく満足しそれを受け入れることが求められる。[18]》

神は常に可能な限り最も完全で最も好ましい仕方で行うという偉大な真理を一般的に認めることは、私が思うに、何事も神のお陰と我々が思う神への愛の基礎である。それというのも、愛する者とは、愛される相手とその行いが幸福や美点〔完全性〕を備えていることに自分が満足しようとする者だからである。「同じものを望み同じものを厭うのが真の友情だ。」L[19] それだから、神が望むことを自分も望むような気持ちになっていない人がいたら、また神が望むことを変える力が自分にあるとまで思っている人がいたら、その人は神を深く愛しているなどとはとても言えない、と私は信じる。実際、神が行うことに満足を覚えない人々は、不満を抱く臣下のように私には思われる。この人たちの心持ちは反乱分子のものとさして変わらない。したがって、これらの原理〔神の行いは完全だと認めること〕に従うとしても、仕方なしにそうするというのでは、神への愛にふさわしい行いをすると言えるためには十分ではない。神の意志に従って我々に生じたことに全面的に満足することが必要なのだと私は考える。というのも、未来のことについて、静寂主義者[20]になってもいけないし、古代の人々が「怠惰な理屈」G と呼んだ詭弁[21]に乗って神のなすことを愚かにも拱手傍観《きょうしゅぼうかん》していてもいけないからだ。むしろ我々に思いが及ぶ限りにおいて神の意志を推し量って全体の善に寄与しつつ、個別的な場面では、自分が直接関わるところ、身近にあるところ、要するに自分の手が届く範囲を整え優れたものとするように行う必要がある。それというのも、ある出来事があったために、我々の善き意志がその結果をもたらすようにと神がその時点では望んでいなかったということがわかったとしても、だからといって、我々が実際に行ったことを、行わないようにと神が望んでいたということにはならないからだ。むしろその逆で、最も優れた師匠がするように、神は〔人々に〕真《ま》っ直《す》ぐな意向のみを求めていたのであり、その善き計画が成就するための時と場所を見極めることが神の仕事なのである。(22)

五　《神の導きの完全性の規則とは何か、そしてその導きの単純さと結果の豊かさとは釣り合っていること。》

それゆえ、神はすべてを最善になるように行うこと、そして神を愛する者を損なうことは誰にもできないこと、この点を神に対して信頼をおけば十分なのである。(23)とはいえ、この実際の宇宙の秩序を選択し、罪の存在を許容し、何らかの仕方で回復させる恩寵を施すように神を突き動かすことができる理由を一つ一つ知ることは、有限な精神の力を超えている。とりわけこの精神が神に見《まみ》えることの歓びにまだ達していないならばそうなる。しかしながら、万物を統御する際の神の摂理の導き方については、一般的な形でいくつか指摘しておくことができる。まず完全な行いをする者については、熟達した幾何学者に似ている。ある問題に対して最もよい作図法を見つけることができるからである。優れた建築家にも似ている。土地と資金を節約しながら最も効率的な仕方で建物を作り、しかも不快を与えることなく美しさも兼ね備えたものを作るからである。よき家長にも似ている。自分の財産を余すところなく有効に活用するからである。熟練した機械技師にも似ている。できる限り不具合が生じないやり方を選んで結果をもたらすからである。学識の深い著者にも似ている。できる限り少ない分量の中に可能な限り多くの内容を盛り込むからである。ところで、あらゆる存在の中で、最も完全でしかも占める量も最も少なく互いに邪魔し合わないものと言えば、それは精神である。これが持つ様々な完全性〔美点〕はどれもが徳である。従って、精神の幸福が神の主要な目的であること、そして神は全体の調和が許す限り大きな幸福を実現させようとしていることを疑ってはいけない。この点については更に後ほど述べるとしよう。次に、神のとる方途が単純であることについてだが、単純さは本来手段について言われるもので、これに対し多様さ、豊かさ、豊穣さは目的や結果に関して言われる。そして単純であることと多様であることとは互いに釣り合っていなければならない。所定の建築費用と期待した大きさや美しさとが釣り合っているのと同じことである。確かに、神に費用はかからない。哲学者であれば自分の想像的な世界を作り出すために仮説を立てなければならないが、神にはそれさえもいらない。神ならば世界を実在させるためには決定を下すだけでよいからだ。しかし知恵の働きを問題にするならば、〔神の〕決定であれ〔哲学者の〕仮説であれ、内部で互いに独立してばらばらになっていたらそれだけ余計に知恵を絞らなければならなくなる。理性が求めているのは、仮説や原理が多数になるのを避けることである。天文学でいつも最も単純な説が好まれることにやや似ている。[24][25]

六《神は秩序に外れるようなことは一切しない。規則的でない出来事を仮構することさえあり得ない。》

神の意志も行為も、一般的には通常のものと超常的なものとに区分されている。[26]しかし神は秩序から外れることは一切しないと考えておく方がよい。超常的なものとして通用しているものも、特定の仕方で立てられた何らかの秩序に照らしさえすれば、超常的ではなくなる。というのも、普遍的な秩序に照らすなら何事もその秩序に合致しているからである。全く不規則であるようなものなどこの世界にあり得ないばかりか、そのようなものは考えつくことさえできないのは明らかだ。例えば、[27]紙の上にでたらめに多数の点を書くとしてみよう。これはジオマンシー[28]の怪しげなやり方のようだが、それでもそこにはある規則に従って一定で一様となることを示す幾何学的な線を見つけることができるはずだ。この時その線が辿るすべての点は描いた手の動きが示した順番通りとなっている。もし線をずっと辿っていくなら、それが直線でも円でもその他の形でも、その線のすべての点に共通し、同じ変化を生じさせるような概念とか規則とか方程式などを見つけることは可能である。そのため、例えば顔の輪郭は必ず幾何学的な線からなり、ある規則的な運動で一息に辿ることができる。しかし規則があまりに複雑であるときには、その規則に従っているものでも不規則なものとされてしまうことがある。そのために、どのような仕方で神がこの世界を造ったにせよ、世界は〔神が造ったのだから〕いつでも規則的で何らかの全体的な秩序の中にあったはずだ、と強弁することもできる。しかし神が選んだ世界は、最も完全なもの、つまり仮定においては最も単純で同時にその現れ方においては最も豊かな世界である。これはいわば幾何学の線で、作図は簡単なのにその特性やそこから出てくる結果は実に見事で多岐にわたるようなものである。この比喩を私が用いるのは、神の知恵と不完全ながら類似性があることを描写し、少なくとも我々の精神を高めて、十分には表現できないものを何らかの仕方で理解できるようにするためである。しかし全宇宙が依存している偉大なる神秘をこれだけで解明できるなどと言うつもりはない。

七《奇蹟は、下位の準則には反していても、全体的な秩序には合致している。神が望んでいるものあるいは容認しているものについて、そして全体的な意志あるいは個別的な意志について。》

秩序の内にないものがなされることは決してあり得ないのだから、奇蹟もまた自然の働きと同じように秩序の内にあると言える。(29) ここで自然の働きと呼ばれているものは、それが事物の本性〔自然〕と我々が呼んでいる何らかの下位の準則に合致している。なぜならば、この自然は神の習慣に他ならず、現行のこの準則を用いるべきだと神を動かした理由よりももっと強力な理由があれば、神はこの準則を使わないこともできると言えるからである。全体的な意志と個別的な意志(30)に関しては、問題の立て方による。神が最も全体的な意志に従ってすべてをなすと言うことができるのは、神が選択した最も完全な秩序に適《かな》っている場合である。神が先に述べた下位の準則にとっては例外であるような個別的な意志を持つことがあるとは言えるものの、宇宙の一連の流れを統御する神にとっての法則の中で最も全体的なものに例外はないからである。また、神は個別的な意志の対象となるすべてのことを欲しているとも言えるが、全体的な意志の対象としては、例えば被造物の働き、特に神が協力しようとしている理に適った働きは特筆しておくべきである。なぜなら、その働きがそれ自体として善いものであるならば、たとえそれが実際に行われなくても、神はそれを欲しているし時には命じもすると言うことができるけれども、それが仮にそれ自体では悪しき行いでありながら、たまたま善いものとされているにすぎない場合もあるからである。例えば、事の成り行きで、賞罰が悪意を正し、悪事が言わば利子付きで償われ、その結果、悪事がなかった時よりも終わってみれば完成度の高いことになってしまうような場合である。このような時に、神はその悪事を容認すると言うべきであって、たとえ神は既に設定していた自然の諸法則によって協力しているし、そうすればもっと大きな善を引き出すことを知っているからといって、神がその悪事を欲していると言うべきではない。

八《神の作用[31]と被造物の作用とを区別するために、個体的実体という概念とは何かを説明する。》

神の作用と被造物の作用とを区別することは実に難しい。[32]なぜなら、神は何でも行うと信じている人もいれば[33]、神は自分が被造物に与えた力を維持することしかしない、と思っている人もいるからである。[34] 以下ではこの両者の考え方の意味するところを明らかにしたい。さて、能動的作用も受動的作用も本来個体的実体に属している（「作用は基体に属す」[35]）のだから、個体的実体とは何かということを説明しなければならないだろう。たしかに、複数の述語が同一の主語に帰属し、この主語が他の主語に属していないときに、その主語は個体的実体と呼ばれる。しかしそれだけでは十分ではない。このような説明は名目的でしかない。それゆえ、主語に真に帰属するというのがどのようなことかを考察しなければならない。さて、真なる述語づけは必ず事物の本性のうちに何らかの基礎をもっている。そしてある命題が同一命題でない場合、つまり述語が主語に明示的に含意されていない場合、述語は潜在的に主語に含意されていなければならない。このことを哲学者たちは「内在」つまり述語は主語の内にある、[36]と呼んでいる。したがって、主語の名辞〔項〕は常に述語の名辞を含み、その結果、主語の概念を完全に理解する者は、述語もまたその主語に属していると判断することになる。以上から、個体的実体つまり完成された存在は本来、その実体を把捉するのに充分なだけ完成された概念を持っていて、その概念が帰属する主語のすべての述語をその概念から引き出すことができるようなものである。したがって、アレクサンドロス大王[37]に属する王という地位は、この主語から切り離してしまうと、それだけでは一人の個人を特定することができないし、その当の主語に属する他の性質を含まず、この君主の概念が包括しているもののすべてを含んでいるわけでもない。ところが神は、アレクサンドロスの個体的な概念つまりこのもの性[38]を見ることで、アレクサンドロスについて真に言われうる述語すべての基礎と理由とを同時に見ている。例えば、ダレイオスとポロスに勝利したことや死因は自然死だったか毒殺だったかということまでも、ア・プリオリに(つまり経験によらずに)知っている。これは我々〔人間〕なら歴史によらずしては知ることができないことである。そしてまた、事の仔細をよくよく考慮に入れるなら、アレクサンドロスの心の内には、かつて去来したすべての事も、今後起こることになるすべての事の予兆も、そして宇宙に現に生じているすべての事の痕跡さえも、いつでもあるのだと言うことができる。もっとも、これらすべてを認識できるのは神をおいて他にはいない。

九　《単一の実体はそれぞれが自分なりの仕方で全宇宙を表出[39]している。そしてその実体の概念には、それ自身に起きるすべての出来事が、関連するすべての状況やすべての外的な出来事とともに含まれている。》

以上のことから、特筆すべき多くの逆説[40]が引き出される。とくに以下の諸点は重要である。まず、二つの実体が何から何まで互いに類似していて［数においてのみ］異なっている[41]、というのは真ではない。また、この点で聖トマスが天使や知性体について説いていたこと（「そこではすべての実体は最低種である」[42]）は、種的差異を幾何学者が図形について理解していたように捉えれば、すべての実体について当てはまる。[43] さらに[44]、どの実体も創造に依らずには生じ得ず、絶滅に依らずには死滅し得ない。一つの実体を二つに分割することはできないし、二つの実体から一つの実体を作ることもできない。したがって、実体は、しばしば形態を変えることがあっても[45]、その総数は自然の経過においては増加も減少もしない。さらに言うなら、実体はすべてそれぞれが一つの世界全体のようであり、神を映しあるいはむしろ全宇宙を映す鏡のようである。[46] そして各実体はそれぞれが自分なりの仕方で宇宙全体を表出している。それは同一の都市がそれを眺める人の異なる位置によって別々に表現[47]されているのと幾分似ている。こうして宇宙は実体の数だけ倍加され、神の栄光もまたその作品のすべての異なる表現の数だけ倍加される。そしてまた、どの実体も何らかの仕方で神の全知と全能の特性を帯び、可能な限り模倣していると言える。なぜならば、どの実体も、宇宙に生じることは過去も現在も未来もすべて、雑然とした仕方によってではあっても、表出しているからである。これは〔神における〕無限の表象もしくは認識と多少は似ている。そしてその実体の周囲にあるすべての実体もその当の実体を表出していてその実体に整合しているので、その実体は、創造主の全能を真似て自分の力を他のすべての実体にまで及ぼしている、と言える。

一〇[48]《実体的形相の考え方には堅実なところがある。しかしこの形相は現象においては何も変えないし、個別の結果を説明するために用いてもならない。》

古代の人々ばかりではなく、数世紀前に神学や哲学を教え深い思索に熟達した有能な人々、しかもその中には聖人として尊敬を集めた人もいたのだが、この人たちは私が今述べたことをある程度認識していたと思われる。そのため彼らは、実体的形相の考え方を導入し主張していたのだが、この考え方も今や悪評の的となってしまった。しかし彼らはさほど真理から遠かったのではないし、現今の哲学者たちが軒並み思い込んでいるほど浅薄だったわけでもない。もちろん私とて、実体的形相を考慮することが自然学の細部においては役に立たず、個別の現象の説明のために用いるべきではない、ということは承知している。このことの理解がスコラ哲学者たちには欠けていた。そしてそのスコラ哲学者を範と仰いだかつての医学者たち[49]も、形相だとか性質だとかを口にすれば、身体の働き方をわざわざ調べなくても身体の特性を説明できると信じていた。それはまるで、時計にはその形〔相〕に由来した示時性[50]が備わっていると言うだけで満足し、その性質の成り立ちについては考えに入れないでいるようなものである。自分は時計を買うだけで手入れは他人任せということであれば、それでも事は足りる。しかし形相がこのような理解不足や誤用に陥っているからといって、拒否せざるを得ないというものではない。形相を認識することは形而上学にとって不可欠なことであり、これを認識せずには第一原理を認識することもできないし、非物体的な自然や神の驚異を認識できるまでに精神を高めることもできないと私は考える。とはいえ、幾何学者は連続体の合成という有名な迷宮(51)で頭を悩ます必要はないし、道徳哲学者や法律家や政治家は自由意志と神の摂理との調停という場面に見られる大きな困難に腐心する必要もない。なぜなら、哲学や神学においては常に不可欠で重要である議論であっても、幾何学者はそれにかかずらわずにすべての証明を最後まで成し遂げられるし、政治家は議論などしなくてもすべての審議を終了させることができるからである。同様にして自然学者は、経験上のことを説明するために、ときにはもっと単純な解明済みの経験を用いたり幾何学的証明や力学的証明を利用したりできるが、御門違《おかど》いの一般的な分野にまで考察を広げる必要はない。もしここで自然学者が、神の協力とか霊魂とか原質《アルケウス》(52)やこうした類のものの助けを借りようとしたなら、常軌を逸している。それは、実践の場で熟考を要する重要な場面で運命とは何か人間の自由とは何かなど大真面目で考え込んでいる人と変わらない。実際、人間は宿命という考えに取り憑かれると、健全な決断や必要な配慮から目を逸《そ》らしてしまって、思わず誤りを犯しがちである。

一一　《スコラ哲学者と呼ばれている神学者や哲学者の思索は一概に軽蔑に値するわけではない。[53]》

私があえて大きな逆説を提示したのは、古代の哲学をいわば名誉回復し、また追放同然となっている実体的形相を〔復権し〕再登場させることを目論んでのことであった。[54]しかし私のこれまで〔の経緯〕を知ってもらえば、おそらくはおいそれと非難されることはないはずだ。実際、私は新しい哲学についてはしっかりと考えてきたし、十分に時間をかけて自然学の実験や幾何学の証明をしてきた。そしてその間に実体的形相なる存在は教えられるままに虚妄だと長い間信じ込んでいた。しかしながらそれまで教えられていたことを自分自身で追求してみると、近頃の新しい学者たちが聖トマスやその時代の偉大な人々の考え方を正当に評価していないこと、スコラ主義の哲学者や神学者の考え方の中には、時宜と場を弁《わきま》えさえすれば、予想外にしっかりしたところがあることに否応なしに気づくようになったのである。それだから、もし正確にしかも深く思索を巡らす精神を具《そな》えた人が彼ら〔古い時代の学者たち〕の思想を解析幾何学者のような仕方で解明し咀嚼《そしゃく》する労をとってくれることがあれば、その思想の中から極めて重要でしかも完璧に論証的であるような多くの真理という宝を発見するとさえ私は確信している。

一二《延長を本質とする概念は想像的な(55)ところを含んでいるため、物体の実体を構成することはできない。》

考え方の手順を振り返ってみよう。実体の本性について私が既に述べたように理解して考えを進めるならば(56)、物体〔身体〕(57)の本性それ自体は延長にのみあるわけではない、つまり大きさや形や運動にのみあるのではなく、魂に関係を持った何らかのものがその物体の内にある、ということを必ずや認めることになると私は思う。そしてこれこそが一般に実体的形相と言われているものである。とはいえ実体的形相は現象においては何も変えない。また動物に魂があるとしてそれもやはり現象を変えることはない。さらに、形や大きさや運動についての概念は、〔いずれも〕人が考えるほどには判然としたものではなく、そこには想像的なものや我々の表象に関わるものが含まれていると証明することができる。例えば(この例の方がはっきりするが)色や熱やその他の感覚的性質について、それが本当に我々の外にある自然の事物としてあるのかどうか疑うことができる。それゆえ、この種の感覚的性質は実体を構成することができない。そして、私が今述べたもの以外には物体の中に同一性の原理がないとしたら、物体は一時《ひととき》も存続することはできなくなるだろう。ところが一口に魂とか実体的形相と言っても、知性を具えた魂とそれ以外のものとでは大きく異なる。知性を具えた魂だけが自分自身の行動を認識し、自然的には滅びないだけではなく、常に自分自身の何たるかを認識する基礎(58)を保持してもいる。これによって、その魂だけが賞罰に値するものとなり、神が盟主である宇宙という国家の市民となるのである。そしてこの魂以外の被造物はその魂に奉仕しなければならないことになる。このことは後ほどもっと詳しく述べることにしよう。

一三　《各人の個体概念は、その人にいつか生じることのすべてを一遍に含んでいるので、その概念を見れば、それぞれの出来事についての真理のア・プリオリな証明もしくは理由、つまりなぜ他《ほか》ならぬこのことが生じたのかということがわかる。しかしこの真理は、どれほど確実であっても偶然的であることに変わりはない。それは神もしくは被造物の自由意志に基礎付けられているからである。神であれ被造物であれ、その選択には常に理由があるが、その理由は傾かせるが強いることのないものである。》

しかし先に進む前に、先ほど提起した基礎的な論点から生じそうな大きな困難を解決しておかなければならない。私が述べたのは、個体的実体の概念にはそれ自身にいつか生じ得ることのすべてが一遍に含まれているということ、そしてその概念を検討すれば、ちょうど円の本性の中には円のすべての特性がそこから演繹されるのがわかるのと同じように、その実体について真だとして言われることのすべてを見ることができる、ということであった。これに対して、もしそうだとしたら偶然的な真理と必然的な真理との区別がなくなってしまい、人間の自由はどこにもないことになり、そして世界に生じるあらゆる出来事とともに我々の行為のすべてをも絶対的な宿命が支配することになってしまう、と言われるかもしれない(59)。これに対しては、確実なことと必然的なこととを区別すべきだと答えよう。偶然的な未来も神が予見しているのだから確かだということでは誰しもが一致して認めているが、だからといって未来が必然的だとは言わないからだ。しかし、何らかの結論が定義か概念から不可避的に導出できるなら、その結論は必然的になる(と言う人もいるだろう(60))。なるほど確かに私の主張は、ある人物に生じるはずのことは、円のもろもろの特性が円の定義のうちに含まれているように、その人の本性ないしは概念に既にすべて潜在的に含まれている、ということである。だとすると困難はまだ残っていることになる。そこで、決着をつけるために、〔概念同士の〕結合もしくは連結には二種類あるということについて述べることとする。一つは絶対的に必然的なもので、その反対対当(61)が矛盾を含むものである。ここからの演繹は、幾何学的真理と同様、必然的真理においてなされる。もう一つは「仮定的に」[L]つまりたまたま必然的であるにすぎないが、それ自体は偶然的であり反対対当が矛盾を含まない結合である。この第二の結合は全く純粋な観念のみに、つまり神の知性のみに基礎付けられているのではなく、神の自由な決定と宇宙の系列にも基礎付けられている。

一つ例をとろう。(62) ユリウス・カエサルは終身独裁官として共和国の支配者になるとローマ人の自由(63)を奪ったのだから、この行為はカエサルの概念に含まれている。なぜなら、主語となるある人物の完全な概念の本性とはすべてを包摂することだと仮定しているので、述語が主語に含まれている、つまり「（述語が）主語に内属し得る」[L]からである。あるいは、カエサルがそうした行為に及ぶことになっているのは、カエサル自身の概念もしくは観念によるからではなく、神はすべてを知っているということをもって初めてその概念がカエサルにふさわしいものとなっているからなのだ、と言うこともできる。これに対して、その人の本性あるいは形相がこの概念と一致しているのは、神が予めこの人にその立場を命じておいたからなのであって、そのため当人はその後しかるべき立場を演じ切らねばならないのだ、と主張する人もいるかもしれない。これに対しては、偶然的な未来についての例を挙げることで答えることができるだろう。そもそも、偶然的な未来が実在的なものとなるのは、神の知性と意志においてだけであり、神がしかるべき形相をその偶然的な未来の出来事に予め与えておいたからこそ、その出来事がその通りに対応することになるのである。だが私としては、困難を解決するために別の似たような困難を言い訳にして事足れりとするよりはむしろ、困難そのものにけりをつけたい。そして、私がこれから述べることは、いずれの困難にも役に立つことであろう。そこでまずは結合の仕方に区別を与えなければならない。さて、今生じていることが過去に生じた出来事と整合的であることは確実ではあるが、必然的ではないと言える。誰かがこれと反対のことをしたとしても、それ自体で不可能なことではない。ただし、それが現に生じることは（「仮定により」）[L]不可能である。そこで、仮にある人が、カエサルという主語とその幸運に恵まれた事業という述語とが結合することを立証できるだけの証明をなし遂げることができるとしよう。その人は、カエサルという未来の独裁官にはカエサルという人物の概念もしくは本性の基礎があること、そしてその概念に、なぜカエサルがルビコン川で立ち止まるのではなく渡ると決意したのか、ファルサルスの戦いの日になぜ敗北せずに勝利したのかを見て取ることができること、そしてそうした事態になることが理に適っていてそれゆえ確実であったということを、明らかにしてくれるであろう。しかしそれでも、そうなることがそれ自体で必然的であるとか、反対対当命題が矛盾を含むということまで明らかにすることはできない。このことは、神は常に最善をなすことが理に適っていて確実であるけれども、たとえその〔反対対当命題で示された事態の〕完成度が低かったとしても矛盾を含むわけではない、というようなことでもあろうか。ともかく、カエサルの述語についての証明は、数や幾何学についての証明とは異なり、絶対的なものではなく、カエサルの場合の証明には神が自由に選択した事物の系列が前提となっている。そしてこの系列は常に最も完全なものを造ろうとしている神の最初の自由な決定、そして（この最初の決定に続いて）神が人間のあり方に対して下した決定に基礎付けられている。人間のあり方とは、最善と思われることを（自由ではあるが）常に行おうとすることである。ところで、こうした決定に基礎付けられている真理はすべて、確実であるが偶然的である。なぜなら、ここで下された決定は、事物の可能性を変えることがないからである。そして、既に述べたように、神は確実に常に最善を選択するが、このことが、より完全ではないものが、たとえ現に生じることはないとしても、それ自体で可能であることを妨げるものではない。なぜなら、それが拒否される理由は、不可能だからではなく不完全だということにあるからである。さて、どんなものでも、その反対のことがらが可能であるなら、決して必然的ではない。そうだとすると、ここまでの困難はどれほど大きなものに見えてももはや解決したも同然と言える（実際には、同じ問題を抱えている他の人々にとってそれらの困難は依然として差し迫ったままではある)。ただし解決同然と言えるためには考慮に入れておかなければならないことがある。それは、すべての偶然的命題が、他のようにではなくこのようになったことの理由を持っていること、あるいは(同じことだが)、偶然的命題にはそれが真であることのア・プリオリな証明があり、その証明によって命題は確実となり、その命題の主語と述語との結合がその主語と述語の本性に基礎を持っていることが示されることである。しかしその命題は必然的であることとの証明はもたない。なぜなら、〔証明の基礎となる〕理由は偶然性の原理もしくは事物が現実に存在することの原理にのみ基づいているから、つまり、同じく可能である多くの事物の中で現に最善であるものもしくは最善である思われるものにのみ基礎付けられているからである。これに対して、必然的命題は矛盾律に基礎を置き、本質そのものの可能性と不可能性とにのみ基礎付けられていて、ここでは神であれ被造物であれその自由な意志を考慮に入れることはない。

一四　《神は宇宙をさまざまの異なる角度から眺め、その眺めが異なるのに応じてさまざまな実体を産み出す。そして神が介在する(64)ことによって、各実体は、どれかの実体に生じることは他のすべての実体に生じることに対応しても、実体同士が互いに直接作用し合うことはない、という本性を得ることになる。》

実体の本性がどのようなものであるか、ある程度明らかになったので、次に実体相互の依存関係ならびに実体の能動的作用と受動的作用(65)について説明しなければならない。まず、被造の実体が神に依存していることは極めて明白なことである。それは神が被造の実体を保存し、ちょうど我々が自分の思想を生み出すように被造物を一種の流出(66)によって連続的に生み出しているからである。そもそも、神の全知から逃れられるものはないのだから、神は、自分自身の栄光を明らかにするために産出するのがよいと考えて造った世界の姿の全体像を、いわば方々からあらゆる仕方で回転させ、その世界のすべての面を可能な限りあらゆる方法で矯《た》めつ眇《すが》めつ眺めるので、そうして眺められた結果としての宇宙の姿のそれぞれは、神が自分の考えを実行に移しこれを実体として産み出すのがよいと考えるなら、一定の場所からの眺めとして一つの実体となり、その眺めに応じて宇宙を表出することになる。そして、神の眼差しは常に真実であり、我々の表象もまた真実ではあるのだが、我々自身から生じる判断は我々を欺く。さて、今述べたばかりのこと、そしてそこから引き出されることではあるが、各実体はいわばそれぞれ互いに別の世界のようなもので、神以外のすべての他の実体から独立している。それゆえ我々の現象、つまり我々に生じ得るすべての事柄は我々の存在から帰結するものに他ならない。そしてこの現象は我々の本性つまり我々の中にある世界と合致する一定の秩序を保ち、この秩序があるために我々は自分自身の行為を有意に統御し続けることができる。それを続けることの正当性は、未来に生起する現象が思い通りであることによって与えられる。こうして我々は、過去を通して未来を誤ることなく判断することができるようになる。そして、この〔自分に現れている〕現象が真実であると十分に言えるので、その現象が我々の外にあるのだろうかとか他の人も知覚しているのだろうか、などと心配するには及ばない。このときにはすべての実体の表象や表出が互いに対応しているため、各人は自分が保持してきた特定の理由や法則を注意深く遵守しながら、同じことをしている他人と対面することになる。それは言わば、日にちと場所を予め決めて一緒に会おうと約束した人同士が、実際に望み通りに会えるようなものである。もっとも、すべての人が同じ現象を表出しているとはいえ、だからといってそれぞれの人の表現内容が完全に類似しているということにはならない。むしろそれらが釣り合っていれば十分である。それは、複数の観察者がそれぞれ自分の見方を基準に見て話しているのに、同じものを見ていると信じ、実際に互いに話が通じているのと同じことである。[68] さて、神はすべての個体が連続的に流出してくる源泉であり、[69] また神はそれらの個体が宇宙を見ているように見るだけではなくそれらのどれとも異なる仕方でも宇宙を見ているのだから、[70] 各個体にとっての現象が対応していることの原因となっているのは、神をおいて他にはなく、神があってこそ、ある個体に特有なことが他の個体にも共通のものとなっているのである。そうでなければ〔個体間の〕連結はなくなってしまう。こうして、それぞれの実体の観念はすべての述語つまりは出来事をすでに含んでいて、全宇宙を表出しているのだから、それぞれの実体に生じることはその実体の観念つまり完成された概念[71]だけから帰結するものであると考えるなら、突飛な言い方ながら言い得て妙とすべきことに、ある個別の実体は他の個別の実体に一切作用しないし、それから作用を受けることもないと言えることになる。実際のところ、我々にとって生じているのは思考と表象だけである。そして我々の未来の思考と表象は、それに先立つ思考と表象からの帰結、ただし偶然的な帰結に他ならない。それはまるで、この時刻に私に生じることもしくは私に現われていることのすべてを私が判然と知ることができるとしたら、いつのことであっても私は自分に生じることまたは私に現れることをすべて見ることができるようになるほどだ。これなら、仮に私の外にあるものが破壊され、神と私以外には何一つ残らなくなったとしても、私には何一つ欠けることなくすべて生じることになるであろう。[72] しかし我々は、自分が一定の仕方で気付いたことの原因を他のものにあるとし、それを自分自身に働きかけた原因だとしているのだから、このような判断の基礎とそこにある本当のことを考えなければならない。[73]

一五 《ある有限な実体から他の有限な実体に対して及ぼされる能動的な作用とは、一方の表出度の増大が他方の表出度の減少と結びついているということに他ならない。ただし、神が両者を互いに適合するようにさせている限りでのことだが。[74]》

しかし長々と議論を続けなくても、形而上学的な言葉遣いを実践と両立させるには、我々の方がより完璧に表現している現象があるならその現象は我々自身のものだとして当然至極であるということ、一方で他の諸実体の方がその現象をよく表出しているのであればその現象は他の実体のものだということ、このことに気が付けば、差し当たっては十分である。そのため、実体はすべてを表出している限り無限の拡がりを有してはいるものの、その表出の完全さの度合いに応じて制限されていることになる。したがって、もろもろの実体は互いに邪魔をし合い制限し合っていると理解することができ、それゆえこの意味において、実体は互いに作用し、言わば実体相互に対応せざるを得なくなっている、と言える。なぜなら、一方の実体の表出を大きくするような変化があればそれは他方の表出を小さくすることだからである。ところで一つ一つの実体の徳〔としての力量〕はそれだけで神の栄光を存分に表出していて、そのことによって制限は小さくなっている。どんなものもそれが自分の徳なり能力なりを発揮している時、つまり能動的に作用している時には、その限りにおいてよりよいものへと変化し、作用の範囲を広げている。そしてその変化の一方で〔他の〕多くの実体は影響を被ることになる（実際に、どんな変化であれ他のすべてのものへと変化は及ぶ）。変化の後に直ちに完成度を高め表出がより完璧なものとなる実体は能動的に作用すると言えるが、完成度が低くなって認識が弱くなる実体は受動的に作用すると言える。更にまた私は、表象を持った実体の能動的な作用はどれもが快感を呼び込むが、「それとは反対に」受動的な作用はどれもが苦痛を呼び込むと考える。しかしながら、現在存在している長所が次に来るもっと大きな悪によって破壊されるということは起こりうる。そうすると、能動的になって自分の能力を行使し快感を覚えているのに、罪を犯すこともあることになる。

一六　《神の超常的な協力は、我々の本質が表出しているものの中に含まれている。なぜならこの表出はあらゆるものにまで拡がっているからである。しかし神の超常的な協力は我々が本来有している力、つまり有限で下位の準則に従っている判然とした表出の力を超えている。》

今のところ、残る問題はただ一つ、神が時に人間やその他の実体に対し超常的で奇蹟的な協力を通じて影響を及ぼすことはどうすれば可能か、ということだけである。というのも、それらの〔被造〕実体に生じる出来事がすべてそれ自身の本性からの帰結でしかないのであるならば、超常的で超自然的なことは一切生じ得ないと思われるからである。しかし前の〔第六、七〕節で宇宙の奇蹟について述べたことを思い出す必要がある。奇蹟は下位の準則を上回るものではあっても、全体の秩序を具えた宇宙の法則には常に合致している。そして、人間であれ〔その他の〕実体であれどれもが言わば大きな宇宙を表出する小さな宇宙なのだから、神がこの実体に及ぼす超常的な働きは奇蹟的に違いないと言えそうではあるが、その働きはこの実体の本質つまり個体概念が表出している以上、宇宙の全体的な秩序の中に包含されているのである。それゆえ、もし我々がその本性によって表出しているもののすべてを自分の本性の中で理解しているならば、我々の本性にとって超自然的なものは何もない。それというのも、結果はその原因を常に表出し、そして神が諸実体の真の原因なので、我々の本性はあらゆるものに及んでいることになるからである。しかし我々が本性上極めて完全に表出しているものであっても、すでに説明したように、我々の力が及ぶ範囲は我々に特有なものとして有限であるのだから、我々が本性上有している力を上回るもの、そしてあらゆる有限な自然を上回るものが多数存在しているのである。したがって、もっとはっきりと述べるなら、神の奇蹟や超常的な協力というものには神にとって固有のものがあり、どれほど研ぎ澄まされた精神を具えた被造物がいくら考えても見通すことができないほどのものである。全体の秩序をと判然と把握する力はすべての被造物には叶わぬものだからである。これに対し、自然的と呼ばれているものが依拠している準則は一般性が低く、被造物にとっても理解できるものである。それゆえ、言葉遣いやその意味で非難を受けないようにするためには、話し方を一定の考え方[75]に結びつけるのがよいだろう。そうすれば我々が表出するものを包括して我々の本質と称することができるようになる。この本質は我々と神自身との結びつきを表出しているのだから、その本質に制限はなく、それを上回るものもない。しかし我々における制限は我々の本性あるいは我々の能力と呼ぶことができ、この点ですべての被造の実体の本性を上回るものは、超自然的だということになる。

一七 《下位の準則の例としての自然の法則。(76)ここでは、デカルト主義者やその他の人々に反対して、神は常に規則的に同一の力を保存するが、同一の運動量を保存するのではない、ということが示される。》

私はこれまで下位の準則としての自然の法則について度々触れてきたが、例を挙げておくべきだろう。現代の新しい哲学者たちは誰もが、かの有名な規則、つまり神は世界において常に同一の運動量を保存する、という規則を用いている。実際のところ、この規則は称賛に足るべきもので、私も長い間疑いを差し挟まなかった。しかしその後、どこに誤りがあるかがわかった。デカルト氏と他の多くの有能な数学者たちは、運動体の大きさ〔重さ〕と速度との積である運動量は運動力と完全に一致する、あるいは幾何学的に言うなら、〔運動〕力は運動体〔の重さ〕と速度との積に比例する、と考えていた。(77)(78)とところで、宇宙においては同一の力が保存されるということが理に適っている。(79)また、現象を注意深く見れば、機械的な永久運動が発生しないのは一目瞭然だ。(80)なぜなら、機械の力は常に摩擦で減少し続けやがては無くなってしまうものなのに、永久運動があるとしたら、その機械の力は外から新たな推進力を得ずとも自分の力だけで回復し、それゆえ増大することになるからだ。また、ある物体の力が減少するのは、隣接する別の物体に、あるいはその物体自身の部分が別の運動をしている時にはその部分に、力を分け与えている場合に限られている、ということもわかる。こうして彼らは、力について言えることは運動量についてもまた言えると信じていたのであった。しかし私の考えはそれとは異なることを証明するために、次のことを仮定する。〔第一の仮定〕ある高さから落下した物体は、方向がそのまま〔逆方向に〕保たれるならば、妨げるものがない限り、元の高さにまで再び上昇する力を得る。例えば振子は、空気抵抗やその他のわずかな障害があっても、獲得した力を減ずるほどのものでなければ、落下し始めた高さまで完全に上昇するだろう。そこで更に次のように仮定する。〔第二の仮定〕例えば一リーヴルの重さの物体Ａを四トワーズの高さＣＤまで上げるために必要な力は、四リーヴルの物体Ｂを一トワーズの高さＥＦだけ上げる力と等しい[81]。この点は現代の新しい哲学者たちも認めるところである。

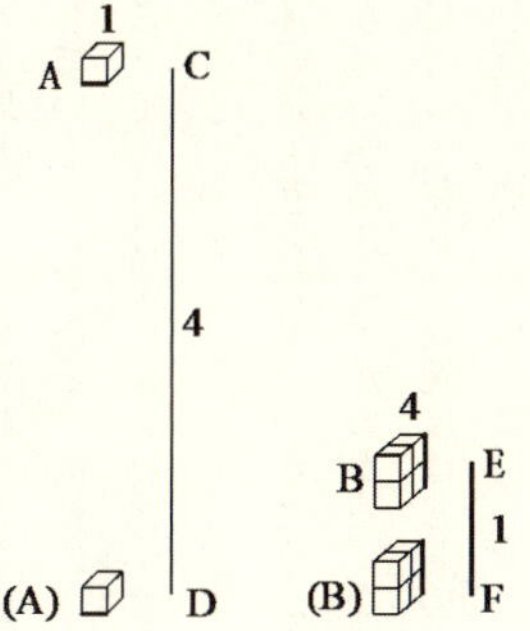

そうすると、物体ＡはＣＤの高さを落下することで物体Ｂが高さＥＦを落下したのと正確に同じだけの力を得たことになる。なぜなら、物体(Ｂ)はＦに達した時にＥまで上昇する力を得て〔第一の仮定により〕、それ

ゆえ四リーヴルの物体つまり元々の物体〔B〕を一トワーズの高さEFだけ上げる力を有しているからである。同様に、物体(A)はDに到達してそこでCにまで上昇する力を得ることで、一リーヴルの物体つまり元々の物体〔A〕を四トワーズの高さCDだけ上げる力を有している。こうして、(第二の仮定により)二つの物体の力は同じとなる。それでは、運動量も互いに等しいかどうかを見てみよう。すると驚くことに、ここには極めて大きな違いがあることがわかる。なぜなら、すでにガリレオが証明したように、CDの落下によって得られた速度はEFの落下で得られた速度の二倍であるが、高さは四倍である。したがって、物体A〔の重さ〕を1とし速度2を掛け合わせて得られた運動量は2となる。一方、物体B〔の重さ〕は4で速度は1なので、それを掛け合わせて得られた運動量は4となる。したがって、物体(A)のDまでの運動量は物体(B)のFまでの運動量の半分である。しかしながら両者の力は等しい。それゆえ、運動量と力の量とは異なるものである。このことが明らかにされなければならなかったのだ。以上から、力の大きさの算定はその力が生み出した結果の量によってなされなければならない、ということがわかる。例えばある一定の重さの物体を上昇させる高さによってなされなければならない。往々にして力の大きさは速度で算定されるが全く別物である。その物体に二倍の速度を与えるためには、二倍以上の力が必要となる。これほど簡単な証明もないのだが、デカルト氏は、まだ自分の考えが熟していないのに[82]自説を過信したがために誤りに陥ってしまった。しかしその後もデカルト学派の人々がこの誤りに気付かなかったことは驚くべきことである。まさかそのうちに、彼らが嘲笑するアリストテレス主義者を真似て、何かに付け理性と自然を差し置いて師の著書にお伺いを立てるようになったりはしないと思うが。

一八　《力と運動量との区別は重要である。とりわけ、物体の現象を説明するために延長とは別に形而上学的考察に依拠しなければならない、と判断する際には重要となる。》

以上のように力を運動量から区別することは極めて重要である。それは物理学[83]や力学において真の自然法則や運動規則を発見するためであり、また幾人かの有能な数学者たちの著書に忍び込んだ応用面での誤りを訂正するためでもあるが、更に形而上学において原理となるものをもっとよく理解するためでもある。なぜなら、運動について考えるとき、正確で形式的なこととして場所の変化のみを考えているなら、そこにはまったく実在的なものはないし、また複数の物体が相互の位置関係を変えるときに、その変化を考えるだけでは、どの物体が運動しているかあるいは静止しているかを決めることはできないからである。このことは私がその気になればすぐにでも幾何学的に示すことができる(84)。しかし、位置の変化をもたらす直近の原因である力は、もっと実在的な何ものかである。そして、他の物体ではなくまさしくこの物体にこそ運動の原因があるのだとするだけの基礎も十分にある。そしてこの基礎があるからこそ、運動が何よりもこの物体に属していると認識できるのである。ところでこの力は〔物体の〕大きさや形や運動とは別ものであり、それゆえ、現代の新しい学者たちが確信していることとは違って、物体において知られることのすべてがただ単に延長とその変化(85)にのみあるわけではないということがわかる。そこで我々は更に、彼らが追放した存在や形相を復活させなければならなくなった。そうして次第にはっきりしてきたのは、自然の個別の現象であれば彼らが理解する原理によって数学的あるいは機械的に説明することができるとはいえ、他方で物体的自然の一般的な原理や力学そのものについての一般的な原理になると、これは幾何学的というよりは形而上学的であり、物体的で延長的な塊にではなく現象の原因となっている不可分の形相や本性に属しているということである。知的にして清廉潔白な士の中には、〔機械論的な哲学のせいで〕人々が非物質的な存在から遠ざかり信仰心へ偏見を抱くに至っていると懸念する人もいるが、それも謂《いわ》れのないことではないとはいえ、これまでのような私の考え方をすれば、現代の機械論的な哲学をそのような懸念と折り合いをつけることも可能となるはずだ。

一九　《物理学における目的因の効用。》

私は他人を悪様《あしざま》に決めつけるようなことは好まないので、物理学から目的因を放逐しようとしている現代の新しい哲学者たちを責めはしないが、それでも正直なところ、この人たちの考え方の行き着くところには危険が潜んでいると思われる。それは特に本稿の冒頭[86]で反論した見解と結び付くときである。その見解は目的因を一掃し、まるで神は一切の目的も善も企てることなく振舞い、善は神の意志の対象ではないかのように考えているからである。これと反対に私の考えでは、まさに目的因にこそ、すべての存在者の原理ならびに自然の諸法則の原理を求めるべきである。神は常に最善と最完全を目指しているからである。しかし神の目的や忠告を見極めようとする時に、我々は得てして思い違いをしがちだということは認めざるを得ない。だがそうなるのは、神が本当はすべてのことを同時に考慮に入れて目的や忠告を示しているのに、我々が神は一つのことしか見ていなかったと思い込んで、ある特定の計画に対してだけ神の目的を限定しようとしているからに他ならない。例えば、神が我々のために世界の全体を造ったことも、宇宙には我々に関わりのないものは一切ないことも、そして神は先に述べた原理に従って我々に世界を造ったのだということも、どれもが極めて真実であるけれども、神は我々〔人間〕のためだけに世界を造ったのだと信じ込むことがあるとしたら、それは大間違いだということになる。そこで、我々が何かよい結果や素晴らしいことが神の作品から帰結することとして生じるのを目《ま》の当たりにしたならば、神がそのことを目論んでいたのだと確言できるのである。なぜなら、神はいかなることも偶然に行うことはないからである。この点で神は、偶《たま》に善いことをするだけの我々〔人間〕とは似ても似つかない。それだから、たとえば、分限を弁えない政治家が主君の意図を忖度しすぎるとか、注釈者が自分の研究対象の著者の学識をあることないこと探しまくるというような誤りを犯すことがあってはならないが、神の無限の知性が多くの深い思索で満ちているということはどれほど言っても言い足りないほどなので、神の計画を制限するような否定的命題を述べないようにしさえすれば、肯定的に述べている限り間違いを犯す心配は全くない。動物の驚嘆すべき仕組みを見た人は誰もが、万物の作者の知恵を認めざるを得ない。私としては、多少なりとも慈愛の情を抱き真の哲学にもいささかなりとも共感する人に対しては、ものが見えるのは目があるからであって見るために目があるからではないなどと説く自由思想家なる(87)者たちの空言《そらごと》には耳を貸さないように勧める。彼らの考えはすべてを物質の必然性の下《もと》に置くか、一種の偶然性の下に置く（どちらの考え方も、これまで私が説明してきたことを理解している人にとっては愚にも付かぬものと思われるのだが）のだが、一旦それを真《ま》に受けると、叡智に満ちた自然の作者の存在を認めることができなくなってしまう。なぜなら、結果は原因に対応しているはずで、その結果は原因を認識することで一層よく知られるからである。そのため、万物を統御する至高の叡智の存在を導入しておきながら、次にはその知恵を導き入れずに物質の性質だけを用いて現象を説明しようとするのでは理に合わない。それは喩《たと》えて言うなら、〔戦で〕要衝を押さえて征服を成し遂げた大王の所業について、歴史家が、大砲に込められた火薬の小体が点火されたためにある速度で破裂し硬く重い物体を押し出し敵地の壁にぶつけることができたのだが銅製の砲筒を構成する小物体は頑丈に固まっていてその速度にも耐えていた、とだけ述べ、この征服者がどのような先見の明を持って勝機を窺い策を立てたのか、またどのような力であらゆる困難に打ち勝つことができたのか、ということは少しも明らかにしないでいるようなものだ。

二〇　《プラトン著『パイドン』で[88]ソクラテスが余りに唯物論的な哲学者に反対して述べた特筆すべき一節。》

ここで私は、プラトンの『パイドン』篇でソクラテスが述べた美しい一節を思い出した。これは私がこれまで述べてきた考え方と驚くほど一致し、余りに唯物論的な哲学者に反対するためにわざわざ書いたと思われるほどだ。この類似関係に気がついたので、やや長くはあるもののその箇所を訳してみたいという気になった。この一つの例がきっかけとなって、この著名な著者の多くの著書の中に美しく堅実な思想が他にもたくさんあると教えてくれる人がいるかもしれない(89)。

ある日私は、――とソクラテスは言う――誰かがアナクサゴラスの書を読んで、叡智的な存在者が万物の原因でありそれが万物を配置し飾り立てたという言葉がそこにあると言っているのを聞いた。この言葉に私は殊《こと》の外《ほか》惹き付けられた。というのも、もしこの世界が叡智の結果であるとしたらすべては可能な限り完全な仕方で作られていただろうと考えていたからである。そこで私は、万物の生成消滅存続を説明しようとする人なら一つ一つの事物の完全な姿に相応《ふさわ》しいものをも探求しているに違いないと考えた。そうであるならば、人間は自分自身のことであれ他のもののことであれ最善で最完全なものだけを求めればよいことになる。なぜなら、最も完全なるものを認識している人はそのために不完全なものもたやすく判断するからである。最完全を知ることと不完全を知ることは同じことに他ならないからである(90)。このように考えていたところ、幸いにも一人の師を見つけることができた。この人なら、例えば大地は平面ではなくて球形なのかとか、なぜ大地はこうあってそれ以外ではないのか、など諸事万端の理由を説くことができるかもしれない。更に私は、この大地は宇宙の中心にあるのか否かを尋ねれば、最も相応しい答を説明してくれるはずだと期待した。また太陽や月や星々とそれらの運動についても同様に説明してくれることだろう。そしてついには、それぞれのもの一つ一つについて相応しい姿を示すことで、全体として最善となるようなことを示してくれることであろう。このような期待に胸を膨らませた私はアナクサゴラスの著書を手にすると大急ぎで字面を追った。しかし目論見は大きく外れた。驚いたことに著者は支配的叡智を初めに設定していながらそれに何の役割も与えていないし、世界の美しさや優れた働きについても一切語らない、そして怪しげなエーテル体を忍び込ませたりもしていたことがわかったからだ。ここでアナクサゴラスがしていることは、ソクラテスが知性的に振舞ったと言った後にその所業の一つ一つの原因を説明するにあたって、ソクラテスがここに座っているのは彼が骨と肉と腱からできた体を持っているからであり、硬い骨と骨との間に隙間もしくは接合があって繋《つな》がり、腱が伸び縮みし、それによって身体は自在に動き、その結果私〔ソクラテス〕が座っている、と言っている人と同類だ。あるいは今私が言葉を発していることの原因を説明するために空気や発声器官や聴覚器官などをあてにする一方で本当の原因のことを忘れているようなものだ。私〔ソクラテス〕がここに座っている本当の原因は、アテナイの人々は私を赦免するよりは断罪した方がよいと信じていること、そして私は逃亡するよりもここに座り続けていることの方がよいと信じていたことにある。そのように信じているのでなければ〔私は逃亡していただろうから〕私の腱と骨はとうの昔に〔外国である〕ボイオティア人やメガラの人々のそばにあったはずだが、それは他国に落ち延びて放浪するよりは祖国が私に加えようとしている苦痛を受ける方が正当であり正直だと私が思っていなかったからということになる。それだから、骨や腱やその運動が原因だとするのでは辻褄が合わないのである。とはいえ確かに骨や腱がなければ話にならないという人もいるだろうが、本当の原因とそれが原因となるために欠かせない条件であるにすぎないものとは、別物である。例えば周囲の物体の運動が大地をその場所で支えていると言うだけの人は、神の力がすべてのものを最も美しい仕方で配置していることを忘れ、善と美こそが世界を形成し保っているということを理解していない。

ソクラテスについてはここまでにしておく。[91]というのも、この後続けてイデアと形相について述べるプラトンの言葉もまた素晴らしいのだが、やや難しいからである。

二一　**《もし力学の規則が幾何学にのみ依存し形而上学を欠いているとしたなら、現象は全く違ったものになっていることだろう。》**

さて、神の知恵はこれまでいつも一つ一つの物体の力学的な構造の細部において認められてきたからには、その知恵は更に世界全体の配剤においても自然の法則の設定においても十分に示されているはずである。そうであれば当然のこととして、神の知恵による配慮は運動法則一般において認められるのである。というのも、もし物体においては延長する物塊しか存在せず、また運動においては場所の変化しか存在せず、更にあらゆるものがその定義から力学的な必然性によって導き出されなければならずしかもそれが可能だとしたなら、そこから帰結するのは、既に別のところで示したように、(92)どれほど小さな物体であっても、それが静止しているずっと大きな物体に衝突すると、小さな物体が持っているのと同じ速度を大きな物体に与え、それでいて小さな物体の方は自分の速度を少しも失わないということになってしまうからである。これでは、一つの体系を形成するには程遠いほど多くの規則を他にも認めなければいけないことになる。しかし〔実は〕常に同一の力と同一の方向を総計として維持する神の知恵の決定が体系の形成を支えていたのである。私には、自然の中で引き起こされることの多くは二重に証明することができるということもわかった。一つは作用因を考慮に入れる仕方であり、もう一つは目的因を考慮に入れる仕方である。目的因の場合は、例えば神は常に最も容易で最も確定的な仕方で常に結果を生み出そうと命じていることに依拠している。これも既に別のところで示したが、(93)そこでは反射光学と屈折光学の規則について説明した。これについては次でもう少し述べよう。

二二《目的因による説明の仕方と作用因による説明の仕方とを調停することで、自然を機械的に説明する人と非物体的な自然に依拠する人の双方を同じように満足させる。》

ある動物の最初の組織の形成やその細部のあらゆる仕組みの形成を機械的に説明しようとする人と、それと同じ動物の構造を目的因によって説明する人とを調停するためには、これまで述べた点に注目するとよい。巨匠〔たる神〕の技巧に敬意を表するためだけではなく、自然学や医学において役立つことを発見するためにも、どちらの立場も優れているしどちらも役に立つ。それだから、これらの異なる立場に立つ学者たちは互いに相手を貶してはいけない。なぜなら、神々《こうごう》しき解剖学(94)の美しさの解明に専念している人は、四肢の実に見事な多様性は何らかの体液がたまたま引き起こした運動から生じ得ると考えるような人々を物笑いにし、その人たちを思いあがった不信心者と見做《みな》しているし、不信心者とされた方は反対に、その相手を浅はかで迷信深い連中で、まるで雷鳴をユピテルが起こしたのではなく何らかの物質が雲の中で起きているだけだと述べた自然学者を不敬と見做した古代人並だとしているからである。一番よいのはこの両者の考え方を結びつけることだろう。というのも、卑近な例を出すのも憚《はばか》られるが、私がある名工の腕前を認め高く評価するとしたら、それは作品を作った際の名工の目論見が道具を使うことで示されるときだけではなく、一つ一つの作品を作るためにどんな道具を用いたかが明らかになるときでもあるからだ。とりわけ、用いた道具が単純なのに作品が巧みに拵《こしら》えられているときにはその名工を高く買う。そして神は実に有能な職人で、機械としての人体よりも千倍も巧みな機械を作り出すためには幾種類かのごく単純な液体を狙い通りに調合しさえすればよい。しかもこの驚くべき結果を生み出した秘訣を探れば通常の自然法則しか用いていない。だが、もし神が自然の作者でなかったら、このような具合にはならなかっただろうということもこれまた明らかだ。とはいえ、作用因による説明の仕方というのは、目的因による説明の仕方よりも実際は底無しで、しかもある意味ではずっと直接的でありア・プリオリであるだけに、細部に入り込むと極めて難しいものであることがわかる。現代の哲学者たちには到底手が届くはずがない。一方、目的因による説明の仕方は作用因によるよりも容易なのに、それでもしばしば重要で有用な真理を見抜くことにつながっている。この真理は目的因によらない別のもっと自然学的なやり方によってでは発見するのに長い期間を要するものである。解剖学がその好例を示している。また、屈折の規則を最初に発見したスネル[95]も、もし最初に光がどのようにできるのかというところから探求しようとしていたら、規則の発見に至るまで長い期間を要したことだろう。しかし明らかに彼は古代の人々が反射光学に用いていた方法に従っていた。この方法は実際には目的因によるものである。なぜなら彼らは、ある一点から出た光を一定の平面で反射させて別の点へと導く最も容易な道筋を求めるならば(これが自然の思惑であるとして)、入射角と反射角が同じであることを発見していたからだ。これはラリッサのヘリオドロスの小篇[96]その他に見ることができる。思うに、この成果をスネル氏やその後ではフェルマ氏[97]が(スネル氏については何も知らずに)屈折についてもっと巧みに適用したのである[98]。というのも、光線の入射角が〔複数の異なる種類の媒質があるとして〕それぞれの媒質においては〔屈折の〕正弦の比、つまりそれぞれの媒質の抵抗の比が同一に保たれているならば、同一の媒質内において光は一点から他の点へ最も容易な経路あるいは少なくとも最も確定された経路をとるからである。まさにこの定理の証明をデカルト氏は作用因の方法で証明しようとしていたが、それでは目的因による証明に匹敵できるものではない。少なくとも彼がオランダでスネルの発見のことを聞き及んでいなかったとしたら、その証明[99]は覚束なかったことと思われても仕方がない。

二三《非物質的な実体の問題に戻って、神は〔人間の〕精神の知性にどのように働きかけるのか、また人は自分が考える対象の観念を常に抱いているかどうかを説明する。》

これまで私は、目的とか非物体的な本性とか知的な原因などについて、物体との関わりにおいて考察することの意義をやや強調してきた。それは、自然学や数学に至るまでこうした考察をすることが有用であることを知ってもらうために適切だと思っていたからである。そしてこれは、一方で機械論的な哲学からそれが不敬だと非難されている点を除くためであり、他方で物質的なものだけを考察している現代の哲学者たちの精神をもっと崇高な思索へと高めるためでもあった。そこで次には、物体についての議論から非物質的な本性を具えたもの、特に精神に立ち戻り、神が精神に光を注いだり働きかけたりする際にどのような仕方で行うかについて少しばかり述べておくのがよいだろう。神のこの働きに自然の一種の法則が伴っていることは疑う余地もない。この点については他日もっと詳細に話す機会もあるはずだ。今のところは、観念[100]についていくつか触れ、更に我々はすべてのものを神の内に見るのか、また神はいかにして我々の光となるのか、ということを述べれば十分だろう。さてまずは、観念〔という語〕の間違った用い方が多くの誤りを引き起こしていると指摘しておこう。例えば、人が何かについて考えを巡らすときには、そのものについてのある観念を持っていると自分で思っていて、このことを基礎として古今の哲学者たちは神の存在についてのある種の証明を行ってきたのだが、それは極めて不完全なものである。なぜなら、彼らによれば、〈私は神もしくは完全な存在者の観念を持っているに違いない。それは私が神について考えているからであり、人は観念なしには考えることはできないからである。ところでこの存在者についての観念はあらゆる完全性〔美点〕[101]を含んでいる。そして存在することは完全性の一つである。それゆえ神は存在する。〉となる。しかし我々はしばしばあり得ない絵空事を考える。例えば最高速度とか最大数とか、コンコイド[102]が基準となる基線と交わることなどがそうだ。これらに基づいた推論では十分とは言えない。それゆえこの意味において、観念の対象となる事物が可能であるか否かに応じて真の観念と偽の観念とがあると言えることになる。こうして、ある事物が可能であることに確信を持っているときにはその観念を持っていると堂々と主張できる。それで、先ほどの〔神の存在証明の〕議論は少なくとも、神が可能であるならば必然的に神は存在する、と証明することになる。実際のところ、あるものが現実に存在するためにはその可能性つまり本質がありさえすればよいというのは、神の本性の卓越した特権であり、これこそがまさしく〔それ自身による存在者〕[L]なのである。

二四　《明晰な認識または曖昧な認識、判然とした認識または雑然[103]とした認識、十全な認識または不十全な認識、直観的認識または仮定的認識、これらの認識とはどのようなものか。名目的定義、実在的定義、因果的定義、本質的定義とは何か[104]。》

観念の本性をもっとよく理解するためには、認識にいくつか種類があることに触れておかなければならない。私がある事物を他の事物から区別することができても、その違いや特性がどのようなものであるかを示すことができないときにはその認識は雑然としている。例えば我々はある詩や絵画についてその巧拙をいささかも誤ることなく明晰に認識することがよくあるが、それは我々に好悪の念を抱かせる曰く言い難きもの[105]によるからである。しかし自分で基準をきちんと説明できるならその認識は判然としていると言われる。例えば貨幣検査官は金の定義となるいくつかの証拠や基準によって本物と偽物を区別している。しかし判然とした認識にもいくつかの段階がある[106]。例えば定義に用いる概念は通常、それ自体が更に定義を必要とすることもあり、しかもそれ自体が雑然としか認識されていないものである。しかし定義や判然とした認識に関わるものが最初の概念に至るまですべて判然と認識されているなら、私はそれを十全な認識と称する。そして私の精神がある概念についてそれを構成する最初のものまですべて同時に判然と把握するなら、その認識は直観的であるが、これは極めて稀であり、人間の認識の大部分は雑然としているか、もしくは極めて仮定的である。[107] また定義についても、名目的な定義と実在的な定義を区別しておきたい。私が名目的定義と呼ぶのは、定義された概念が可能であるかどうか疑わしい場合である。例えば、連続螺旋[108]とは各部分が合同で互いに重なり得る立体の線図形だと言われても、そもそもそれがどのようなものかを知らない人は、たとえ実際にはその定義が連続螺旋の互換的特性[109]であるとしても、この定義に適う線図形が可能であるかどうか疑ってかかるだろう。というのも、これ以外の線図形で各部分が合同となるもの(これは円周と直線以外にはない)は〔すべて〕平面図形であり〔平面上で〕L描かれるものだからである。以上から明らかなように、互換的特性は名目的定義だと言える。しかしこの特性によってある事物の可能性を認識できるなら、それは実在的定義である。名目的定義しかない場合にはそこから帰結するものに確信を抱くことはできない。なぜなら、その定義に何らかの矛盾や不可能性が隠されているならば、定義から反対の結論を引き出してしまうことにもなりかねないからである。それゆえ、真理は名辞に依存するものではないし、幾人かの新しい哲学者たちが思いこんでいるような任意なものでもない[110]。また、実在的定義にも異なる種類のものがある。可能性が経験によってしか証明されないものがある。例えば水銀の定義の場合には、極めて重い液体でありながらすぐに蒸発する物体が実際にあることが知られているため、それが可能であることを人は知っている。したがってこの定義はこれだけで実在的であり他に何も要らない。しかし可能性の証明がア・プリオリになされるときには、その定義は更に実在的で因果的である[111]。例えば定義にその事物の生成の可能性が含まれているときである[112]。また、分析が原始的な概念にまで進むためにその概念の可能性をア・プリオリに証明しなければならないものを想定しなくてもよいときには、その定義は完全で、本質的である。

二五　《我々の認識は、どのような場合に観念の直視に結び付くか。》

ところで、概念が不可能であれば我々はそれについてはどんな観念も有することがないのは明白だ[113]。また認識が仮定的でしかないときには、たとえ観念を有することがあるとしても、その観念を直視することはない。なぜなら、その場合の概念による認識の仕方は、不可能性を隠し持った概念による場合と同じだからである。一方、概念が可能であっても、それが可能だとわかるのは直接的な認識の仕方によるのではない。例えば、私が千とか千角形について考えるとき、（千は百の十倍だと口に出すときのように[114]）しばしばそれらの観念を直視することなく考え、10や100がどのようなものかということは気にも留めないでいる。このとき私はその数について知っていると仮定しているし、その数を理解するためにしばし立ち止まらなければならないなどとは思っていないからである。そのため、自分が仮定し理解しているつもりになっている概念について間違えることが起こり得るし、実際のところ度々間違えている。しかしその概念は、本当は不可能であるかもしれないし、関係する他のことと折り合いがつかない概念であるかもしれない。そして私がそのことで間違えているにせよ間違えていないにせよ、仮定的な理解の仕方であることに変わりはない。それゆえ、我々がある概念についてその観念の全体像を見ることになるのは、雑然とした概念においては認識が明晰である場合、判然とした概念においては認識が直観的である場合に限られることとなる[115]。

二六　《我々は自分自身の中にすべての観念を有している。そしてプラトンの想起説について。》

観念とは何かという点をもっと深く理解するためには、言葉の曖昧さを避けなければならない。というのも、観念という語を我々の思考が作る形相とか差異だと理解している人が少なからずいるからだ。これによれば我々が精神の中に観念を抱くのは我々が何かについて考えている限りであり、同じものについて新しく考えるたびに、それが前とそっくりではあっても別の観念を抱くことになる。しかしそれとは別に、観念を思考の直接な対象として、あるいは我々が考えていなくても存在し続ける永続的な形相だと理解している人もいるようだ。実際に我々の魂には、どんな本性や形相でも、それについて考えるきっかけがあれば、思い浮かべる資質がある。私が思うに、我々の魂にあるこの資質は、何らかの本性や形相や本質を表出する限りは、まさしく事物の観念であり、それは我々の内にあり、しかもそのことを考えていてもいなくても常に我々の内にある。なぜなら我々の魂は神と宇宙と、そしてすべての存在者ばかりかその本質をも表出しているからである。このような考え方は、私が主張する原理と合致している。というのも、精神には自然的な仕方で外から入ってくるものはないからで、我々の魂にはまるで扉や窓がありそこから何やら伝達形質を受け取っているかのように考えるのは我々が抱く誤った習慣だからである。我々の精神の中にはこれらの形相がすべてである。しかもいつでもある。精神は未来の思考をすべて常に表出しているし、やがて判然と考えることになるはずのことを雑然とではあれ既に考えているからだ。こうした思考を作る素材としてその観念が精神の中に予め存在しているのでなければ我々はそのような思考を持つことはできない。これはまさしくプラトンの優れた考え方であり、想起説として示されたものである。(119)この考え方は実にしっかりとしたものである。ただし、〔魂の〕前世説のような誤りを取り除いて理解しておかねばならないし、魂は自らが現在理解し考えていることは既に知っていて判明に考えていたに違いないなど思い込んでもいけない。プラトンは念を押すために、ある少年の逸話を引いた。(120)この少年には適切な手順を指し示しただけで、それ以外は何も教えていなかったのに、幾何学の不可通約に関する難問の解答に、いつの間にか到達させることができたのであった。このことによってわかるのは、我々の魂はあらゆることを潜在的に知っていて、真理を認識するためには注意しか必要とせず、それゆえ魂には少なくともその真理の基礎となる観念がある、ということである。真理を観念相互の関係として理解するならば、魂は既にその真理を所有していると言うこともできる。

二七《魂はどのようにすれば真《ま》っ新《さら》な石板に喩えることができるのか、また概念は感覚からどのようにしてやってくるのか。》

アリストテレスは人の魂をまだ何も書かれていない真っ新な石板に好んで喩えた。(121)そして我々の知性の中には、感覚からやって来なかったものは何もない、と主張した。こうした説明の仕方は一般の人の考え方に馴染むものとしてアリストテレスが好んで用いていたものであって、プラトンがもっと奥まで進むのとは対照的である。しかしながら、この手の常套句や方便でも日常の言葉遣いとしては役に立つことがあり、コペルニクス説の支持者の中にも太陽が昇るとか沈むとか口にして憚らない人を見かける。しかも彼らの言い方にもしばしば一理があって、それなりに間違ったことを言っているわけではない。例えば、どうすれば個別的な実体が作用し合うと本当に言えるかということを私は既に指摘しておいたが、この作用し合うという意味においてなら、我々は様々な感覚を介して外から認識を得ていると言うこともできる。なぜなら、我々の魂に何らかの考えを抱かせる理由が我々の外の何ものかの内にあり、そこに理由がとりわけはっきりと示されているからである。しかし形而上学的な真理の正確さを問題とするときには、我々の魂の範囲とその魂が独立していることとを認識することは重要である。魂〔の働き〕は一般に思われているよりははるか遠くまで無限に及ぶものである。もっとも、日常生活の場では人々は魂について自分ではっきりと自覚しているものだと思っているし、各人に固有のものとして考えている。それ以上のものだとしても何の役にも立たないからである。そうは言っても、〔立場の異なる〕双方にとって適切な意味となるような言葉を選ぶことで、言葉が多義的にならないようにしておく方がよいだろう。すると、我々の魂の中にある表現内容は、それを認識しているか否かに関わらず、観念と呼ぶことができる。一方、人が認識したり思い描いたりする表現内容は概念と呼ぶことができる。[122] しかしどのような捉え方をしようとも、すべての我々の概念が外的と言われる感覚に由来するという主張は常に誤りである。なぜなら私が自分自身について抱く概念や私が考えていることについて抱く概念、そしてそれゆえ存在、実体、作用、同一性、その他多くのことについての概念は内的な経験に由来するものだからである。

二八　《我々の表象の直接的な対象として我々の外に存在するのは、神のみである。そして神のみが我らの光である。》

ところで、形而上学的な真理の厳密さに則して述べるならば、我々に働きかける外的な原因というものはない。例外は神のみである。神だけが我々と直接に交渉を持っているが、それは我々が不断に神に依存していることによる。ここから、我々の魂に働きかけ我々の表象を直接的に喚起する外的対象は、神以外にはないということになる。また、我々があらゆるものの観念を自分の魂の中に持っているのは、神が我々に絶えず働きかけているから、つまりいかなる結果もその原因を表出しているからであり、したがって我々の魂の本質は、神の本質や思考や意志の、更には神の本質に含まれるあらゆる観念の、一種の表出、模倣もしくは像だからである。それゆえ、神のみが我々の外にある直接的な対象であり、我々は神を通してすべてを見ていると言えることになる。例えば、我々が太陽やその他の天体を見ているときに、それを我々に見させ、その観念を我々の内に保持させ、それについて実際に考えるように我々を決定づけるのは、まさしく神なのであり、神は自ら設定した法則に基づき、我々の感覚がある仕方で仕向けられるそのときに、通常の協力を介して実際に我々がそのように考えるように決めたことによるのである。神は諸々の魂にとって太陽であり光であり、「この世にやって来るすべての人を照らす光」[L(123)]である。このような考え方は今に始まるものではない。聖書や教父たちはいつもアリストテレスよりはむしろプラトンに近かった。その後、既に指摘したはずだが、スコラ哲学の時代にあっては多くの学者たちが神は魂にとっての光だと言っていた。彼らの言葉を借りるなら、「理性的な魂の能動知性」[L(124)]である。アヴェロエス学派[(125)]はこの語の意味を歪めてしまったが、他の人々、恐らくはギヨーム・ド・サンタムールや幾人かの神秘主義神学者たちも含めて、神にふさわしい仕方でこの語を理解し、魂を神の善を認識するところにまで高めることができていた。

二九《しかしながら、我々は自分自身が有する観念を通じて直接的に考えるのであって、神が有する観念を通じてではない。》

しかしながら私は、我々が有する観念それ自体が神の内にあって我々の内にはないと主張していると思われる有能な哲学者たちの意見には同意しない(126)。思うに、このような考え方になるのは、実体とか魂の広がりや独立性とかについて私がこれまで説明してきたことを彼らが十分に検討していなかったからである。私の考えでは、魂はそれ自身に生じることのすべてを含んでいて、神を表出し、可能な存在者も現実にある存在者もすべて神とともに(127)表出している。結果は原因を表出するからである。そもそも他者が有している観念を通して私が考えるなど理解できない話である。とはいえ、人が何かを考えているときには何らかの仕方で実際に影響を受けていることもまた間違いはない。そのとき魂の中にはあらかじめ受動的な力があり、既にすべて決定された仕方で影響を受けることができているのだが、魂の中にはそれだけではなく能動的な力もあるに違いない。この力があるからこそ、魂の本性にはしかじかの思考がやがて生み出されるという兆候が元からあり続け、いざという時にその思考が出現するようになっている。今あるすべての思考にはやがて出現する思考の中で理解される観念が既にして含まれているのである。

三〇　《神は我々の魂を傾けながらも強いることはないので、[128] 人には不平を述べる筋合いはない。ユダはなぜ罪を犯したのかと問うべきではない。彼の概念にはその自由な行為が含意されているからである。問うべきなのはただ、罪人《つみびと》ユダはなぜ、可能〔でしかなく現実には存在しないよう〕な他の人々を差し措いて〔現実に〕存在すべきものと認められているのか、ということだけである。罪に先立つ不完全性もしくは本源的な制限、[129] ならびに恩寵の程度について。》

人間の意志に対する神の働きに関しては、極めて難しい問題が数多くあるため、一つ一つ論じていると長くなってしまう。とはいえ、あらましだけならここで述べておくことができる。神は、我々の通常の行為に協力するときには、神自らが立てた法則[130]に従うだけである。つまり神が我々の存在[131]を保存し連続的に生み出す際には、我々のような個体的実体の概念に含まれる順序に沿って我々の思考内容が自発的につまりは自由[132]に生じるようにしている。この概念にはその実体の思考内容が最初からいつでもすべて予見できていたのだ。更に、神の決定によって、〔人間の〕意志は一定の個別的な場面のもとにおいて神の意志を表出したり真似たりすることで、善と思《おぼ》しきものへと常に向かうようになっているのだから、その場面においては、善だと思い込んでいただけのものにも真実の幾らかは必ず含まれていることになる。こうして神は我々の意志を我々に最善と思われているものを選ぶようにと決定付けるのだが、それでも我々の意志を強いることはない。なぜなら、絶対的に言うと、我々の意志は、必然性と対立している限りは無差別な状態にあり、別のことをすることができるし行動を控えることさえもできるからである。しかもどちらの選択肢も可能であるしこれからも可能であり続ける。したがって、熟考の上固い決意をもって不意の事態に備え、いざという時にもよくよく考え抜いた上でなければ行動も判断も控えるというのは、我々の心積もり次第のことである。とはいえ、このような場面で行動や判断を控えることができない人がいるのはその通りだし、むしろいつでもそういう人は必ずいるものだ。では一体誰ならそれ以上のことができるのか。人は自分に不平を唱えるしかないのか。そもそも、事が起きる前に不平を述べることが不当であるなら、事が起きた後で不平を唱えることもすべて不当である。しかし罪を犯す直前なら、その人はあたかも神によって罪を犯すように決められていたからとでも言わんばかりに神に不平を唱えても構わないことになるのだろうか[133]。神がこの場面で決定したことは誰にも予見できないことなのだから、自分が既に現実に罪を犯していたのでもない限りは[134]、その人は自分が罪を犯すと決定されていることをどこから知ることなるのだろうか。ここで問題なのは、〔罪を犯そうと〕欲しないということだけなのである。神にはこれ以上に簡単で正当な条件は示しようがない。事実、裁判官もみな、ある人物に悪い意志を抱かせた理由など求めはせず、ただその意志がどれほど悪いものであるかを検討するだけである。しかしひょっとして私が罪を犯すことは永遠に確かなことなのだろうか。それは自分で答えを出しなさい。きっと違うと答えることだろう。あなたが知り得ないことやあなたに何の光明も与えないことに思いを巡らすのはやめて、あなたが自覚している義務に従って振舞いなさい。ところが別の人は、この人が確実にこの罪を犯すというがどうしてそうなるのか、と問うだろう。これに対する答えは簡単だ。もしそうしないならば、その人ではなくなってしまうからだ。それというのも、神はユダと称される人物が生まれてくることを昔から知っていて、その人物に対して神が抱く概念ないしは観念には未来の自由な行為も含まれているからである。それゆえ問題はただ、神の観念の内にあっては可能的でしかなかったこのユダなる裏切り者がなぜ現実に存在するのかということだけである。しかしこの問いには、この世界に住む限り答えは期待すべくもない。ただし、あくまで一般的にではあるが、次のように言うべきであろう。つまり、神はその人が罪を犯すことを予見していたにもかかわらずそれでも存在することの方がよいと考えたのだから、その悪は宇宙の中では償って余りあるものとなり、神がそこからもっと大きな善を引き出したことで、この罪人の存在を含んだものとしての万物の系列の全体が、可能な仕方で得られた系列の中で最も完全な世界として存在することになるはずだ、と。だがいずれにしても神の選択による配剤の見事さを解明するのは、旅人[135]たる我々の能《よ》くするところではない。把握せずとも知りさえすれば十分なのだ。今はただ「富の深み」[136]、神の知恵の底知れぬ深さを認めることが肝要で、細かい詮索を果てしなく続けるべきではない。ともかく、神が悪の原因でないことは明々白々である。それは、人々の無垢な魂が失われた後に原罪が魂を捉えたからだが、それだけではなく、そもそも原罪以前に既にすべての被造物には生まれつき共有している本源的な制限もしくは不完全性があり、そのため被造物は罪を犯し欠陥を有するものとなっているからでもある。それだから、堕落前予定説論者[137]の考え方にもそれ以外の説にも困難はない。聖アウグスティヌスやその他の人々の考えも、以上と同じものになるはずだと私は思う[138]。彼らによれば、悪の源泉は無に、つまり被造物であることの欠如や制限にあり、神はその欠を補って完成度を高めてあげたいという恵み深い意向で癒してくれている、ということになる。神のこの恩寵は、通常のものであれ超常のものであれ、程度や範囲に違いがあり、結果をもたらすときには常に何らかの釣り合いが取れるようにしている。しかもその恩寵がありさえすれば、我々を罪から守るだけではなく、救済をもたらすのに十分である。このときには人間も自分の力で参加をしてくれることが見込まれている。しかしながら、この恩寵だけでは人間のさまざまな傾向性[140]を克服するのにいつも十分であるとは限らない。なぜなら、神の恩寵だけで十分なら、その人は恩寵だけを頼りにするようになってしまうからである。神の恩寵だけで十分となるのは、恩寵そのものの力によるのであれ適切な状況に恵まれた場合であれ[141]、いかなることがあっても恩寵が常に必ず首尾よく結果をもたらす場合に限られる[142]。[139]

三一《選択の動機、予見された信仰、中知[143]、絶対的決定、以上について。また、これらはどれもが、なぜ神は、一連の神の恩寵と自由な振舞いを概念として含んでいる可能的な人物を選び現実に存在することを認める決心をしたのか[144]、ということの理由に帰着するということ。こう考えれば多くの困難は立ちどころに解消する。》

結局のところ、神の恩寵は極めて純粋な恩寵であり、被造物には所詮手の届かないものである。とはいえ、神の選択を説明するにしても、神は恩寵を広く施す際に、人間の未来の行為について、絶対的な予見であれ条件的な予見であれ、予見をしていた、というだけでは十分でないからといって、合理的な動機が一切ないような絶対的決定などを想定してもいけない。信仰や善き行いが神に予見されたものとなるためには、神はその信仰や慈愛の実行者になると予見した人、つまり「やがて信仰心を抱くと神が予見していた者」(145)だけを選べばよいというのは、きわめて正しいことではある。しかしそれではまた同じ問いに戻ってしまう。なぜ神は、別の人よりもその人に信仰や善き行いの恩寵を与えるのか、と。ところで、神のこの知(146)に関して、それは信仰や善き行いを予見するということではなく、信仰や行いの内容、そしてそのようになる素質を予見し、あるいはこの人が自分からどのように寄与しようとするかということを予見することだ(なぜなら、恩寵の示され方が多様である場合には、人間の振舞いも多様なものとなるし、実際に人間は、善に向かうべく激励されて改心する必要があるとはいえ(147)、やがては自分でも善に向かって振舞うようになるのは確かなことなのだから)とすると、この神の知について次のように言う人は多いかもしれない。つまり、〈神は、どの人が恩寵や超常的な援助なしにしようとしているか、あるいは少なくともその人が神の恩寵には目もくれずに自分でしようとするかを見ているのだから、最善の結果をもたらそうとする性向を生来備えた人々に、あるいは少なくとも不完全な点が少ないものやなるべく悪くないことをしようとする性向を備えた人々に、恩寵を授けようと決心することができる。〉と。しかしそうだとしても、この人々の生来の性向は、それが善いものであればやはりそれだけでも大きな恩寵の結果であるし、このことは通常の恩寵でもそうなのだから、神は他ならぬこの人たちを既に優遇していたのだとも言える。そしてこの人たちに生来の優位性を与えたということが超常的な援助としての恩寵を授ける動機として役に立つことを神は知っているのだから、これまで私が述べた考え方に従うなら、結局はすべてが神の慈悲にすっかり帰着するというのが本当のところではないのだろうか。それゆえ私は（神が恩寵を分け与える際に生来の性向をどれほどまでに、またどのような仕方で考慮するのか、我々は知らないのだから）私の原理に従い、また既に述べた通り、次のように言うのが最も確実で間違いがないと考える。つまり、〈可能な存在者の中にピエールとかジャンとかいう人がいて、その概念もしくは観念には通常の恩寵も超常の恩寵も、そしてそれ以外のすべての出来事も周囲の事柄とともに含まれている。そして神は無数の同じく可能な人々の中からとりわけこの人を選んで現実に存在させることを選んだ。〉と。以上のように考えるならば、もはや更に問うべきこともないしあらゆる困難も解消されると私は思う。というのも、なぜ神は他の多くの人を差し措いてこの人を選んだのかという唯一の大問題に対して、細部までは我々には及ばないとしても、既に私が示した全体的な理由で満足しないとしたら、それは実に不合理なことだと言わざるを得ないからである。こうして、理由もない不合理な神の決定だとか、理由があるとはいってもそれだけでは困難を解決するには至らず他の理由を必要とするような神の決定なるものに頼ることはせずに、その代わりとして最もよいのは、聖パウロに倣《なら》って、この大問題に対しては知恵と適合性という大きな理由がある、と主張することである。(148) この理由は死すべき者には知られないが宇宙の最大の完全性を目的とした全体的な秩序に基づいたものであり、神はこの理由を見守っていたのである。この点こそが、神の栄光の動機や神の正義の顕現の動機のみならず神の慈悲の動機そして一般に神のもろもろの美点〔完全性〕の動機(149)の出発点なのである。つまるところ、聖パウロがその魂を奪われた豊穣さの底知れぬ深さなのである。(150)

三二　《これまで述べてきた原理が信仰心や宗教にとって有益であること。》

そもそも、これまで私が説明してきた考え方、とりわけ神の働きが完全であるという大原理(151)と、実体の概念にはそれについて生じるすべての出来事が周囲の事柄とともに含まれているという原理(152)は、宗教を破壊するどころかむしろ堅固なものとし、極めて大きな困難の数々を一掃し、神への愛の炎を魂に灯し、従来のどの仮説にも増して非物体的な実体の認識へと精神を高めるのに資すると思われる。なぜなら、神以外のすべての実体は、ちょうど我々の思考が我々という実体から流れ出すように、神に依存していること、神はすべてのものにとってすべてであること、[153]神はあらゆる被造物に対し、その完成度に応じてではあるが、密接に結びついていること、そして自らの影響力を通じて被造物を外から[154]決定するのは神のみであること、これらはいずれも極めて明らかなことだからである。そして、もし作用することが直接的に決定することであるとするなら、このことを形而上学的な言い方で表すと、神のみが私に対して働きかけ、神のみが私に善や悪を行わせることができると言える。このとき、神はすべての実体に目配りをしながら、神自身の善を分け与え〔実体が〕互いに協調するようにさせているのだから、神以外の実体[155]は神の決定に寄与する存在でしかない。そして、神のみが実体間の連結や交渉をもたらしている。まさにこの神の働きがあってこそ、ある実体に生じる現象が他の実体に生じる現象と互いに一致し、その結果我々の表象に実在性があるようになっているのである。しかし実践の場においては、作用はこれまで私が説明してきたような意味において個別的な理由[156]がもたらすものとされている。というのも個別的な場面ではいつも全体的な原因に言及する必要はないからである。また、どの実体も完全な自発性(これが知性を具えた実体においては自由となる)を有していて、その実体に生じることはどれもがそれ自身の観念あるいはその存在からの帰結であり、その帰結を決定することができるのは、ただ神のみだということもわかる。このために、高潔な精神を持ち聖人と敬われたある人[157]は、魂は世界にあたかも神と自分自身しかいないかのように考えるものだ、と常々言っていた。ところで、魂は、それ自身だけで自分の世界を作り神と共にいれば十分なのだから、外部のすべての事物から絶対的に切り離されているという仕方で独立し自分の範囲内にあるということこそが、何にもまして魂の不死性をしっかりと理解させることになる。それだからまた、世界〔魂はこの世界の活きた永遠の表出である〕がそれ自身によって滅びることがあり得ないのと同じく、魂が世の絶滅なしに死滅することもあり得ない。また我々の身体と呼ばれている延長している塊が変化しても魂に何かをもたらすということはあり得ないし、この身体〔物体〕が消滅しても不可分なもの〔魂〕を破壊することもあり得ない。

三三　《魂と身体の交渉[158]についての説明。この交渉はこれまでは解明不可能で奇蹟的なものだとされてきた。また、雑然とした表象の起源についての説明。》

更に、魂と身体の結合という大きな神秘についても期せずして[159]明らかになる。これは、〔魂と身体の〕一方の受動的作用と能動的作用とが、どのようにして他方の能動的作用と受動的作用を伴うことになるのか、あるいはどのようにして他方とぴったりと合った現象となるのか、という神秘である。そもそも一方が他方に影響関係を持っているということを理解する術《すべ》はなく、ありふれた個々の出来事のために普遍的な原因の超常的な働きに一々頼る(160)というのも理に適っていない。だが〔結合の〕本当の理由は次の点にある。既に述べたように、魂や各実体に起きることはすべてそれ自身の概念からの帰結であり、それゆえその魂に生じるあらゆる現象や表象がその魂の観念そのものつまり本質から(「自発的に」)立ち現れてくるはずである。そしてまさしくその結果、その現象や表象は宇宙全体で現に起きていることに自ずと対応していることになる。しかしその魂に割当てられている身体に生じていることにはとりわけ綿密で完全に対応している。なぜなら魂が宇宙の状態を表出することになるのは、何らかの仕方で一定の期間他の身体〔物体〕が自分の身体と何らかの関係を有している場合だからである。このことによって更に、我々の身体が、我々に属してはいても、我々の本質に付随してはいないのがなぜか、ということが認識できる。それだから、じっくり考えることができる人であれば、私の原理を高く評価してくれるものと思う。それは、魂と身体間の連結(161)がどのようなものであるかは私の原理によって容易に示すことができるのに比べて、他の方法では説明できそうにないからである。次にまた、感覚を通じて得られる表象は、それが明晰であっても、雑然とした印象をどうしても含まざるを得ないことも明らかになる。なぜなら、宇宙にあるすべての物体は共鳴し合っているために我々の物体〔身体〕は他のすべての物体の印象を得てはいるのだが、我々の感覚がすべてのものと関連づけられているからといって[162]、我々の魂が〔他の〕すべてのもの一つ一つに対応する[163]ことはできないからである。そのため、我々の雑然とした知覚は際限なく多様な表象の結果なのである。これはいわば、海岸に近づいた人が聞く雑然としたさざめきが実は無数の波が反響した集まりから来ていることに幾分かは似ている。そういうわけで、多くの表象（一体化していないものとしての）があるとして、その内どれ一つとして他に飛び抜けたものがなく、もたらされる印象は強さもほぼ同じで、魂の注意を惹く力も同じであれば、魂がその表象を自覚するとしても雑然とでしかないことになる。

三四　《精神は、他の実体つまり魂や実体的形相とは異なること。また、人が望む不死性には記憶が必要となること。》

[164]人間のような［それ自身による一］[L]を作る[165]物体〔身体〕が実体であり、それが実体的形相を有し、獣にも魂がある、と仮定してみよう。すると、これら魂や実体的形相は、他の哲学者たちが考える原子つまり物質の究極的な部分[166]と同様に、決して滅びないものであることを認めざるを得なくなる。なぜなら、実体というものはどれも、全く別のものに

なることはあっても消滅はしないからである。更に〔人間以外の〕魂や実体的形相は、〔人間の〕精神ほど完璧にではないにしても、宇宙の全体を表出している。しかし魂や実体的形相と精神との主要な違いは、魂や実体的形相は自分自身が何であり何をしているのかを認識していないことにある。それゆえこれらは反省をすることができないので、必然的で普遍的な真理[167]を発見することもできない。またこれらには自分自身に対する反省能力がないので道徳的資質に欠け、そのため、毛虫が蝶に変わる時に見られるような変態を何千回と繰り返すと、道徳や実践の観点からするならばこれらはその都度死滅すると言ってもおかしくないほどだ。現に我々は、物理学的な意味では身体は腐敗することで死滅すると言っているのである。しかし知性を具えた魂は、自分が何であるかを知っていて、私[168]という意味深い語で自分自身を表すことができ、他の存在者よりも形而上学的な意味においてずっと長く存続するだけではなく、道徳的な意味においても同一であり続け同一の人物をなしている。なぜなら、知性を具えた魂に懲罰と褒賞を与えることができるのは、この私に記憶力や認識力があるからである。また道徳と宗教において求められる不死性も、魂がただ永遠に存続するからそうなのではない。それだけならどの魂にでも当てはまることである。その魂は自分がどのようなものであったかを思い出せない限り、称賛に値することはないだろう。ここで仮定として、あるどこかの誰かが突然中国の王になることになったけれども、その条件は新しく生まれたばかりのようにそれまでのことを忘れていることだとしよう。するとこれは、人々に知られる顛末からして、実際のところでは、それまでの人は没し、その同じ瞬間同じ場所に一人の中国王が創出されたということに他ならないのではないだろうか。こんなことでその人が喜ぶことにはなるまい。

三五　《精神の卓越性。神は精神を他の被造物よりも好ましいものと見ている。精神は世界よりもむしろ神を表出するが、他の単純な実体は神よりもむしろ世界を表出している。》(169)

しかし、神が常に我々〔人間〕を実体として存続させているだけではなく、我々の人格をも、つまり我々が何であるかということについての記憶と認識（もっとも、これらについての判明な認識は睡眠や失神でしばしば中断するが）をも存続させているだろうということを、自然な理性で判断できるようにするためには、形而上学に道徳を結びつけなければならない。つまり、神をすべての実体、すべての存在の原理にして原因として考えるだけではなく、知性を具えた実体であるすべての人格の長として、またすべての精神が一緒になって形成する宇宙のような最も完全な都市もしくは国家(170)の絶対君主としても考えなければならない。神自身はすべての存在の中で最も偉大であるとともにすべての精神の中で最も完成されているからである。というのも、確かに〔人間の〕精神は〔被造の実体の中では〕完成度が最も高く神のあり方を最もよく表出している。そして、既に十分に説明したように、〔被造の諸〕実体の本性、目的、徳、働きはどれもが神と宇宙とを表出することに他ならないのだから、自分自身が何者であるかについて認識しつつ神を表出し、神と宇宙とについての偉大な真理を認識することのできる実体こそが、本性としては野生的で真理を認識できないかそもそも感覚も認識能力も欠いた実体とは比較にならないほど、神と宇宙を表出しているということに疑う余地はない。知性を具えた実体とそうではない実体との間の違いは、〔単に対象を映すだけの〕鏡と〔対象を〕見ている者との間の違いと同じくらい大きい。そして神自身はあらゆる精神の中で最も偉大で最も賢明な精神なのだから、神が特別な計らいで自らの思いと意志とを伝えいわば会話をして共同社会を作ることができる〔神の相手としての〕存在者は、自分たちの庇護者〔たる神〕を認識し愛することができるようになるためには、単に精神の道具としてしか見なされない他のいかなる者よりもずっと神のそばにいなければならない、と考えるのはたやすいことである。賢明な人々ならどんなに高価なものよりも一人の人間を限りなく大切にしていることは誰もが知る通りである。すでに他の点では満足している魂が更に持

(171)(172)(173)(174)

ち得る最大の満足とは、自分自身が他の人々から愛されているのを知ることである。とはいえ神に関して言うならば、神の栄光に我々の信仰が加わっても神の満足感に何も付け加えることはないという違いがある。被造物が神の栄光を認めてもそれは神の至高にして完全なる至福からの帰結に他ならず、神の満足感に何も寄与することはないし至福の原因の一部となることもないからである。(175)(176) しかしながら、有限な精神において善きものでありかつ合理的であるものは神にあっては卓越的に存在している。そして我々は、極めて貴重で希少な動物よりも一人の人の命を長らえさせたいと願う国王を称えるのだから、最も開明的でしかも最も公正である君主〔としての神〕もまた同じような考えにあることを疑うべきではない。(177)

三六　《神はすべての精神から成る最も完全な国家の君主であり、この神の国における至福こそが神の枢要な企てである。》

実際のところ、〔被造の〕精神は実体の中では完成される可能性が最も高く、それが有する諸々の美点〔完全性〕(178)はそのどれもが互いに妨げることはなく、むしろ助け合うものである。最も徳の高い精神にして初めて至上の友となることができるからである。ここから明らかになることだが、常に全体として最も完全になることを目指している神は、とりわけ諸精神〔としての実体〕に気を配り、全体としてだけではなく、個別の精神のそれぞれをも、普遍的な調和が許す限りにおいて最も完全なものとなるように配慮している。更に、神もまた一つの精神である限り、すべての存在者の起源であると言える。もしそうではなく神に最善を選択する意志がないとしたなら、ある可能性が他を差し措いて現実に存在することになるための理由もないことになってしまう。こうして、それ自身が精神であるという神の資質は、神が被造物に対して抱くことができるすべての他の考慮に先立って考慮されることになる。そして〔神以外の〕諸々の精神だけが神の似姿として造られ、いわば神の末裔としてあるいは一家の子となっている。[179]それというのも精神だけが自由な仕方で神に奉仕し神の本性に倣うことを自覚して振舞うことができるからである。一つの精神はそれだけで世界の全体に匹敵している。それは精神が世界全体を表出しているからだけではなく、神の流儀で世界を知り自らを律しているからでもある。こうして、どの実体も宇宙の全体を表出しているとはいえ、精神以外の実体は神よりは世界を表出するのに対して、精神は世界よりも神を表出している。精神はその本性が高貴であり、単なる被造物でしかないが[180]神々しいところを持っているがために、神はそれ以外の存在者よりも限りなく大きな栄光を精神から引き出すことになる。あるいはむしろ、精神以外の存在者は精神が神を称えるための材料を提供しているだけである。

それゆえ、神がさまざまな精神の主君もしくは国王であるという実践的な道徳的資質が神について語られることで、神は特殊な仕方でいわば人格として扱われることになる。神が人となるのはまさに、神があえて擬人的になろうとしている時であり、臣下を伴った君主として我々の仲間に加わる時である。このように考えることは神にとって大切なことであり、その国が幸福に満ちて繁栄し住人が可能な限り最大の至福を享受できることが、神の定めた法の中でも最高のものとなっている。なぜなら、人格あるものが至福を享受できることは、存在者が美点〔完全性〕を有することと同じだからである。自然の世界における存在の第一原理が、可能な限り多くの美点を世界に与えるということだとするなら、道徳の世界つまり宇宙の中の最も高貴な部分である神の国の第一の計画は、世界に可能な限り最大の至福を行き渡らせることである。それゆえ神が下した命令というのは、精神が常に生き続け得ることが不可欠とはいえ、単にそれだけではなく、常に道徳的な資質も保持し続けるようにし、それによって、世界から実体が失われることがないとともに神の国から人格が失われることのないようにするというものであった。このことは疑うべきではない。またそれゆえ、精神は常に自分が何であるかを知っている。そうでなければ賞罰を受け容れることはできなくなる。しかもこのことは国家の本質でもあり、とりわけ何ものも見捨てられることのない完璧な国家の本質である。結局、神は最も公正にして寛仁大度の君主であると同時に、臣下には誠実で真摯でありさえすればその善き意志のみを求めているのだから、臣下としてはこれ以上の好条件など望むこともあり得ない。神が臣下をもっと完璧に幸福にさせるためには、臣下が神を愛することを望みさえすればよいのである。

三七《イエス・キリストは、神の国の秘密と驚嘆すべき法と、そして神を愛する者に準備されている至高の幸福の偉大さとを人々に明かした。》

古代の哲学者たちは以上の真理についてほとんど知らなかった。イエス・キリストだけがその真理について神々しいばかりに巧みに解明した。それは実に明瞭でしかも親しみのある仕方でなされていたので、どれほど教養に縁のない人であっても理解できるものであった。そしてまたその福音は人間に関わる事柄の相貌を一変させた。イエス・キリストは我々に天国のことを教えてくれた。天国は神の国という名にふさわしいところであり諸々の人々から成る完全な国家であることを伝え、我々にその驚嘆すべき法を見せてくれた。神が我々をどれほど愛しているか、我々に関わるあらゆることを神がどれほど念入りに配慮したかということを見せてくれたのは、イエス・キリストだけであった。更にまた、神は雀に気を配りながらも神にとってははるかに大切である理性的な被造物への配慮を怠らないであろうこと、神は我々の髪の毛をすべて数え上げていること、(181)天地が滅びても神の言葉と我々の救済の摂理に関わることは変わらないこと、(182)神は知性を具えた魂に対してはそれがどれほど小さなものであっても世界全体の機構よりも配慮すること、(183)神だけが魂に幸不幸をもたらすことができるのだから、我々の身体を破壊することができても魂を破壊することができないような者を恐れる必要はないこと、(184)公正な者の魂は神の手許にあって宇宙のあらゆる騒乱から護られているのだからその魂に働きかけることができるのは神だけであること、(185)我々のどんな行いも忘れられていないこと、片言隻句や一匙の甘露水に至るまですべて気遣われていること、(186)最後にすべては善人に最善がもたらされること、(187)正しい人は太陽の如きものであること、(188)そして神を愛する者のために神が用意した至福に近いものを我々は感覚によっても精神によっても享受したことはないこと、(189)こうしたことはみな、イエス・キリストだけが示してくれたことなのである。

二　アルノー(1)宛書簡(抜粋)　一六八六―一六九〇年

【一】[2]　一六八六年七月四日／一四日[3]　ハノーファーから

あなたのご判断はいつもながら格別に傾聴に値します[4]。私が重要なものとしてお示しした命題があなたには奇妙なものと映ったようでしたが、その後私からの説明でご理解をいただいた後[5]、お咎めの言葉も和らぎ、ほっとしております。私がお示しした命題とは、「各人の個体概念はその人に生じることになっているすべてのことを同時に含む」というものでした。あなたはここからまず次のような帰結を引き出しました。〈神がアダムを造ると決意したという仮定だけから、アダムとその子孫に生じるその他のすべての出来事が宿命的な必然性によって流れ出し[6]、神にはそこに関与する自由は一切なく、それはちょうど、〔神が〕私を造ると決意したからには、思考できるという本性〔をもった被造物〕を造らないわけにはいかなくなるということと同じだ〉、と。

これに対する私の答えは次の通りです。〈この宇宙全体に関する神の計画のすべては互いに適合し神の至高の知性とも結び付いているのだから、神がアダムについての決意をしたときにアダムに関係するすべてのことについても考慮に入れなかったことはない。それゆえ、神が人間のすべての出来事を決定したということは、アダムについてなされた決意だけによるのではなく、同時に（アダムについてなされた決意と完全な関係を有している）他のすべてのものに対してなされた決意にもよることである〉と。ここには宿命的な必然性も神の自由に反することも一切ないと私は考えていたからです。それは、神が自ら決意したことを実行するように自らを仕向ける[7]という広く認められた仮定的必然性には宿命的な必然性も神の自由に反することもないのと同じことです。

神の決意がひとつながりになっている[8]ことにあなたは返信で同意してくださり、当初私の命題を全く違った意味で理解していたと率直にお認めくださいました。というのも「例えば（あなたのお言葉では）球体の種《しゅ》概念を神の知性において表現されているものとの関連で考察することに人は慣れていないが、概念それ自体を考察することはできる」とし、「そのことは各人の個体概念についても同じことである。」とあなたはお考えになっていたからです。[9]しかしこれこそが私の考えであることをあなたもご存じの今となっては、それで満足し問題が解消されるかどうか確かめるにはもう十分です。それゆえ私の考えも、以上のような説明を加えるなら、何ら問題はないばかりか確実でさえあることをご理解いただけるものと思われます。実際、あなたはこう述べておられます。「神がアダムを創造しようと決意したときにアダムについて神が持っていた認識には、アダムについて生じたこと、その子孫に生じたこと、そしてやがて生じるはずのことのすべてが含まれているという理解には同意する。そしてアダムの個体概念の意味をこのように解するならば、貴殿の説は極めて確実である」と。それでもまだあなたが困難だとおっしゃる点がどこにあるかを見てみることにします。ただその前に、種の概念と個体的実体の概念との間にある差異[10]の理由について付言しておきます。というのも、[11]種の概念は必然的で永遠な真理しか含まず、神の意志には依存していないからです（デカルト主義者たちは依存すると言っていますが、あなたはそうではなさそうです）。しかし個体的実体の概念は完成されたものであり[12]、その概念が属している主語を〔他から〕十二分に[13]区別することができ、また偶然的な事実の真理とともに時間や空間やその他の個別的な状況を含んでいるので、その個体的実体の概念が可能だと考えられている場合にはその概念の内に神の自由な決定も同じように可能なものとして包含されているのでなければなりません。神の決定は事実としての存在の主たる源泉だからです。これに対し、本質は意志を考慮する以前に神の知性の内にあるものです。

　こう考えれば、残された他の問題をもっとよく理解し、私の説明でまだ残っている難問を解決するのに大いに役立つことでしょう。

　というのも、あなたはこう続けていたからです。「しかしその後もまだ問うべきことがある（そしてこのことで私〔アルノー〕は困難を感じている）。はたして対象同士（ここではアダムとその人に関わる出来事）の繋《つな》がりはそれ自体が神の一切の自由な決定から独立しているのか、それとも依存しているのか、つまり、アダムとその子孫に生じることをすべて神が知っていたというのは神がそのように命じた際の自由な決定の帰結であるにすぎないのか、それとも（こうした決定からは独立に）一方でアダムがあり他方にアダムとその子孫に生じることがあってこの両者の内的で必然的な連結があるのか、という問題である」と。

あなたは、私なら〔いずれの選択肢でも〕後者を選ぶだろうとお思いでしょうか。なぜなら私はこのように述べていたからです。「神はいくつかの可能なアダムから、一人のアダムを、そのアダムにだけ関わる個別的な状況を併せ持ったものとして見出しました。そこには後々かくかくの子孫を持つことになるという述語が他の述語とともに含まれているのです」と。ところであなたは、可能なものは神の自由な決定のすべてに先立ち可能であるということに私が同意しているとお考えです。そこで、私の説明が後者の立場に立っていると想定すると救い難い困難に陥るとあなたはお考えです。なぜならば（あなたがこう仰せなのも無理はありませんが）、「神のとりわけ個別的な決定によって生じた人間の無数の出来事があるからだ。例えば特にユダヤ教やキリスト教の宗教、とりわけ神の言葉の受肉がそうである。これらの（神の極めて自由な決定によって生じた）出来事が可能なアダムの個体概念に含まれていたなどとどうすれば言えるのか、私にはわからない。これではまるで、その概念によって考えられることをすべて、神の決定とは独立に、可能なものとして考えろということだ」からです。

あなたが挙げた問題点を正確に記しておいたつもりです。以下で得心いただけることと期待します。その問題点は、アダムについてそのすべての述語が付随ししかも可能であると考えられているような充足的な概念について、それが真に存在していると否定できないのであれば、解決できるはずなのです。この概念は神が創造すると決心する前から神には知られていたものです。この点はあなたにもお認めいただけているはずのことです。そうでなければ、神は十分に認識する前に創造すると決心することになってしまいます。それゆえ私の考えでは、あなたがお示しになった二つの説明のジレンマにはその中間があるのです。私がアダムとその人にまつわる状況との間にあると認識した繋がりは内的なものですが、神の自由な決定から独立した必然的なものではありません。なぜなら、神の自由な決定はそれが可能なものであるならば可能なアダムの概念の中に入っているからです。この同じ決定が現実的なものとなるならば、それが現実的なアダムの原因なのです。可能なものは神の現実的なすべての決定以前に可能であるとの考えで私はあなたと同意見で、この点ではデカルト主義者たちとは意見を異にします。とはいえ、この現実的な決定それ自体も可能な決定であると仮定しておくことを妨げるものではありません。というのも、個体的なものの可能性や偶然的真理の可能性は概念の内にその原因の可能性、つまりは神の自由な決定を含んでいるからです。この点で永遠真理や種の可能性とは異なります。これらは神の知性の内にのみあり意志を前提にしていないものだからです。このことは既に[14]説明した通りです。

以上でも十分なのですが、もっとよく理解していただくために以下のことを付け加えましょう。私の考えでは、神が世界を創造する際には、世界を組み立てる神の計画の違いに応じて可能な造り方が無数にあります。どの可能世界も神に相応《ふさわ》しい何らかの主要な計画や目的に、つまり(「可能性の見地から」[L]知られている)[15]自由で根源的な何らかの決定に依存しているのです。この決定は、多くの可能な宇宙の中の一つであるこの宇宙にとっての全体的秩序の諸法則となっていて、この法則はこの宇宙に適合しその宇宙の概念とともにそこに参加することになる個体的実体のすべての概念を決定します。すべてのことは奇蹟に至るまでこの秩序のうちにあるのです。ただし、奇蹟は自然の何らかの下位の準則もしくは法則には反しています。こうして、このアダムを選択すると仮定するなら、その人にまつわる出来事はすべて実際に生じた通りに生じないわけにはいかないのです。しかしそうなるのは、アダムの個体概念にすべての出来事が含まれているとしてもその概念が理由となっているからではありません。アダムの個体概念に神の諸々の計画が入っているからです。神の計画はこの宇宙全体の概念を決定しているもので、それゆえアダムの概念を決定し、同様にこの宇宙のすべての個体的実体の概念を決定しているのです。それぞれの個体的実体は宇宙全体を表出しています。それは、あらゆるものが神の決意もしくは計画との繋がりを持っているためにその個体的実体も宇宙全体と一定の関係を有することで宇宙の部分となっているからです。

あなたはもう一つ別の反論をなさっています。それは、既に私が解決したばかりの、一見すると自由に反する帰結についてのことではなく、事物それ自体つまり個体的実体について我々が抱く観念[16]に関するものです。あなたは、〈私が個体的実体の観念として私の観念を持つというのであれば、我々が個体的実体について述べていることを探求すべきであって、神が個体を知る仕方によって行うべきではではない〉とお考えのようです。それは私が球体の直径が何ピエの長さであるかを球体の種概念から決定しようとしてもできないと判断するためには、球体の種概念を検討するだけでよい、ということと同じように、「計画していた旅行を私が実行しようがしまいが私が私であることは、私が持っている私としての個体概念の中にはっきりと認められる[17]。」とあなたは仰せです。

この点にははっきりとお答えしますが、出来事相互の結合というものは確実であっても必然的ではないということ、この旅行を私が実行するかしないかは私の自由であること、この点では私も同意しています。なぜなら、私という概念の中に旅行に行くであろうということが含まれているとしても、私は自由にそうするのだということも含まれているからです。私という概念の中には「一般性とか本質とか種概念などの未完成な観点において」L捉えられるようなものがすべてありますが、そこから私が旅行をするであろうということを必然的[18]に引き出すことはできません。しかし〈私は人間である〉ということからなら〈私は考えることができる〉という結論を出すことはできます。それゆえ、私が旅行をしないとしても、永遠で必然的な真理に抵触することはありません。

しかしながら、私が旅行に行くことは確実なのだから、主語としての私と述語としての旅行の実行との間には何らかの結合があるに違いありません。「なぜなら真なる命題において述語の概念は常に主語に内属するから」Lです。したがって、もし私が旅行をしなかったとしたら、それは私の個体としての完成された概念を破壊することであり、神が私を造ろうと決心をするより前に私について知っていること、もしくは知っていたことさえをも破壊することになり、それは偽となってしまいます。というのもこの〔私の〕概念は、事実を根拠づけている存在、事実の真理、神の決定を、「可能性の観点から」L含んでいるからです[19]。

個体的実体の概念について考えるためには、私が私自身について持っている概念を問い質すとよい、という点でもあなたに同意します。それはちょうど球体の特徴について考えるためには球体の種概念を問い質すべきであるのと同じだというわけです。ただし大きな違いもあります。というのも、私という概念はもちろんのこと、どの個体的実体もその概念は球体のような種概念よりは無限に大きな広がりを有しはるかに捉え難いものですが、一方球体の概念の方は未完成でしかなく、ある特定の球体にまで到達するのに必要な実際上の状況をすべて含んでいるわけではないからです。私とは何かということを理解するためには、自分自身が考える実体であると私が自覚するだけでは十分ではなく、私を他のすべての可能な精神と区別するものを判然とした形で捉えることが必要なのです。しかし私はそのことについては雑然とした経験しか持っていません。そのため、球体の直径が何ピエあるかは球体一般の概念には含まれていないということなら容易に判断することができても、私が実行しようとしている旅行が私という概念に含まれているかどうかを確実に判断することは(極めてありそうなことだと判断することはできるとしても)それほど容易ではありません。それができるというならば予言者になることは幾何学者になることと同じくらい容易だということになってしまいます。しかしながら、物体の中にある感知できない無数の事物について私が経験によって認識することはできなくても物体とその運動の本性の一般的考察なら私にも理解できるのと同じように、私という概念の中に含まれていることのすべてを私が経験によって感知することはないとしても、私に属することが私という概念に含まれているということは個体概念の一般的な考察によって一般的にならば認識することができるのです。

確かに神は、私に生じるあらゆる現象を説明するのに十分なものを含む[22]完成された概念を作ることができるし、実際に形成しているのですから、その概念は可能であるし、私が私と呼んでいるものの真の完成された概念となっているのです。そしてその概念によって、私にとってのすべての述語がその主語としての私に帰属するのです。そのため、〔本来であれば〕私が神に依存していることを示すには神を持ち出さざるを得ないけれども、あえて神に言及せずとも同じことを証明できるほどです。しかし、今問題としている「「私」の」概念がその源泉である神の認識から引き出されるならば、これまで述べてきたことの真理性を一層力強く表現できます。神の知には我々には把握できない多くのことがあることを私は認めます。しかし我々の問題を解決するためには神の知に入り込む必要はないと思います。[23] さらに、もしある人物の人生に関して、そしてまたこの宇宙の全体においてでも、それが実際〔に作られたもの〕とは違ったものになっていたとしたら、それは神が選択したかもしれない別の人物であり別の可能な宇宙であると我々が[24]言って差し支えありません。したがってそれはまさに別の個体[25]となってしまうのです。さらにまた、かつてパリにいたのは私であり今ドイツにいるのもやはり私であって他人ではない、と間違いなく言える｛ようにさせている[26]｝（私の経験からは独立した）ア・プリオリな理由があったはずです。｛そしてそれゆえ、私という概念はこれらの異なる諸状態を結びつけ包括しているはずです[27]。｝そうでなければ、同じ個体であるように見えても実はそうではない、ということになってしまいます。実際に哲学者の中には、実体や不可分[28]の存在や［それ自身による］存在などの本性をよく知らなかったために、どんなものも真に同一であり続けるものなどないと信じていた者もいました。もし物体には延長しかないとしたなら物体は実体ではなくなってしまうと私が考えるのは、とりわけこのような理由によるのです。

以上で、主要な命題についての難点には十分にお答えしたつもりですが、あなたはさらに私がたまたま用いた言い回しに関わる幾つかのコメントをなさっていますので、以下で再度[29]説明をしておきます。私は、〈ある人物のすべての出来事が導出できるという仮定は、アダムを曖昧なままに造ると仮定することではなく、無数の可能なアダムの中から一つを選んですべての周囲の状況とともに造るという仮定だ、〉と述べました。これに対してあなたは重要なコメントを二点お示しです。一つはアダムの複数性についての反論、もう一つは単に可能的でしかない実体の実在性に対する反論です。第一の点についてあなたは、アダムを一人の個別的な存在とするなら、複数の私が考えられないように複数の可能なアダムを考えることもできないとご指摘ですが、それもごもっともなことです。私も同意見ですが、複数のアダムということについて言うならば、私は〔この場合の〕アダムを決定された個人としてではなく、「一般的な観点から」捉えられている誰かを、ある個人としてアダムを決定できるように我々に思われている状況のもとで考えています。しかしここで言う状況は本当のところは特定の個人として決定するには十分ではありません。例えば、アダムということで普通は、神が快楽の園に置いた最初の人だったが罪を犯して自分でそこから立ち去ったとかその人の肋骨から神が一人の女性を引き出した人などとして理解されていますが、[30]これらだけでは個人を決定するのに十分ではなく、複数の別々の可能なアダム、つまりアダムという名にふさわしい複数の個人が存在することになってしまいます。一定数の限られた述語だけでは求めている他のすべてのことを決定することができないのは当然です。ある特定のアダムを決定するのはそのすべての述語を絶対的に含んでいるものであって、それこそが「一般的な観点を個別的な観点」へと決定する完成された概念なのです。加えて、私の立場は、[31]同一個体の複数性という考えからは程遠く、聖トマスが霊的存在について説いていたことに私は全く同意しています。〔数においてのみ異なる〕L完璧に類似した二つの個体など存在し得ないという[32]ことを私は普遍的なこととして捉えています。

〔第二の点について〕あなたは「純粋に可能〔でしかないよう〕な実体、つまり神がこれからも決して〔現実に〕創造することのないような実体」の実在性の問題について、「そのような実体などは絵空事だと思わざるを得ない」とのことですが、あなたがそのようなものには神の知性や神の能動的な力において有していた実在性しかないとお考えなら（きっとそうだと思いますが）、私も反対はしません。するとあなたはそこから、それらについてよく説明するためには神の知と能力とに依拠せざるを得ない、とお考えです。そしてそこに続けてのあなたの言葉は実にしっかりしています。「純粋に可能な実体ということで人が理解しているのは、既に神が造ったものの内のどれかについての観念によって（あるいはそこに含まれるいくつかの観念によって）考えられているものである。」と。さらにまた次のように仰せです。「我々が想像するに、神は世界を創造する前に無数の可能な事物を目にしていた。そこから幾つかを選び取り他を捨てた。複数の可能なアダムたち（最初の人間）にはそれぞれに内的な繋がりを持つ多数の人々と出来事とが続く。そしてこれらのアダムたち（最初の人間たち）の内の一人とそこに続くすべての事物との繋がりは実際に作られたアダムが子孫と共に有する繋がりと極めて類似していると仮定しているのなら、神が選んだのはこれらのすべてのアダムの中からだということになり、神は他のすべてのアダムを選ぼうとしたわけではないことになる。」と。ここであなたは、〈私が自説として示した考え方が〈アダムの複数性やその可能性を私の説明に沿って理解し、また私たちが神のものとした思考や働きに何らかの秩序があると認める仕方で理解するのならば〉、この問題を少しでも考えている人であれば自然に頭の中に入っていくものであり、避けようもない〉と認めてくださっているようです。それでもこの考え方でもあなたに納得のいかないところがあるとしたら、それは恐らく、そこにある繋がりと神の自由な決定との折り合いをつけることができないと考えているからに他なりません。現実にあるものはすべて可能なものとして考えることができます。もし現実のアダムがやがてしかじかの子孫を得るであろうということならば、可能であると考えられたアダムにこの述語を否定することはできません。このことは、神がこのアダムを造ると決める時にそのすべての述語を見渡しているということをあなたもお認めなのですから、当然です。それゆえこれらの述語はアダムに属するのです。可能なものの実在性についてあなたがおっしゃることが以上のことに矛盾しているとは私には思えません。何らかのものが可能であると言うためには、それについての概念を人が作ることができるというだけで私にとっては十分なのです。たとえその概念が神の知性の中にしかないとしてもそうです。神の知性とはいわば可能な実在者からなる国だからです。こうして、可能なものについて語る時に私は真の命題を作ることができれば満足です。例えば、完全な正方形が現実世界では存在しないとしても、完全な正方形〔という概念〕が矛盾を含まないと判断できるようなことです。可能でしかないものを断固として拒絶しようとするなら偶然性を、そして自由を破壊することになります。なぜなら神が実際に創造する[33]もの以外には可能なものはないことになってしまい、それでは神が創造するものは必然的となり、何かを創造しようとする神はその必然的なものしか造ることができなくなって、選択の自由を有していないことになってしまうからです。

以上から、〔私はこれまでいつも理由を挙げて説明をし、あなたの反論から逃れるために言い訳やごまかしをしたなどと思われないようにしてきましたので〕詰まるところあなたの〔現在の〕お考えは初めの頃[34]よりも私の考えとさほどに遠くはないと期待できそうです。神の多くの決心には繋がりがあることをお認めいただきました。私の主要な命題が私からの返答で示した意味において確実であるということもご承認いただきました。あなたが疑っておられたのは、果たして私が神の決定から独立した繋がりを作っているのではないか、ということだけでした。この点であなたが理解に苦しんでおられたのも無理はありません。しかし私が明らかにしたのは、私の決心の繋がりは神の決定に依存していて、内的な繋がりとはなっていても必然的ではない、ということでした。あなたは、私が行かなければならない旅行を私がしなかったらそれは私ではないことになるという不合理について強調なさいました。この点について私は肯定するにしても否定的するにしてもどうすれば答えることができるか説明をしました。最後に私は決定的な理由をお示ししました。これは私の考えでは証明の代わりとなるものです。つまり、すべての真なる肯定命題においては、その命題が必然的であれ偶然的であれ、あるいは全称的であれ単称的であれ、常に述語の概念は何らかの仕方で主語の概念に含まれているのです。〔主語は述語に内属する。〕そうでなければ、真理とは何か、私にはわかりません。

さて私がここで求めている繋がりとは、真なる命題の項の間に〔事物として〕見出される繋がり以上のものではありません。個体的実体の概念にはその実体に生じるすべての出来事とそのすべての規定とが含まれていると私が述べたのも、この意味に他なりません。しかもこの場合には、普通なら外的とされる（つまりその概念が実体に属しているのは、単に諸事物が全体的に結び付いていることと、当の実体が固有の仕方で全宇宙を表現しているためでしかないような）出来事や規定さえも含まれています。というのも、ある命題の項の結合にはそれらの項の概念の中に見出されるはずの何らかの基礎が必ずなければならないからです。ここに私の大原理があります。これはすべての哲学者が同意するはずだと思います。この原理の系の一つは、理由なしには何ものも生じない、あるいはある事物が他の仕方ではなくむしろこのようになったのはなぜかということを人は常に説明できる、という原則として広く知られています。もっともこの理由はしばしば強いることなしに傾かせます。完全な無差別というものは空想的で不完全な仮定だからです。こうした原理から私が引き出した帰結が物議を醸《かも》しているのかもしれませんが、それはこれほどにも明白な認識を十分に辿ることに慣れていないからに他なりません。

さらに言うなら、我々の間の議論のきっかけとなっていた命題はきわめて重要でありしっかりと確立させておくに値します。というのもこの命題から、すべての個体的実体はそれ自身の仕方によって一定の関わりのもとで言わば宇宙を見る視点に従いながら宇宙の全体を表現しているということ、そして実体の次の状態はその前の状態からの続き(ただし自由で偶然な)であり、あたかも世界には神とその実体しかないかのようであることが帰結するからです。(35) こうして、それぞれの個体的実体つまり完成された存在者は、それだけで神以外のいかなるものからも独立した一つの世界のようなものなのです。このように考えるならば、我々の魂が不滅であることだけではなく、魂が以前のすべての状態をその本性の中に潜在的記憶として常に保持していることは何よりも強力に証明されます。それというのも、我々〔人間〕の魂が意識を持ち各人が私と呼べるものを自分の内に認識しているからです。この証明によれば、魂が道徳的な特質を有することができ、死後にでさえも賞罰を受けることになるのです。というのも魂は不死であっても記憶がなければ賞罰を受けようがないからです。しかし魂が独立しているからといって魂相互に交渉があることを妨げるものではありません。なぜなら、すべての被造実体はどれもが同一の至高の存在から同じ計画に基づいて連続的に産み出されたものの一つであり、同一の宇宙、同一の現象を表出しているので、被造の実体は互いに正確に一致しているからです。こうして、ある実体が他の実体へ作用する、と言えるようになるのです。それは一方の実体が他方の実体よりも変化の原因ないし理由をより判然と表現しているからです。これは〔海上を船が動くのを見て〕海ではなく船の方が運動しているとするようなものです。これは当然なことです。とはいえ、抽象的に言うなら、運動だけを取り上げその原因を考慮に入れなければ運動は常に相対的なものとなるので、別の仮説を立てることもできることになるでしょう(36)。そうであればこそ、被造の実体間の交渉は私の考え方の通りに理解しなければならないのです。実在的で物理的な影響力や依存なるものによるのではありません。そのようなものは判然と把握できるようなものではありません。

こうした理由から多くの人は、魂と身体との結合が問題となるとき、さらにある精神が他の被造物に及ぼす際の能動的作用や受動的作用が問題となるときに、そこに直接的な交渉があるとは考えられないと口を揃えて認めざるを得なかったのです。だからといって機会原因の仮説で満足する哲学者は一人もいないでしょう。なぜなら、この説は一種の連続的な奇蹟を導入するもので、まるで神は精神が考えるとそれを機会にそのつど身体の法則を変化させ、あるいは身体の運動を機会に別の思想を引き起こすことで魂の思考の通常の流れを変化させてしまうようなものだからです。一般的に言うなら、神はあたかも各実体にそのあり方を維持させることも実体のために法則を設定することもせず、いつもそれとは違う仕方で実体に介入していることになっているのです。そこで登場するのが同時生起の仮説つまり実体相互の一致の仮説で、これのみがあらゆることを理解可能な仕方で説明し、神を損なうこともなく、しかも我々が先ほど確かめた命題に従うならそこから間違いなく論証できる仮説になっていると私には思われます。これはまた、〔心身間の直接〕影響の仮説や機会原因の仮説などよりもはるかに、理性を具えた被造物の自由に相応しいものとなっています。神が最初に魂を創造したときには、通常は変化を必要としないものとして造りました。そのため、魂に起きることは自分自身を源としてそこから生じているので、後になってから身体に適合しなければならないということもありませんし、身体が魂に適合しなければならないということもありません。魂と身体はそれぞれの法則に従い、一方〔の魂〕は自由に活動し、他方〔の身体〕は選択の余地なく振舞う、それでいて両者は同じ現象の中で互いに一致しているのです。とはいえこのとき魂は自分の身体の形相となっています。なぜなら魂は自分自身の身体との関係に従って他のすべての物体〔身体〕の現象を表現しているからです。

私が物体的実体相互の作用を否定していることに、人はとても驚くことでしょう。こうした作用はあまりにも明白だと思われているのだからなおさらです。しかしこれまでにもこの作用を否定した人はいますし、何よりもこれは判然と理解されたものというよりはむしろ想像力のなせる業《わざ》だと考えるべきです。もし物体が実体であり、虹のような単なる現象ではなく、石を積んでできた山のように偶有的で寄せ集められて一つになった存在というわけでもないのならば、物体の本質は延長だということにはならず、実体的形相と呼ばれ一定の仕方で魂に対応するような何かが必ずや認められなければなりません。私も以前は実体的形相の考えからは距離をとっていたのですが、図らずも結局は認めることになった次第です。とはいえ、物体の原理について一般的で言わば形而上学的な説明をする際にはどれほどスコラ主義の賛同者であろうとも、個別的な現象の説明において私は粒子論者と変わるところはありません。ここで形相とか形而上学的な特質などを持ち出しても詮のないことです。自然は常に数学的かつ力学的に説明しなければなりません。ただしそれも、機械学や力学の原理や法則そのものは単なる数学的な延長にのみ依存しているのではなく、形而上学的な理由にも依存しているということを知った上でのことです。

以上のようなわけで、あなた宛にお送りいたしました〔『形而上学叙説』の〕概要に含まれていた命題をご理解頂けたと思いますが、それ以上に、当初のご判断よりも堅実で重要だとご判断頂けたことと思われます。

〔以下、省略〕(39)

【二】(40) 一六八六年一一月二八日／一二月八日　ハノーファーから

〔冒頭の段落省略〕

事物の可能性に関するあなたのお考えをご教示いただきたいものです。それは神に相応しい仕方で事物の可能性を論じているのであるからには間違いなく深遠で重要な御賢察であると拝察いたします。とはいえ、これはあなたのご都合のよい時で結構です。さて、あなたは私の手紙の中に二つの問題点を見出しました。一つは実体相互の同時生起ないし一致の仮説について、もう一つは物体的実体の形相の本質についてです。これらが難題であることは私も認めますが、もし私がこれらに満足のいく答えを出せたなら、自然全体の大いなる秘密を解き明かすことできると信じたいほどです。とはいえ〔それは無理だとしても」差し当り一歩前進」[41]でしょう。では第一の問題ですが、同時生起の仮説についての私の考えが曖昧だと思っておられたことについて、あなたご自身で既に十分に説明なさっています。例えば、腕が傷つくと同時に魂が痛みを感じた時、あなたがおっしゃるように、魂はこの痛みそのものを実際に感じ取っているのです。これはその痛みの状態もしくはその概念からの自然な帰結だと私も思います。あなたがご指摘の聖アウグスティヌスも同じことを認識していて[42]、魂が受けた痛みは身体の悪しき状態に伴う悲しみに他ならないと言っていることに、私も敬服しています。実際にこの偉大な人の思想は堅実で極めて奥深いものです。しかし（あなたが問うに）魂はどのようにして身体の悪しき状態を知ることになるのでしょうか。私の答えでは、それは身体から魂への影響や働きかけによるのではなく、あらゆる実体はその本性上、全宇宙を隈なく表出し続けていて、また魂の本性は殊《こと》の外《ほか》自らの身体に今現在生じていることについて、より判然と表出しているからです。そのため、魂はその中で生じる出来事を通じて身体に起きる出来事に気付き認識するというのも自然なことなのです。魂が考えていることに身体が適合しているときには、同じことが身体の側についても言えます。私が腕を挙げようとする時、それはその結果に向けて身体の中であらゆることが配置されているまさにその時なのですが、身体は身体の法則に従って動くのです。しかしながら、事物相互の間にある驚異的でありながらも正確無比な一致によって、身体の法則は意志が発動するまさにその時に連動するのです。これも神がこの宇宙の一連のあらゆる出来事を決意したその時に予《あらかじ》め見通していたことです。すべては、あらゆる現象を含んでいる個体的実体の概念からの帰結でしかありません。それゆえ、どの実体にとっても、それ自身の奥底から生じたもの以外のものが生じることはあり得ません。〔魂と身体の〕一方が自由に振舞い他方は選択の余地なく振舞うとしても、一方に生じることは他方と一致しているのです。そしてこの一致は、至高の実体が万物の原因でなければならないということの最も美しい証明の一つなのです(43)。

実体的形相に関するもう一つの問題についても、すっきりとした決定版ともいうべき説明ができたらと思います。あなたがお示しになった第一の難点は、我々の魂と身体は実在的に区別された二つの実体であり、そうであるならば一方が他方の実体的形相となることはないと思われる、ということです。これに答えると、私の考えでは、魂と別れた身体、つまりは死体を実体と呼ぶのは誤用でしかありません。それは寄せ集めによってできているだけの存在でしかない機械や石の山のようなものです。なぜならそこにある配列は、規則的であろうと不規則的であろうと、実体的な一体化を一切もたらさないからです。ついでに言うなら、最後のラテラン公会議(44)では魂はまさしく身体の実体的形相である、と宣言されています。

第二の困難について、物体の実体的形相が不可分であることには私も賛成です。これはまた聖トマスの考え(45)でもあると思われます。さらに私は、あらゆる実体的形相あるいは実体は破壊不可能であり、生成不可能であるとも考えています。この考えはアルベルトゥス・マグヌスの考え(46)でもあり、古くはヒポクラテスの著作とされている『養生訓』の著者の考え(47)でもありました。つまりは、実体的形相は創造によってしか生じ得ないのです。その上私は、理性を欠いた動物のように新たに創造されると言うには値しないものの発生は、すでに生きていたけれども往々にして気づかれないままでいた別の動物の変形にすぎないのではないかと思っています。例えば蚕《かいこ》などの変化がそうで、その自然の生態はある場合にはその秘密を顕《あらわ》にしたかと思うと別の場面では隠したりするものです。こういうわけで、動物的な魂は世界の開闢《かいびゃく》後すぐに、ただし『創世記』が記すように種子が豊かに実った(48)のに続いて、すべてが造られたのかもしれませんが、理性的な魂となると身体が形をなした時になって初めて造られたもので、我々が知っている〔人間以外の〕他の魂とは全く異なり、反省の力を持っていて神の本性を小さいながらも真似ているのです。

第三に、(49)私の考えでは大理石のブロックはおそらく石を積み上げた山のようなものでしかなく、一個の実体と見なすことはできません。むしろ多数の実体の集まりだと考えるべきなのです。さて、ここに石が二個あるとしましょう。例えばその一つは大公のダイヤモンドで、もう一つはムガル帝国皇帝のダイヤモンドとします。これらは互いに遠く離れていますが、二つを一緒にして同じ集合名詞で呼ぶことができますし、一対のダイヤモンドだと言うこともできるでしょう。しかしこの二つのダイヤモンドが一つの実体を構成するとは言えません。ここでは〔両者の距離が〕大きいか小さいかが問題なのではありません。両者を近づけ、さらに接触させても、実体として一つのものになることはないでしょう。密着させた後に離れないように何か別のもので結んで、例えば一つの指輪に両方をはめ込んだとしても、それでもいわゆる「偶有的な一」にしかなりません。なぜなら、その二つのダイヤモンドが同じ運動をせざるを得ないことになっても、それは偶々《たまたま》のことだからです。それゆえ私は、大理石のブロックは完成された実体ではないと考えるのです。同じことですが、魚がいる池の水も（魚と一緒に凍ってしまった場合でも）実体にはなりません。あるいは羊の群れがしっかりと繋がっているため歩調を揃えないと歩けず一頭に触れると残りの全部も啼《な》くような時も、また然りです。一個の実体と今述べたような存在との間の違いは、一人の人と共同体との間にある違いと同じです。国民とか軍隊とか協会とか組合などのような共同体は社会的な存在であり、そこには何らかの思い入れがあり我々の精神が作り出したものに依存しているのです。実体的な一体化に求められているのは完成された不可分の存在です。この存在の概念は自身に生じるはずのことをすべて含んでいるため自然に破壊されることはあり得ません。それはまた図形や運動の中には見つけられず（後で説明するように、図形や運動には形象的なところがあるので）、魂や実体的形相、例えば私と呼ばれるものに見出されるものです。これのみが真の完成された存在で、古代の人々、特にプラトンが認めていたものです。プラトンは物質だけでは実体を形成するには十分でないと極めて明晰に示していました(50)。ところで今述べた私、つまり各個体的実体において私に対応するものは、部分同士が近づいたり離れたりすることで作られたり壊されたりするというものではありません。近接や遠隔は実体からすると紛れもなく外にあるものです。生きている実体以外にも真の物体的実体があるのかどうか、私は正確には言えません。しかし少なくとも、他の実体については魂とのアナロジーで何らかの知識を得ることができます。

以上のことは第四の困難についても解明のヒントになるでしょう。なぜなら、スコラ哲学者たちが言う［身体性の形相］L(51)のことは気にせずとも、私は機械的な一体化以上に一体化された物体的実体であれば私はそれらすべてに実体的形相を認めるからです。

しかし第五に、もし太陽や地球や月や樹木やその他の物体や、さらに動物について、それが生きているか少なくとも実体であるかとか、あるいは単に機械であるかあるいは多くの実体の寄せ集めであるか、ということを個別に尋ねられても、私は断言できません。しかし少なくとも、もし私が主張したい物体的実体が存在しないのだとしたら、物体は虹のような単なる現象にすぎないということは言えます。というのも、連続体は無限に分割可能であることに加え、物質のどの部分も、先ほどの二つのダイヤモンドのように、互いに異なる別の部分に現実に分割されているからです。これは際限もなく続くので、これこそ真の一つの存在だ、と言えるものに到達するとしたら、それは生きた機械に到達した時だけです。そこでは魂つまりは実体的形相が、接触による外的な一体化とは独立した実体的な一体化をもたらしているのです。したがって、もしそのような魂がないのなら、世界を見渡しても人間以外には実体的な存在はないことになります。

第六に、私がすでに示した個体的実体一般の概念は真理の概念と言えるほど明晰なのですから、物体的実体の概念もやはり明晰で、したがってまた実体的形相の概念も明晰だということになるでしょう。しかしこれらの概念が明晰ではないとしても、さほど明晰ではなく判然ともしていない認識しか持てないような事物は〔他にも〕たくさんあると認めざるを得ません。私は延長の概念も明晰とは程遠いと考えています。連続体の合成という厄介な難問がその好例です。そこで次のように言うことができるでしょう。〈物、体は現実に諸部分にいくらでも分割できるのだから、決まった正確な形などない。〉その結果、〈物体というものは、もしそこに物質とその変状しかないのだとしたら、形象的で見かけだけのものとなることは間違いない。〉

とは言っても、自然の個々の現象を説明することが問題となっているときに、物体の一体性とか概念とか実体的形相に言及するのは無用です。それは、数学者がある問題を解こうと取り組んでいるときに、「連続体の合成」[L]の難問を検討しても役に立たないのと同じことです。もちろんこれら一体性なども時と場合によれば当然重要だし有用であることに変わりはありません。物体の現象はすべて機械的につまりは粒子論の哲学によって説明することができます。このとき頼りにするのは力学で確立された一種の原理であって、魂があるのかないのかなどと気にする必要はありません。しかし自然学や力学そのものの原理を最後まで分析しようとすると、その原理は延長の変状だけによっては説明できません。力の本性には既に何か別のものが求められているのです。

最後の第七番目として、私は、コルドモア氏が著書『魂と身体の区別について』で身体における実体的一体性を救い出そうとして、単一の存在を作る確固とした何ものかを求めるためには原子という不可分の延長体を認めざるを得ないと述べていた[52]ことを思い出しました。しかしあなたも御賢察の通り、私はその考えには与《くみ》しません。コルドモア氏は真理の一端を摑《つか》んではいたようですが、実体についての真の概念がどこにあるのかを未だ理解していませんでした。しかしまさにこれこそが最も重要な認識の鍵なのです。無限に固い有形の塊でしかない原子（これは空虚と同様、神の知恵には似つかわしくないと私は思います）は過去の状態も未来の状態もその中に包み込むことはできないし、ましてや全宇宙の状態を含むことなどあり得ません。

では続いて、運動量に関するデカルト氏の原理への私の反論に対してのあなたの考察について論じることにします。重さのある物体が速度を増すのは何らかの不可視の流体が推進力を加えているからであり、言わば風で動く船が最初はゆっくりでも次第に速さを増していくようなものだ、というご指摘に私は賛成です。しかし私の証明はいかなる仮説にも依存していません。物体が現在の速度をどのようにして得たかということは気にせずに、その速度をそのまま受け止めます。その上で私は、2単位《ドゥグレ》の速度を持つ1リーブラの重さの物体は1単位《ドゥグレ》の速度の2リーブラの重さの物体の2倍の力を持っている、と主張します。なぜなら、同じ〔1リーブラの〕重さの物体なら2倍の高さに上げることができるからです。また物体の衝突によって力が分散する場合に、デカルト氏は運動の量を考慮することを規則として述べていますが[53]、そうではなく力の量を考慮するのでなければならないと私は考えています。そうでなければ機械的な永久運動[54]を得ることにな

ってしまいます。〔中略〕

私はデカルト氏の手紙の中に、あなたが教えてくださったことを見つけました。(55) 彼がそこで言うには、通常の運動の力の理由を考察する際には速度をあえて考慮の対象から外し高さだけを問題にした、ということです。彼が自然学の原理を書いたときにこの点を思い出していたならば、恐らく自然の法則を見誤ることにはならなかったことでしょう。ところが彼は速度の考察が可能なときにそれを引っ込め、速度に触れると誤りに陥る場面で考慮に入れるようなことをしています。こうなったのも、私が死んだ力(56)と呼んでいる力(例えば、ある物体が落下するための努力はしたものの運動を継続させることで何らかの推進力を得ようという努力はしていない状態)や、同じく均衡のとれた二つの物体(このときには互いに相手に与える最初の努力はずっと死んだままだから)については、速度は空間のようなものですが、ある推進力(これは運動法則を確立するには不可欠)を持った物体の絶対的な力について考察するときには、原因や結果によって、つまりこの速度で物体が上昇しうる高さ、あるいはその速度を得るために降りてこなければならない高さによって測定しなければならないからです。もしそこで速度を用いようとすると、わけもなく力を失いすぎたり取り込みすぎたりすることになってしまうのです。高さの代わりにバネを用いたりそれとは別の原因や結果となるものを用いたりすることもできますが結局は同じことで、速度の二乗となるのです。

〔以下、省略〕

【三】[57]　一六八七年四月三〇日　ゲッティンゲンから

〔冒頭の一段落省略〕

私は「魂は、［他の事情が同じならば］自分の身体に属しているものを〔それ以外より〕もっと判然と表出する」と述べましたが、ここに困難があるとは思えません。魂はある方向から全宇宙を表出しますが、特に他の物体〔身体〕が自分の身体に対して有する関係に従っているからです。そもそも魂はすべてのものを同じように表出することができません。もしそれができたら魂の間に区別がなくなってしまいます。しかしだからといって魂は自分の身体の各部分で起きていることを完全に自覚しているはずだということにもなりません。身体の部分相互の関係には程度の違いがあり、それらをすべて同じように表出するわけにはいかないからです。身体の外にある事物はなおさらです。遠いところにあるものに対しては他のものへの表出を小さくしたり遮断したりして補います。タレスは天体を見ていましたが、自分の足元の穴は見ていませんでした[58]。神経と膜[59]は身体の他の箇所よりも我々にとって[60]敏感ですが、それはおそらく我々が神経などを介して他の箇所を自覚しているからに他なりません。このようになるのは、神経や神経由来の体液の運動の方が〔他の器官よりも〕印象を上手に模倣していて混同するところが少ないからです。そして魂の側の表出が判然としてくるのは、身体の側の印象が一層判然としてきたことに対応しているのです。このようになるのは、形而上学的に言うなら、神経が魂に働きかける(61)からではありません。そうではなくて一方が他方を「自発的な関係によって」L表現しているからです。ここで考えに入れておかなければいけないのは、我々の身体の中ではあまりにも多くのことが生じているためにそのすべてに対して一つずつ別々に意識していることはできないということです。しかし馴染みのある何らかの結果に対しては感じ取っています。それでも原因が多数であるためにそれらを区別することはできていません。例えば海のざわめきを遠くから聞いているとき、波がもたらす音の一つ一つを区別することはできませんが、それでも波はそのつど我々の耳に結果をもたらしています。しかし目立つほどの変化が身体に生じたときには我々はそのことにすぐに気が付きますし、身体の器官にさほどの変化をもたらさないような変化が身体の外にある時よりもずっとはっきりと気がつくものです。

私は「魂は痛みの感覚を持つ以前に刺されたことを知っている」とは言っていません。魂は既に確立された原理に従ってすべての事柄を雑然とした仕方で認識したり表出したりしているにすぎません。しかし魂が曖昧で雑然とした仕方であっても未来を予め表出しているということが、その魂にやがて生じること、つまりその後に曖昧さが霧散して表象が明晰になることの原因なのです。未来の状態はそれに先立つことからの帰結なのですから。

私は、神が宇宙を創造したときに魂と身体〔物体〕はそれぞれの法則に従いながらも現象において対応している、と言いました。するとあなたは、「この考え方は機会原因の仮説と同じだ」と評しました。そのように受け取られても仕方がないかもしれません。私に賛同してくれる人がいれば嬉しい限りなのですが、あなたがそうおっしゃる理由を推察するに、あなたは私なら物体〔身体〕は自分自身では運動できるとは言わないだろう、と想定しているのではないでしょうか。それだから、魂が腕の運動の実在的な原因ではなく、身体もやはり実在的な原因ではないなら、結局は神が原因だ、となるのでしょう。しかし私の考えはそうではありません。運動と呼ばれる状態の中で実在的なものは物体的実体に由来します。これは思考や意志が精神に由来するのと同じことです。各実体において起きることはすべて神がそれを造る際に与えた最初の状態からの帰結です。超常的な協力のことを別とすれば、神の通常の協力は、実体がその以前の状態やその事情によってもたらされた変化に相応しくあるようにとその実体を保持しているということに他なりません。とはいえ、ある物体が別の物体を押す、ということは確かに言えます。つまり、ある物体が何らかの動きを始めるのは、我々が現象の中で観察する保存法則に則って、それに接する別の物体が動きを失う場合だけだと言って差し支えはありません。実際のところ、運動は存在というよりはむしろ実在的な現象なのだから、現象としてのある一つの運動が私の精神の中では別の現象からの直接的な帰結もしくは結果(62)であるのと同様に、他人の精神にとっても同じようなことになっていますが、ある実体の状態が別の個別の実体の状態からの直接的な帰結なのではありません。

植物には魂や生命や実体的形相がない、と私には断言できません(63)。というのも、樹木の一部を挿木にしたり接木にしたりすると同じ種の樹木が生み出されますが、そこには新たな植物を予め含む種子的な部分があるのかもしれないからです。それは多分、動物の場合であれば精液の中に極めて微細ではあるけれども生きた動物が既にあって〔親と〕同じような動物へと変形することができるというのと同じことです。

それゆえ私は、動物だけが生きていて実体的形相を具えているとの断定は控えておきます。おそらくは物体的実体の形相には無限の程度の違いがあるのです。

あなたは次のように仰せです。「機会原因説を支持する人は、私の意志は機会原因であり神が私の腕の運動の実在的な原因であると述べているが、彼らとて私が腕を挙げようと思う度に神はそのつど新たな意志によってそうさせている、と主張しているわけではない。彼らが言うのは、神は永遠の意志を一度だけ用いることで、なさねばならぬと予見したことをすべてなそうと意志したのだ、ということである。」これに対する私の答えはこうです。それならば同じ理由によって奇蹟さえもが、神の全体の計画に合致しているのですから、神の新たな意志によって起こらないことになってしまいます。これまでのお手紙で何度か示したことですが、神の意志はどれもが他の意志を含んでいながらも、そこには何らかの優先順位があるのです。

実際、もし私が機会原因説を唱える人々の考えを正しく理解しているなら、彼らは奇蹟を導入しています。連続的なものであっても奇蹟は奇蹟です。そもそも、奇蹟とは稀なことだと考えてはいけないと私には思えます。すると、神はそこでは一般的な規則に従っただけであって、それゆえ奇蹟によったのではない、と言われるかもしれません。しかしこの結論に私は与するわけにはいきません。私の考えでは、神は奇蹟に関してでさえ一般的な規則を設定することができます。例えばある場面が出現したらその度に恩寵とかそれ以外の同様の働きをしようと神が決意しているのなら、通常のことであったとしてもこの振舞いが奇蹟であることに変わりはありません。機会原因説の著者たちは奇蹟という言葉に別の定義を与えることもあり得るでしょうが、奇蹟という語の本来の用法は、行為の実質として通常の行いとは内的に異なるものであって、頻繁に繰り返されるかといった外的な偶有性によるものではないのではないでしょうか。適切な言い方をするなら、神が奇蹟を行うのは、自らが被造物に既に与え保持している力を上回ることをする時です。例えば、投石器を用いて円運動をしている物体が投石器から離れてからも何かに押されたり引っ張られたりすることもないのに自由に円運動を続けるようにと神が仕向けたとしたなら、それは奇蹟です。なぜなら、自然の法則に従うなら、その物体は接線方向に運動し続けなければならないからです。もし神がこのようなことがいつも起きるようにと決定したとするなら神は奇蹟を自然なものとしたことになります。この時の運動はそれよりも単純なものによっては説明のできないことだからです(64)。したがって、もし運動の持続が物体の力を上回るのであるなら、通説に従えば、このような運動の持続は真の奇蹟だと言わねばなりません。ところが私の考えでは物体的実体は神が設定し保存している自然の法則に従って変化を続ける力を得ているのです。もっとわかりやすく言うなら、精神の働きは物体の本性の中で何も変えることはしませんし、物体〔身体〕も精神の本性の中で何も変えません。そして神が精神や物体を機会として変化を与えるとしたらそれは奇蹟を行うときだけです。私の考えでは、万物は互いによく整い合っているので、精神が何事かをしようとしてそれが結果をもたらすことになるのは、身体〔物体〕が自分の法則と力によってその態勢になっているときだけなのです。ところが機会原因説の著者たちによると、神は魂を機会として物体の方向を変化させ、また逆もするのです。ここが我々の間での考え方の本質的な違いです[65]。こうして、魂は動物精気に対していかにして何らかの運動や新たな方向付けを与えるか、などということで苦労する必要はなくなります。魂は動物精気に何も与えていないからです。そもそも精神と身体〔物体〕との間ではいかなる比例も成り立たず、精神はどれだけの速度を身体〔物体〕に与えるかとか、身体を機会として神が一定の法則に従いつつ精神にどれほどの速度を与えるか、など決めようがないことなのです。機会原因説にも見られるのと同じ困難は魂から身体への影響力また〔その反対の〕[L]〔身体から魂への〕影響力の仮説にも見られます。この両者の間には結合もないし、いかなる規則の根拠もありません。多分デカルト氏[66]は、魂が、あるいは魂を機会として神が、物体の方向と運動だけは変化させるけれども力を変えることはない、と考えたかったのでしょう。それは同一の力が保存されるという例の一般的法則を、精神が意志を働かせる度にいつも破っているなどということはありそうにないと思われたからではないでしょうか。これに対して私も、一方で魂による思考があり他方で物体の〔運動の〕方向の辺や角度がありこの両者の間にどんな結びつきがあるかと説明するのはかなり難しいことだと思います。加えて、自然にはもう一つやはり重要な一般的な法則があります。これはデカルト氏も気付いていなかったものですが、運動の方向性は全体として常に保存されなければならないというものです。ある一点を通る任意の直線を、例えば東から西の方向に引きます。次に世界にあるすべての物体がこの線と平行な線に沿って前後しているとしてその方向を計算します。すると、東の方向に進む量の総計と西に進む量の総計との差は常に同一になります。これは、今相互に関わりを持っている特定の物体同士の間でもそうですし、全宇宙の場合でもそうです。全宇宙の場合にはその差は常にゼロとなります。すべては完全[67]に釣り合っていて東へ向かう方向と西へ向かう方向とは完全に等しいのです。もし神がこの規則に反することをするなら、それは奇蹟です。

こういうわけで、何にもまして合理的でかつ神にふさわしい考え方をするなら、神は創造にあたって最初に、世界という機械が自然の二つの大法則つまり力の法則と方向の法則とを片時も犯すことのないようにするだけではなく、むしろこの二つの法則に完璧に従う（奇蹟の場合を除いて）ようにしたのです。その結果、身体（物体）の機動力は魂が適合する意志ないし思考を抱いたまさにその瞬間に自らの力でしかるべく発揮できるようになっています。その時、魂もまたそれまでの身体の状態からぴったりと適合するものとして既にその意志を抱いていたのです。こうして、身体としての機械と魂との結合、関連する事情、魂と身体との間の相互作用はこのように同時生起することにこそ存するということになります。そしてこれは他のどんな仮説にも増して創造主の驚嘆すべき知恵を示すものです。この同時生起の仮説は少なくとも可能であり、神がそれを実現できる偉大な職人であることは言うまでもありません。このように考えることで、この同時生起の仮説が最も信憑性が高いものであり、最も単純であり、最も美しく最も知的な説であり、あらゆる困難を立ち所に解決する説だということがたやすく判断できることでしょう。罪深い行為についてはここでは控えておきます。ここに神の協力を絡めようとしたら、創造された力の保存のためだけにあるとしておくのが賢明というものでしょう。

最後に、私が唱える同時生起の説について比喩を用いましょう。音楽を演奏する楽団や合唱団がいくつかあるとします。それらの団体はそれぞれ自分のパートに分かれて自分たちの演奏をしています。そして演奏家同士は互いの姿も音も見聴きできないようになっているとします。それでもそれぞれの演奏は自分の音符に従えば互いに完璧に一致することができます。この全体を聴いた人はえも言われぬ調和《ハーモニー》を感じます。演奏家の間に〔直接の〕結びつきがあったとしても得られないほどの驚くべき調和です。さらに次の様な場面を考えることもできるでしょう。二つの合唱団があるとしてそのうちの一つに属している人が相手の合唱団がしていることを自分の合唱団がしていることで判断するとしたら〔とりわけこの人は自分の合唱団の音を聴くことはできるけれども姿を見ることはできず、相手の合唱団の姿を見ることはできるけれども音は聴こえないとすると〕、この人は想像力も手伝って、自分の合唱団のことよりも相手の合唱団のことに気を取られ、自分たち〔の演奏〕は相手〔の演奏〕の振り真似にすぎないと思うような習慣がついてしまうかもしれません。自分たちのものだとするのはちょっとした幕間劇(68)の時だけで、この時には、相手の演奏と考えられるようなシンフォニアの規則立った進行も見られないからです。場合によってはこれこそ自分たちの計画通りの演奏だとすることもありますが、この時にはメロディーの流れを見つけることができるために相手方に〔演奏の振りを〕真似されているとするのです。相手方の演奏も自分たちの計画に従って対応しているものであることを知らないからこういうことになるのです。

とは言いながらも、精神が物体の何らかの運動に対する機会原因になっているとか、さらには一定の仕方で実在的な原因だと言う人がいても、私はそれを端《はな》から否定しているわけではありません。なぜなら、神の決心について言うと、精神に対して神が予見し予め命じていたことが機会となって、神は身体〔物体〕が神から与えられた法則と力に従って互いに同期するように最初に統御しておいたのだからです。ある状態は他の状態からの、しばしば偶然であり自由でさえある状態からの免れ得ない結果なので、実体はすべてが互いに完璧に表出し合うという実体の一般的な概念によって神は実在的な連結を作ったのだとも言えるのです。しかしこの連結は直接的ではありません。(69)

　実体には真の一体化が必要だとする私の考えが、通例に反して勝手に拵《こしら》えた定義の上にのみ基礎づけられているのだとしたなら、それは言葉の争いにすぎません。(70) むしろ、哲学者たちが概して実体という語を私とほとんど同じ意味で解して、「それ自身による一と偶有的な一、実体的形相と偶有的形相、不完全な混成体と完全な混成体、自然な混成体と人工的混成体、これらをそれぞれ区別して」いたことを、私はもっとずっと高いところから考えているのです。言葉の問題はさておき、寄せ集めによる存在しかない所には実在的な存在もないだろう、と私は考えます。そもそも、寄せ集めによる存在はどれもが真の一体性を具えた存在を仮定しています。この寄せ集めの存在の実在性はそれを構成しているものの実在性からしか得られないからです。さらに、それを構成しているものの一つ一つがやはり寄せ集めによる存在であるならば最初の存在が実在性を持つことなどありません。さもなければ実在性の根拠をどこか他のところに求めなければならなくなりますが、こうしていつまでも続けるしかないならば、実在性を求めることなど叶いません。

　およそ物体的な自然には機械(しばしば生きているものとして)しかないというあなた

の考えは私も認めます。しかし「実体の寄せ集めしかない」という点には同意できません。もし実体の寄せ集めがあるのだとしたら、真の実体も存在しているのでなければなりません。あらゆる寄せ集めはその実体から結果するものだからです。そうするとここから必然的に、ある学者が延長を合成するとした数学的な点に行き着くか、エピクロスやコルドモア氏のアトム説に行き着くか(この点は私と同様にあなたも否定なさいました)、あるいは物体の中には実在的なものは一切ないと認めなければならないか、さもなければ真に一体化された実体の存在を認めなければなりません。

既に以前の手紙で述べたことですが(71)、大公のダイヤモンドとムガル帝国皇帝のダイヤモンドとを組み合わせて一対のダイヤモンドだと称することはできます。しかしそれは頭の中で考え出された存在にすぎません。両者を近づけてもやはり想像力や思いなしでできた存在であり、つまりは現象なのです。接触しているとか、一緒に運動しているとか同じ計画のもとで協同しているからといってそれが実体的な一体化に変化を加えることはないからです。

確かに、多くの事物が一つのものであるかのように想定する根拠は、その事物の間の結びつきの強さに応じて、強くなったり弱くなったりしますが、それでも所詮は我々の思考を短縮し現象を表現するのに役立つだけのことです。寄せ集めによる存在の本質をなすものもまた、複合体の構成要素となるものの存在の仕方にすぎないと思われます。例えば、軍の部隊の本質をなすものは、その部隊を構成している人々の存在の仕方に他なりません。したがってこのような〔集まりとしての〕存在の仕方は一つの実体を仮定はしてはいますが、その実体〔なるもの〕の本質は一つの実体であることの存在の仕方ではありません。(72) 機械はどれもがその諸部分から作られた実体〔なるもの〕を仮定しています。真に一体化されたものが多数存在するのでなければ多数性もないのです。

手短に言うなら、私はアクセントの置き方によってのみ意味が異なってくる次の同一命題を公理としています。つまり、「真に一つの存在でないものは真に一つの存在ではない。」これまで、一と存在は交換可能だと信じられてきました。(73) 一つの存在と複数の存在とは別のものです。しかし複数は単数を前提とします。一つの存在がないところには複数の存在もありません。これ以上にはっきりしたことがあるでしょうか。それゆえ私は寄せ集めによる存在と実体とを区別しても差し支えないと確信したのです。寄せ集めによる存在が有する一体性は我々の精神の内にしかなく、真の実体の関係や様態に根拠を持っているものだからです。もし機械が実体であるなら、手を繋いだ人の輪も実体になりますし、軍隊もそうです。そして結局は多くの実体の集まりも実体となるでしょう。(74)

私は、真の一体性を持っていないものには実体的なものはない、とか見かけしかない、などとは言いません。なぜなら、合成に加わっているものに真の一体性があるなら、〔合成体にも〕それだけの実在性もしくは実体性が常にあるからです。

あなたは、〈真の一体性を有していないことが物体の本質だ、〉と反論なさっています。しかしそうだとすると、物体の本質は規則立った夢のように一切の実在性を欠いた現象だということになってしまうでしょう。なぜなら、虹も石積みの山も、真の一体性を持ったものから合成されているのでない限りは、全く想像的なものとなってしまうからです。

あなたは、〈なぜ私〔ライプニッツ〕が実体的形相というかむしろ真の一体性を具えた物体的実体を認めるに至ったのか、よくわからない、〉と言います。しかし私がそのような考えに至ったのは、真の一体性がないところにはいかなる実在性も私には認められないからです。私の考えでは、個別的な実体の概念が含んでいる諸々の帰結は寄せ集めによる存在とは相容れません。実体に具わる特質は、延長や形や運動によっては説明できません。それに、物体の形も正確に固定されたものでもないのです。連続体は現実に無限分割されるからです。運動も延長の変様と隣接体の変化にすぎないのですからそこには形象的なところが含まれていることになり、結局は、運動の原因として物体的実体の中にある力に依拠しない限り、変化するもののうちでどれが運動している本体なのかを決定することはできないということになるのです。個別の現象を説明するためであれば、この様な実体や性質について言及するには及びません。そればかりか、神の協力とか、連続体の合成とか、〔空間の〕充満とか、その他の無数の問題についても同じことです。

　自然の一つ一つの出来事については機械的に説明できます（と私も認めます）。しかしそれも、形而上学的な推論によってア・プリオリにしか確立できない力学の原理そのものを認めるか前提にするかした後でのことです。〔連続体の合成〕の難問も、延長が物体の実体を作ると考えている間は決して解決されません。自分で拵えた空想物にたじろいでいる様なものです。

　私はまた、真に一体化されたものつまり実体をほとんど人間にだけ限定しようとする考え方は、物理学で世界を一個の球体に閉じ込めようとした人がやっていることを形而上学でやろうとしているような了見の狭い考え方だと思います。真の実体はそれぞれが全宇宙を表現し、神の作品を実体の数だけコピーしているのですから、（これらの実体は互いに妨げ合うことがない以上[75]）この宇宙に可能なだけ多くの実体を、そして上位の理由が許す限りの多くの実体を作ることこそが、神の作品の偉大さと美しさに相応しいものとなるのです。

内容を一切持たない裸の延長という仮定はこの〔神の作品である宇宙の〕驚くべき多様性を損ないます。物質だけの塊（これを理解できるとして）はそれだけでは実体に比べればはるかに劣る存在です。実体はその身体が直接的にであれ間接的にであれ他から受けた印象（あるいはむしろ関係）に従いつつ自分の視点から全宇宙を表象し表現しているからです。この違いは、死体が動物以下である、あるいはむしろ機械が人間以下であるのと同じです。まさしくこうしたことから、未来の兆しは予め作られているし過去の痕跡はどの事物にも常に保たれているのです。原因と結果は、どの結果も無数の原因に依存し、どの原因も無数の結果を有しているとはいえ、どんなに些細な事情に至っても正確に表出し合っているのです。もし物体の本質が何らかの形とか運動とかつまりは確定された延長の様態であるとしたら、こういうわけにはいきません。自然の中にはそのように確定されたものはないからです。延長について言うなら、厳密にはすべて不確定です。そして我々が物体だとしているものは現象や抽象にすぎないのです。こうした問題でどうして人々が間違えるのかというと、それは真の原理を認め宇宙について正しい観念を抱くために必要な反省力が足りないからだとわかるでしょう。

また、これほどわかりきった考え方に踏み込まないとしたらそれは偏見があるからだと思います。これは世界の大きいことや、自然が〔物質が〕無限に分割できることや、自然が機械的に説明できることを認めようとしない偏見と大同小異です。延長を第一の概念と考えることも実体や作用の真の概念を考えないでいることも誤りであり、かつて人々が実体的形相を生半可に考察することで満足し延長の様態の細部にまで踏み込まないでいたのも同様の誤りなのです。

魂が多数あること〔魂がいつも快感や苦痛を抱いているとは限らないのですが〕に何も困難はありません。ガッサンディ主義者(76)の破壊不可能な原子が多数あるのと同じことです。ところが、多数の魂があるということは自然の優れた特質〔完全性〕の一つです。一個の魂というかむしろ生きた実体でも、多様性もなくそれ以上分割不可能な原子よりも限りなく完全です。原子と異なり、生きているものはどれもが真に一体化された中に多様性のある一つの世界を含んでいるからです。また生きたものが多数あるという考え方には実験も有利に働いています。胡椒の水溶液の一滴の中にとんでもない数の動物がいることが発見されています。これら数百万の動物を一挙に死なせることもできます。あなたが仰せのエジプト人の蛙もイスラエル人の鶉《うずら》も到底及ぶ数ではありません(77)。ところで、これらの〔水滴中の〕動物も魂をもっているとしたら、どの動物にでも当てはまることはその魂についても当てはまるはずです。つまり動物は世界の創造の時以来世界の終局まで生き続けています。そして動物の発生は増大するという変化でしかないように、死は減少という変化に他ならず、これによって動物は世界の深淵へと沈み込み、ごく限られた表象しか持たない微小な生物と共にあって、再び舞台へ戻るようにとの命令があるまでそこに留まることになるのです。古代の人々は、〔「変形よりも輪廻」と言って〕魂の輪廻の説を導入するという誤りを犯していました。しかし実は同一の動物が常に同じ魂を保持しつつ形を変えているのです。

しかし精神は〔単なる魂とは異なり〕このような転変は受けません。むしろ身体の転変は精神に対する神の摂理に資するものでなければなりません(78)。神は時が至れば精神を造り死によって精神から身体（少なくとも粗大となった身体(79)）を切り離します。それは、神が君主となっているこの完璧至極な普遍的な国家の永久の(80)市民となるために必要な道徳的資質と記憶を精神は常に保っていなければならないからです。この国家はメンバーを一人も欠くわけにはいかず、その国の法(81)は物体の法則よりも上位にあるのです。

身体〔物体〕から魂を切り離して考えるなら、身体は寄せ集めによって一体化されたものでしかないと私は考えます。〔魂を欠いた〕身体に残る実在性は、その寄せ集めの身体〔物体〕を組み立てている諸部分に由来し、それらの諸部分がその中に包み込んでいる無数の生きた物体〔身体〕によって、実体化された(82)一体性を保持しているのです。しかしながら、一つの魂が一つの身体を有しているとしてその身体がさらにそれぞれ別個の魂によって生命を与えられている諸部分から合成されているということはあり得るとしても、この全体にとっての魂もしくは形相が諸部分の魂や形相から合成されているということにはなりません。一匹の昆虫を切断したとして、二つの部分ともまだ動いているとしても、二つとも生き続けて〔魂をもって〕いるということにはならないでしょう。少なくとも、この一匹全体にとっての魂はどちらか一方にしかありません。昆虫の体が形成され成長する際に、その昆虫の魂は最初からすでに生きているどこかの部分にあったので、昆虫が切断された後でもその魂はまだどこかの生きている部分に存続するのです。そしてその部分は、自分を切り裂き消滅させる者の手から逃れられるようにますます小さくなっています。かといって、ユダヤ人たちが思い描いているような、魂が逃げ込む金剛不壊の小骨(83)などを想像する必要はありません。

偶々《たまたま》一であるものの一体性に程度の違いがあることは私も認めています。規律ある社会は雑然とした群衆よりも高い一体性を持っていますし、組織立った団体あるいはむしろ機械は社会よりも高い一体性を持ちます。構成要素間の関係が密であればあるほど一個のものとして捉えることが一層適切になってくるのです。しかし結局のところここに述べた一体性は、色などの現象と同様、思いなしや見かけででき上がっているにすぎません。それでも人はこれを実在的だとして憚《はばか》りません。

石積の山や大理石の塊は、手で触れることができるからといってそれが実体的実在性を有しているという証明にはなりません。虹が見えるからといってそれが実在的だという証明にはならないのと同じです。そしてまた、どんなに硬いものでもある程度の流動性はあるのだから、[84]この大理石の塊も無数の生き物の山や、魚で一杯の湖と同じようなものです。ただしこうした動物が見分けられるのは腐りかけた物体の中でだけで、通常は肉眼では区別できません。

したがって、こうして合成されたものなどは、デモクリトスがいみじくも言ったように［憶見や法律や習慣による存在］LG[85]です。プラトンも物質的でしかないものについて同じ見解を抱いていました。[86]我々の精神は真の実体に幾つかの特徴があることに注目します。その特徴は他の実体との関係を含んだものなので、精神はそれをきっかけに他の実体も自分の思考の中で一緒にし、名前を与えてひとまとめにするに至るのです。こうすることは推論を進めるには便利ですが、それで実体とか真に実在的な存在ができると思い込んではいけません。それは、見かけに気を取られる人のすることです。あるいは、精神が作った抽象的なものを実在的とする人、数や時間や場所や運動や形や感覚的性質[87]をそれぞれ別々の存在として理解している人がすることです。私の考えはそれとは異なり、哲学を再建し厳密なものとするためには、実体すなわち完成された存在のみが、次々に生起する異なる状態を伴って真の一体性を有したものであると認めることが何より重要なのです。それ以外のものは現象や、抽象化されたものや、関係にすぎないのです。

多数のものを寄せ集めてそこから真の実体を作り出すことができるような規則めいたものなど見つかるはずもないでしょう。例えば、諸部分が同じ一つの計画のもとで助け合っている場合には、部分同士が接しているだけの場合よりも真の実体を作り上げることができるのでしょうか。もしそうなら、オランダ東インド会社の役員の全体は積み石の山よりもはるかに立派に実在的な実体だということになるでしょう。しかしそこで共通の計画といってもそれは異なる事柄の間に我々の精神が見てとった〔商売の〕押し引きの類似性や段取りにすぎないのではないでしょうか。それなら接触による一体化はどうかというと、これはこれで別の困難に陥ります。堅い物体といってもそれは周囲の物体によって押し固められたかあるいは[88]自分の力で一体化している部分からなっているだけであり、その一体性も所詮は砂の山、〔石灰なき砂〕[L89]にすぎません。

多くの環が繋がって鎖をなしているとしましょう。その鎖は、環が閉じていないためにバラバラになってしまうものと比べれば、それなりに真の実体をなしていそうなのはなぜでしょうか。図に示したように、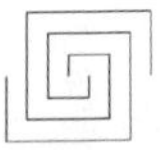鎖の部分は互いに接しているわけではなく嵌《は》め込んでいるわけでもないのに、しっかり繫がっていて、あるやり方をしない限りは分離できないような場合もあるでしょう。この場合に、部分から合成されたものが実体であるかどうかは決められず、それを切り離そうとする人が今後現れてその人の手際次第だとでも言うのでしょうか。精神による作り物はどこにでもあります。真に一なる完成された存在つまりは実体を見分けることができない限り、打ち止めと言える所に達することはありません。そしてこれこそが確固とした実在的な原理を確立する唯一の方法なのです[90]。とにもかくにも、根拠のある確証が不可欠なのです。それゆえ、真の一体性もないものを存在だとか実体だとかと考えている人は、私がこれまで述べてきたものよりも実在的なものがあることを証明[91]しなければならないのです。しかし(下手をすれば)実体とか存在という概念のもとに一切合財が入り込んでくるかもしれません。そうなったら、幻日も夢もいつかは実体を標榜するようになるかもしれません。すると寄せ集めによってできた存在にも市民権が与えられそうになりますが、そうならないように厳格な制限を与えておかなければならないのです。

〔以下省略〕

【四】(92) 一六八七年一〇月九日　ハノーファーから

〔冒頭の一段落省略〕

私は次のように述べました。〈魂は本来、ある方向から全宇宙を表出し、またその魂の身体に対して他の物体〔身体〕が有する関係に従いながらも、自分の身体の部分に属しているものを他より直接的に表出しているので、その魂にとっては本質的である関係の法則によって、自分の身体に生じる異常な運動、例えば痛みを感じる時に生じる運動を特別に表出する。〉以上は私の主張ですが、それに対するあなたのお答えは次の通りです。〈私〔ライプニッツ〕が表出するという語で理解していることについてあなた〔アルノー〕は明晰な観念は持てない。私がその語で思考のことを理解しているのだとしたら、魂は土星の衛星の運動よりもリンパ管の中のリンパ液の運動についての思考や認識を多く持つことになり、あなたとしては同意できない。しかしもし私がその語で別の理解をしているとしたら、あなたは（ご自身の言葉では）それはなんだかわからない、ということになる。そうすると（私には判然とした説明ができないと仮定するなら）、この表出するという語は魂がどのようにして痛みの感覚を受け取ることができるのかということを知るためには役に立たない。なぜなら〔あなたの言い方だと〕魂が痛みを感じるためには自分が刺されたということをあらかじめ知っていたのでなければならないからだ。しかし魂がそのことを知るのはまさに痛みを感じたからに他ならないではないか。〉以上の点にお答えするために、あなたが曖昧だとした〔表出という〕語を説明し、あなたが示した困難にこの語を適用してみます。〔私の言い方では〕あるものが他のものを表出するのは、双方について言えることとの間に恒常的で規則的な関係がある場合です。例えば透視図法による射影図は実測図を表出しています。表出の働きはあらゆる形相にとって共通な類概念で、〔微生物などの〕自然物の表象作用、動物の感覚作用、知的な認識作用はどれもがその種概念です。自然物の表象や動物の感覚にとっては、一個の不可分なものつまり真の一体性を具えた実体の中に、〔外界の〕可分的で物質的で多数に散逸しているようなものが表出されているか表現されていれば十分です。このように、一の中に多数のものを表現する可能性は否定できません。我々の魂がその実例を提供しているからです。しかし[93]この表現の働きは理性的な魂においては意識を伴うことで、思考と呼ばれるものとなるのです。ところで、この表出の働きが至るところで[94]生じるのは、すべての実体が互いに共感しあい、全宇宙に生じるどんなに小さな変化でもそれに見合うだけの対応する変化を受けているからです。もちろんこの変化は、他の物体やその働きが自分と有する関係の大小に応じて目立ったりそうでなかったりはします。この点ではデカルト氏も同意したことと思います。というのも、すべての物質が連続的で分割可能であることからどれほど小さな運動でもその結果は隣接したものに及び、隣から隣へと無限に及ぶけれども、それにつれて結果は減少する、ということをデカルト氏も間違いなく同意していたはずだからです。こうして我々の身体も他のあらゆるものの変化によって何らかの影響を受けていることになるのです。ところで、我々の身体のすべての運動には我々の魂の多少なりとも雑然とした表象もしくは思考が対応し、それゆえ魂もまた全宇宙のすべての運動についての一定の思考を持つことになるのです。そして私の考えでは、我々の魂以外のどの魂も実体(95)も宇宙のすべての運動についての何らかの表象あるいは表現を持つのです。確かに我々は自分の身体のすべての運動を判然と認識しているわけではありません。例えばリンパの働きがそうです。しかし(既に私が用いた例(96)ですが)海に近付くと聴こえてくる大きな潮騒を波の集まりの結果として自覚できるためには海辺の波の一つ一つの運動についての何らかの表象を私が持っているのでなければなりません(97)。このように、我々は自分自身の中に生じているすべての運動からの何らかの結果を雑然とした仕方で感じ取っているのです。しかし我々はこの内的な運動に慣れているために、判然とした仕方で反省力を持って自覚するのは、病気の発症の場合のようにはっきりとした変化がある時だけなのです。我々は自分の身体に雑然とした感覚しか持ち合わせていないので、医師はそこでもっと正確な区別をすることに取り組んでほしいものです。ところで、我々が他の物体について自覚するのは、自分の身体との関係においてだけなので、魂が自分の身体に属していることを他のものよりもよく表出しているのは当然と言えます。土星や木星の衛星のことも我々の目の中で起きている運動を通じてしか知ることができないのです。この点ではデカルト主義者の人たちも私と同意見だと思います。ただし私は、我々の周りには我々〔人間〕の魂以外にも、思考とまでは言えないまでも表出や表象の能力を具えた魂(98)があると想定していて、その点では違います。デカルト主義者たちは動物には感覚の働きがあることを拒み、実体的形相を人間以外には認めないのです。〔とはいえ〕このことは、痛みの原因について扱っている目下の問題とは関係ないですね。したがって今問題にしたいのは、魂はいかにして自分の身体の運動を自覚することになるのか、ということです。それというのも、延長している物塊〔身体〕の運動がどんな通路を介して不可分の存在〔魂〕にまで運ばれるのかを説明する方法が見当たらないからです。凡庸なデカルト主義者だったらこの結びつきを説明することはできないと言って済ますでしょう。機会原因説を唱える人はそれを「機械仕掛けの神にお出まし頂かねばならぬ結び目」(99)と信じています。私の場合は、実体つまり完成された存在一般の概念によって自然な仕方で説明します。つまり、現在の状態は常に先行する状態から自然に帰結するのです。それゆえ、一つ一つの実体とそれゆえすべての魂はその本性上宇宙を表出しているのです。魂はその本性内にある固有の法則に従うことで、多くの物体とりわけ自分の身体に生じることと合致するように造られました。そのため、魂は自分の身体が刺された時に自分が刺されたと思うことには何の不思議もありません。この問題については次の説明で決着がつくでしょう。(100)

Aの瞬間における身体の状態　　Aの瞬間における魂の状態
次の瞬間Bにおける身体の状態　　次の瞬間Bにおける魂の状態
（刺されること）　　（痛み）

瞬間Bにおける身体の状態は、瞬間Aにおける身体の状態に続くものです。同様に、魂のBの状態は同じ魂の先行するAの状態に続くものです。これらは実体一般の概念に従っています。ところで、魂の諸状態は本来的にそして本質的に世界の対応する諸状態、特にその魂にとってその時に固有な身体の諸状態の表出です。それゆえ、刺されたことは瞬間Bにおける身体の状態の一部になっているので、刺されたことの表現つまり表出は痛みとして瞬間Bにおける魂の状態の一部であることにもなります。なぜなら、ある運動が別の運動から続くのと同様に、表現する力を本性とする実体においては、ある表現は別の表現から続くものです。こうして、〔身体が〕刺されたことを魂が自覚するようになるのは、関係の法則が発動して魂が自分の身体の部分の変化が増大したことをより判然と表出するようになるときだということになるに違いありません。とはいえ確かに、魂は刺されたことの原因やその後に来る痛みの原因をいつも判然と自覚しているとは限りません。例えば眠っているときや針がまだ視界に入っていない時のように、その原因が状態Aの表現の中にまだ隠れている場合がそうです。しかしそうなるのは、針の運動が与える印象がそのときにはまだ余りに小さすぎるためだからです。また、我々は既に何らかの仕方ですべての運動とその魂における表現から影響を受けていて、そのため刺されたことの原因の表現や表出を自分自身の中に持ち、それゆえにまさしくその刺されたことの表現の原因、つまりは痛みの原因を我々は持っていますが、魂の働きも針の運動も目立つところまで大きくならないうちは他の働きや運動と区別することはできないのです。我々の魂は他とは区別されるような特異な現象だけに着目するのです。すべてのことを同じように考えていたら何一つ判然と考えることはありません。ここまで来れば、どんな困難も雲散霧消することと思われます。神が実体を創造する際に、実体が自らの法則に従ってその後も他のすべての実体と現象が合致するようにと最初に造ることが神には可能だということを否定するなら話は別ですが、その可能性を否定することには無理があります。数学者たちが天体の運動を機械と想定していることは周知のことなのですから(その昔、

[天上の法理、万象の秩序、神々の掟、
シラクサイの宿老はこれらを悉く学知によりて通詞せり(101)]

と言われたことを、現代ではアルキメデスの時代よりももっと巧みにできます)、数学者たちの能力を限りなく上回る神が、実体を創造する際に、それらの実体がそれ自身の法則に従って自分の思考や表現内容の自然な変化に応じてその実体の身体に生じることのすべて(102)を表出するものとして創造することができなかった、などということがあるでしょうか。むしろ神にはこれが可能であることは容易に理解できるばかりではなく、神にも宇宙の美しさにもふさわしいことだと私には思われます。そしていわば必然的に、すべての実体は互いに調和と連関を有し、それら自身の中にそれぞれ同一の宇宙と、それらの創造者の意志である普遍的原因とを表出し、さらに被造物同士が可能な限りうまく一致するようにと創造者によって予め設定された決定や法をも表出していなければならないことになるのです。また、これらの異なる実体の相互対応(形而上学的に厳密に

言うなら、実体は互いに作用し合わないにもかかわらず、あたかも一方が他方に働きかけているかのように適合しています〕は、神の存在の証明としては最強のものの一つです。神は、結果〔としての被造物〕のそれぞれがその視点と能力に応じて常に表出している共通の原因なのです。もしそうした神が存在しないならば、別々の精神にとっての現象が互いに一致することはないでしょうし、実体と同じ数だけの世界像ができてしまうかもしれません。時には一致することもあるでしょうが、それは偶々のことでしょう。時間や空間について我々が抱く観念もこの〔被造物相互の〕一致に基づいています。しかし当座の問題に関係することをすべて根本から説明しなければならないとしたら私には到底できるものではありません。それでも、言い足りないでいるよりは口数が多い方がましだと思います。

　別の疑問に移りましょう。私は、物体的実体が運動そのものを受ける、あるいはむしろ各瞬間での運動における実在的なもの、つまり運動を引き起こす派生的な力を受け[104]る、[103]と述べましたが、その真意はもはやあなたにはおわかりのことと思います。現在の状態はすべてそれに先立つ状態からの帰結だからです。確かに運動をしていない物体であれば〔他からの〕運動を受けることもあり得ないでしょうが、私はそのような物体は存在しないと考えます。[105]しかも厳密に言うなら、物体は衝突する際に他の物体から押されるのではなく自分の運動によって、つまり自分の衝動によってそうなるのであり、これまた自分の運動の一部なのです。およそ物塊というものは、大小を問わず、やがて獲得することになっている力をすべて予め自分の内に持っているのであり、他の物体と出会うことで〔衝突と〕規定されるだけであり、あるいはむしろこの規定は物体同士の出会いについてだけ言われることなのです。

あなたは、神は物体を完全な静止状態に置くこともできる、と仰せです。私の答えはこうです。神は物体を無いものとすることはできますが、能動的な作用も受動的な作用も欠いた物体が実体であり続けることはありません。あるいは少なくとも、もし神が何らかの物体を完全静止の状態に置くことがあるとしたら、それは奇蹟によるしかないことなのだから、それをまた動かすためには新たな奇蹟が必要になってしまう、とさえ言えば十分です。またあなたには、私の考えが第一動者の〔存在の〕証明を壊すどころかむしろ確かなものにする、ということがおわかりになることでしょう。運動の開始、運動の法則、運動相互の一致は、常に理由を挙げて説明しなければなりません。これは神に頼ることなしにはできないのです。私の手が動くのは私が欲するからではありません。なぜなら、私が山を動かそうと欲しても、奇蹟を引き起こす信仰を私が持っているのでもない限り無駄なことだからです。何も起こりはしないでしょう。しかし私が思い通りに手を動かすことができるのは、手の弾力がしかるべき結果をもたらすように弛《ゆる》んだからなのです。これは私の情動が身体の運動と適合している時には尚更のことです。このような対応関係が築かれているために一方は常に他方を伴うことになるのですが、それぞれは自分自身の中に直接の原因を持っているのです。

次に、形相もしくは魂の問題に移りましょう。私はこれを不可分で不滅だと考えていますが、このような考えは私が最初ではありません。パルメニデス(この人に対しプラトンは畏敬の念を持って語っています)(106)も発生や死滅は見かけでしかないと主張していました。(107)アリストテレスは『天体論』第三巻第二章でそのことを表明しています。(107)ヒポクラテスの作とされる『養生訓』の著者はその第一巻で動物は全く新しく生まれることはないし完全に死滅することもないと証言しています。(108)アルベルトゥス・マグヌスもジョン・ベイコンも実体的形相は以前からずっと物質の中に隠れていたと考えていたと思われます。(109)フェルネルは実体的形相を天から地上へ下ろしました。(110)魂を世界霊魂から切り離した人々は言うまでもありません。この人たちはみな真理の一端を見てはいましたが、展開することはしていませんでした。(111)魂の転生説を信じる人もこれまで大勢いましたし、魂の変遷説を奉じた人もいましたが、既に形作られた動物の転生や変形には気がついていませんでした。(112)またこれとは別に、形相の起源の説明に窮した挙句に形相は〔その都度〕真の創造によって始まると考えた人もいました。この点で私は、時を経てからの創造を認めるとしたらそれは理性的な魂についてだけであって、思考をしない形相はすべて世界と共に造られたと考えているのですが、彼らはどんなに小さな虫が発生するときでさえも創造は毎日行われていると信じているのです。アリストテレスの古代の注釈者ピロポノスがプロクロスに反対して書いた著書(113)での考え方やガブリエル・ビールの考え方も同様です(114)。聖トマスは動物の魂を分割不可能なものと考えているようです(115)。現今のデカルト主義者たちはもっと徹底しています。彼らは魂や真の実体的形相は破壊も消滅もあり得ないと考え、そのため彼らは動物に魂の存在を認めることを拒否したのです(116)。とはいえデカルト氏自身はヘンリー・モア氏に宛てた手紙の中で動物が魂を持っていないとまでは断言したくないと表明しています(117)。常住不滅の原子を唱える人々が悪様《あしざま》に言われないのに、本性上不可分である魂が不滅だと述べる人がどうして奇妙に映るのでしょうか。実体と魂とについてのデカルト主義者たちの考え方と動物の魂について現世に暮らす人々が抱く考え方とを結びつければ、やはりこの〔魂は不滅だという〕考え方に必ずや行き着くはずです。動物に感覚があるという万古不易の通念を人々から引き離すことなどできません。これはいわば人類普遍《カトリック》の考え方です。さて、私の考えが真であるなら、これらの〔不滅の〕魂について私が考えていることは、デカルト主義者にとって不可欠であるばかりではなく、道徳や宗教にとって重要なもので、ある危険な思想を打ち砕くには欠かせないのです。その危険な思想というのは、個別の魂は動物が死滅するとき世界霊魂に還るというものですが、才知ある人の中にも賛同者が少なからずいて、アヴェロエスの信奉者であるイタリアの哲学者たちが世間に広めたものです[118]。この思想は個体的実体の本性についての私の証明と対立し、判然と理解できるような考え方ではありません。個体的実体はどれもが、一旦存在し始めたからには常に別々のものとして存続するのでなければなりません。このようなわけで、私が示した真理は極めて重要であり、動物の魂の存在を認める人であればこの真理を承認するはずですし、それを認めない人でもせめて奇妙だとは思わないはずです。

それでは、この魂の不滅性に関わるあなたの疑問を検討しましょう。

一　私は、物体の中には真に一つのものであるような何らかのものを認めなければならないこと、そして、プラトンに続いて聖アウグスティヌスが確言したように、物質つまり延長している物塊はそれ自体では[多数の存在]Lでしかないということを主張してきました。その上で、一つの存在がないところには多数の存在はないこと、また多数性は一体性を前提にすることに考えが及びました。これに対してあなたはいくつかの仕方で反論なさっていますが、的外れな指摘ばかりで私の主張を理解し損なっていて、ただ

［対人論法］L[119]の反論をしたり不適当だと言い立てたりして、私の主張が問題の解決に不十分だと示そうとしているだけです。まずあなたは私の議論がどうしてこうした筋道になるのかと驚いています。この筋道は、万物を原子からなるとしたコルドモア氏[120]なら明らかであったとしても、私の場合には（あなたの見るところ）必ずや偽になると言うのです。なぜなら生命を持った物体は生命を持っていない物体の一億分の一にもならないので生命を持った物体を除けばそれ以外は［多数の存在］Lであることになり、またしても困難に逢着するから、とのことです。ここでわかりましたが、私は自分の仮説をご理解いただけるようにまだ十分に説明していなかったのです。そもそも、私は魂以外には実体的形相はないなどと述べた記憶はありませんし、生命をもった物体はそうでない物体の小さな部分にすぎないといった見解からは程遠いからです。むしろ私は、至るところが生命をもった物体で充満していると考えています。魂の数はコルドモア氏が唱える原子の数とは比べものにならないほど多いのです。コルドモア氏にとっての原子の数は有限ですが、私の考えでは魂の数あるいは少なくとも形相の数は全く無限です。そして物質は限りなく分割可能なので、どれほど小さな物質の部分にでも、魂を持った物質、あるいは少なくとも原始的なエンテレケイアもしくは（生命という極めて一般的な名称を用いて[121]も構わないのなら）生気的原理を具えた物質、つまりは物体的実体があると認めること

ができます。そしてこの物体的実体について、人はどれもがみな生きていると言っているのです。

二　あなたが示された別の問題に移ります。それはこのようなものです。物質がそれ自体で真に一なるものとなるではないのだから、物質と結びついた魂が一なるものをなすことはない、そしてあなたによれば魂は外的規定しか与えない、ということです。これにお答えします。物質が帰属している生きた実体こそが真に一なる存在です。そして物塊そのものとして理解された物質は、純粋な現象つまりはよく基礎付けられた現象にすぎません。空間や時間もそうです。物質には、決定された存在であると判定できるような正確で確固とした性質はありません。以前の手紙で少し述べた通りです。例えば一定の拡がりを持った物塊にとって、形は本質的ではあっても、物質の部分は現実に無限に分割可能なので、自然の中では厳密に決定することはできません。〔自然の物質には〕歪《いびつ》なところの一切ない球体や少しも曲がったところのない直線はありません。一定の曲線のはずでもどうしても別の曲線が混ざってしまいます。こうしたことは大きな部分でも小さな部分でも同じです。そのため形は物体を構成するには程遠く、思考の外にあっては十分に実在的で決定された性質とは到底言えず、原子が実在するのであればともかく、一定の厳密な表面を何らかの物体に割り当てることなどはできません。同じことは大きさと運動についても言えます。大きさと運動という性質や述語は色や音と同様に現象から得られます。そしてそこには判然とした認識も含まれているとはいえ、分析を最後まで進めることはできません。したがって延長した物塊は、エンテレケイア[122]を具えていないと考えられている限り、これら〔大きさと運動〕の性質しか具えていないなら、物体的実体ではなく、虹のように現象そのものです。そういうわけで、哲学者たち[123]は物質に確定的な存在を与えるのは形相だと認めてきました。この点に気付かないと、一度入ったら最後、〔連続体の合成〕Lの迷宮から抜け出せなくなります。絶対的に実在的なものとは、個体的実体とその様々な状態だけなのです。このことはパルメニデスやプラトンやその他の古代の人々も認めていました。とはいえ、生きていない物体の一まとまりに対して、それが実体的形相によって結び付けられていなくても、一つのと名付けることができることは私も認めます。例えば、「一つの虹がある」とか「一つの群れがある」と言うことはできます。しかしそれは現象における一体性もしくは思考による一体性で、こう言ったからといって現象の中に実在的なものがあると主張するのに十分だということはありません。[124]もし物体的実体の質料〔物質〕として、形相を欠いた物塊ではなく第二質料、つまり実体が多数集まって物体全体の塊となっている様な多数の実体のことを考えるのならば、これらの実体は第二質料の部分であると言えます。例えば私[125]の身体に与《あずか》る実体は私の部分をなしているのです。なぜなら、私の身体は物質〔質料〕であり魂は私という実体の形相で、このことは他のどの物体的実体にとっても同様だからです。人間の場合にはこのことが認められているのですが、他のものでも同じく困難はありません。こうした問題で人々が困難を感じているのは、何よりも全体と部分とについて十分に判然とした概念が共有されていないからです。部分は実は全体にとって直接的な要件にすぎず、しかもそれはいわば等質的なのです。したがって、多くの部分が全体を構成することができるといっても、その時にその全体が真の一体性を有しているかいないかには関わらないのです。確かに真の一体性を有している全体は部分を失ったり獲得したりはしても、我々自身体験しているように、厳密な意味での個体性は維持できます。この時に部分が直接な要件となっているのは「当座の」ことにすぎません。L しかし質料という語を同一の実体にとって常に本質的な何ものかとして解するならば、あるスコラ哲学者たちの言う意味において実体の原始的な受動力として理解することができます。そしてこの意味において質料〔物質〕は決して延長もせず分割可能でもないのです。ただし質料〔物質〕は分割可能性の原理もしくは分割可能性を実体に帰属させる原理ではあります。しかしながら、言葉の遣い方で争いたくはありません。

三　あなたは、私が実体的形相を、魂が与えられた物体〔このような言い方をした記憶はありませんが〉にしか認めていないと反論しています。その上で、〈有機的な物体はすべて「多数の存在」なのだから、形相や魂がその有機的な物体を一つの存在にすることはできず、むしろ物体が生きたものとなるために魂や形相は多数の存在を必要としている〉、とのことです。私の答えは次のとおりです。〈動物やその他の物体的実体の内にエンテレケイア[126]があると想定するなら、動物などについても人間について誰もが考えているのと同じように考えなければなりません。人間は、その身体〔物体〕となっている物塊は多くの器官や管や体液や精気に分けられさらにこれらの部分も間違いなくそれ自身が固有のエンテレケイア[127]を具えた無数の物体的実体で充満していますが、それにもかかわらず、魂によって真の一体性を与えられた存在なのです。〉この第三の反論は実質的にこの前の第二の反論と一致しますので、どちらの解決にも資することになるでしょう。

四　あなたのご判断では、動物に魂を与えることに根拠はないということです。そしてもし動物にあるとしたらそれは精神つまり考える実体だとお考えです。それというのも、我々が認識しているのは物体〔身体〕と精神だけであってそれ以外の実体の観念は持ち合わせていないし、そもそも牡蠣が考えたり虫が考えたりするとは信じがたいから、とのことです。この手の反論は、デカルト主義者でないすべての人にも同じように向けられます。しかし動物にも感覚があるという見方を人々がこれまでずっと抱いていたということには理由がないことではないと私は思いますし、それに加えて私は、すべての実体は分割不可能であり、それゆえすべての物体的実体は魂か少なくとも魂に類した形相を具えているはずだということを明らかにしてきたつもりです。そうでなければ物体は現象にすぎなくなってしまうからです。

分割不可能な実体（私の考えでは実体はどれもがみな分割不可能です）はどれもが精神であり思考しているはずだ、とまで断言すると、形相が保存されるといった主張よりは比較にならないほどに大胆すぎて根拠を欠いていると思われます。

我々は五種類の感覚しか知りませんし金属類も何種類かしか知りません。しかしだからといって世界にはそれ以外〔の感覚や金属〕は存在しないと結論づけてよいものでしょうか。多様性を好む自然のことですから、思考の働きとは異なる別の形相が実際に産み出されているとしてもおかしくはないでしょう。もし私が、二次〔曲線〕の図形は円錐曲線しかないと証明できるとしたら、それはこの曲線を正確に分類することができるような判然とした観念が私にあるからです。しかし我々は思考の働きについての判然とした観念を有していないことに加え、個体的実体の概念が思考する実体の概念と同じであると証明することもできないので、この〔思考するのとは異なる実体が存在するかという〕問題に対して確かなことは言えません。思考の働きについて我々が有している観念が明晰であることには同意しますが、明晰なものがすべて判然としているとは限りません。[128] 我々が思考の働きを認識するのは（マルブランシュ師が既に指摘していたように[129]）内的な感覚によるしかありませんが、〔外的な〕感覚によって認識できるのは既に経験済みの事柄についてだけです。我々は思考の働き以外の形相の働きを経験したことがないので、それについて明晰な観念を持っていなくても驚くべきことではありません。たとえそうした形相があると認めたとしても、その明晰な観念を持っていることにはならないからです。或るものについてそれが存在し得ないと証明するためには、そのものについての観念がどれほど明晰であっても、雑然とした観念を用いようとするのは間違いです。判然とした観念だけに注目していれば、分割可能な現象や多くの存在からなる現象が一つの不可分な存在において表出されたり表現されたりし得るということを理解できます。これだけあれば、表象[130]を理解するには十分であって、このような表現の働きに思考とか反省とかを付け加える必要はないのです。思考を伴うことのない表出として〔人間とは〕別の非物質的な表出のあり方を種類の違いや程度の違いとして説明できれば、単純な物体的実体もしくは生きている〔だけの〕実体を動物的な実体から[131]可能な限り区別することができるようになるのですが、私はこの点をまだ十分に詰めてはいませんし、様々な形相をそれが関わる器官や作用とを比較して考察ができるほどにはまだ十分に自然を研究しているわけでもありません。マルピーギ氏は、解剖から得られた驚くべき相似性に基づいて、植物は動物と同類にあると考えられるために植物は不完全な動物であると見なしたいようです[132]。

五　もはや残る問題は、実体的形相が不滅であることについてあなたが指摘なさった不都合に答えることだけです。まずあなたは実体的形相の不滅性は奇妙であって賛成できないとしていますがこれには驚きます。なぜならあなたご自身の考えに従うなら、動物に魂や感覚能力を認める人は誰もがその能力が不滅であることに賛成しているはずだからです。そこに不都合があるという申し立ては想像力から来る偏見にすぎず、俗人の心を捉えることはあっても、思索の能力のある人には通用しません。この点についてはあなたにもご満足いただけることでしょう。小さな水滴の中にも無数に近い小動物がいることはレーウェンフック氏の業績として明らかになったことですが[133]、このことを知って物質は至る所が生きた実体で満たされているということを不思議だとも思わなくなった人なら、灰の中にも生きたものがいるとか、火は動物を絶滅するのではなく小さな生き物に変える、ということをおかしいとは思わないでしょう。一匹の青虫や蚕について言えることは百匹や千匹についても言えますが、だからといって灰の中で蚕が生き返ってくるはずだということにはなりません。それはおそらく自然の秩序に反することです。

種子の力が灰に宿っていて植物がそこから再生することができるのだと断言している人がいることを私も承知していますが、私は怪しげな実験に拘《かかずら》うつもりはありません。腐敗したばかりの大きな生き物の中に圧縮された仕方で包み込まれていた小さな有機的物体が、はたして発生の流れから脱落してしまった(ように思われる)[134]のか、それとも時が至れば舞台に再登場することができるものなのか、私には決めることができません。こうしたことは自然の秘密であって、人間は己の無知を悟るべきなのです。

六　もっと大きな動物の場合には両性の結合によってしか誕生しないからといって、こちらは小動物よりも困難が大きいという見方は、ただの思い込みによる見かけにすぎません。もっと小さな虫の場合でも同じことです。最近知ったのですが、レーウェンフック氏も私と似たような考えをしています[135]。彼が言うには、どれほど大きな動物でも一種の変形によって生まれるとのことです。その考えの詳細について私は論評を控えますが、一般的には極めて真実だと思います。この考え方は、もう一人の偉大な観察者にして解剖学者のスワンメルダム氏もこの考え方に傾いていると明言しています[136]。この問題については以上の二人の判断があれば十分で、他の人の判断を仰ぐ必要はありません。とはいえ彼らにしても、理性的な精神を持たない生物の場合には腐敗や死滅もそれ自体は変形にすぎないという私の考えにまで突き進めていたとまでは言いませんが、私の考え方を聞いても馬鹿げているなどとは思わないことでしょう。むしろ、始まることのないものは滅びることも決してない、と考えることほど自然なことはありません。発生がすべて既に形作られた動物が増大し展開することに他ならないということが理解できるなら、腐敗や死はもはや生き続けることのない動物が縮小し包み込まれることであると容易に得心することでしょう。確かに、発生についてならともかく、死滅についての考え方を個別の経験から信じるようにと言っても無理です。しかしそうなるにもそれなりの理由があるのです。発生は自然な仕方で徐々に進行するため観察するだけの時間が我々に与えられていますが、死は我々を「一足飛びに」L遥か後方へと追いやり小さな部分へと立ち返らせてしまいます。これは通常は実に慌ただしく進行するために我々にはこの後退の一部始終を見届けることができないでいるのです。いくつか例を挙げましょう。眠りは死を連想させますし、恍惚状態もそうです。蚕が繭《まゆ》の中に潜り込むことも死を思わせる例です。また溺れた蠅に何やら乾いた粉を振りかけると生き返ることがあります(助けないでいるとそのまま本当に死んでしまいます)。葦の中に作った冬籠《ふゆごもり》の巣の中で生きているとも思えないようにしている燕が生き返ることもあります。凍死や溺死や絞殺死した人を蘇生させた事例もあります。これについては分別を弁えた人が最近ドイツ語で書いています。[137]この中で筆者は、知り合いから得た事例を報告し、溺れた人に遭遇したら並々ならぬ蘇生を施すようにと勧告し、その手順を指示しています。以上の事例はどれもが私の考え方を支えています。それぞれ場面は違っていても所詮は程度の違いでしかありません。死にまつわる他の場面で蘇生の手段がないとしたら、それは何をすべきか知らないか、知っていても我々が現在有している手技や道具や医療が足りないかです。特に生体の分解が最初にごく小さな部分に生じ出している場合はそうです。したがって、生や死について誰でも思いつきそうな考え方に留まっていてはいけません。現に我々は〔死にまつわる〕多くの類似点を見出していて、これが強固な論証となって俗説とは反対のことを証明しているのです。既に十分にお示ししたつもりですが、物体的実体があるのならエンテレケイア[138]もなければなりません。またこれらのエンテレケイアもしくは[139]魂〔の存在〕に同意するならばそれらが発生も死滅も不可能であることも認めるべきです。これが認められたなら、魂が或る身体から別の身体へ移行すると想像するよりは生きた身体が変形すると捉える方が比較にならないほど理に適《かな》っています。昔の人々は身体の変形のことを理解できていなかったために外見からだけで魂の移行説に納得していたのです。動物の魂が身体なしに存在し続けているだとか、あるいは有機的ではない物体の中に隠れたままでいるなどという主張には自然なところが全く見られません。アブラハムがイサクの代わりに生贄とした牡羊の身体が〔焼かれて〕収縮した動物を牡羊と呼ぶべきかどうか[140]は言葉の問題で、蝶を〔その前身の〕蚕と呼んでもよいかといった問題と同じです。灰になった蝶についてあなたが見出した困難は、私の説明が足りなかっただけのことです。そもそも、灰の中には有機的な身体は残っていないというあなたの仮定からすれば、有機的な身体を持たない魂が無数にあるなどというのは奇怪なことだと言わなければならなくなるのでしょうが、私の仮定は生きた身体を伴わない魂だとか有機体を伴わない生きた身体など自然においては存在しないというものです。灰であろうとその他の物塊であろうと、有機的な身体を含むことができないものはないと私には思われます。

　精神つまり思考する実体は、神を認識することができ、永遠真理を発見することもできるので、神は精神以外の実体を統御するのとは異なる法則に従って精神を統御しているのだと私は考えます。なぜなら、実体の形相はどれもが宇宙全体を表出しているとはいえ、動物的実体は神よりも世界を表出するのに対し、精神は世界よりも神を表出しているからです。また、神は動物の実体に対しては力の物質的な法則つまり運動の伝達の物質的な法則によって統御していますが、精神に対しては正義に関する精神的な法則に従って統御しています。これは精神以外の実体にとってはあり得ないことです。こうしたことから、動物の実体は物質的だと言えます。というのも、動物的実体に対する神の配慮は職人や機械工の〔機械に対する〕配慮と同じものですが、精神に対して神はそれよりずっと高い君主や立法者としての役割を果たすからです。そして神は物質的な実体に対する限りはすべての存在者にとっての作者として全体への配慮で臨みますが、神を理解し意志と道徳的資質を具えた精神に対しては異なる役柄として臨むことになるのです。なぜなら、神自身が精神であり、我々の仲間の一人であって、我々と社会的な結びつきを持ってその首長となっているからです。(141) この至高の君主の下にあって精神を統括する社会もしくは国家こそが宇宙の中の最も高貴な部分であり、それは偉大なる神の下にある多くの小さき神々から成るのです。なぜなら、被造の精神が神と異なるのは大きいか小さいかの違い、有限か無限かの違いだけだからです。そして、全宇宙が造られたのは偏《ひとえ》に神の国の豊かさと幸福とに寄与するために他ならないということを心底から確信できるのです。こうして、力の法則や純粋に物質的な法則が全宇宙において正義や愛の法則の実現に向けて軌を一にしていること、神の手の中にある魂を何ものも破壊することができないこと、すべてのことは神を愛する者の最大の幸福実現に寄与するはずだということ、以上に向けてあらゆることが配置されているのです。(142) それゆえ精神は神の国からどんな人も失われないようにするために精神自らの役割と道徳的資質を保持していなければならず、とりわけ想起と良心の流儀を身につけ自分の人格を弁《わきま》える能力を保持していなければなりません。精神に具わる道徳性も賞罰もここに依拠しているからです。したがってまた理性は、自分を完全に見失って道徳的に別人となってしまいかねないほどの宇宙の大騒乱に遭っても超然としていなければなりません。これに対して動物的な実体は、ありとあらゆる変化を蒙っても、形而上学的に厳密に言うなら、同一の個体であり続けさえすればそれで十分なのです。そこには意識も反省もないからです。人間の死後の魂の状態の詳細がどうであるかとか、その魂がどのようにして万物の変動を免れることができるかということについて我々に特別に教えてくれるのは啓示以外にありません。理性の管轄権はそこまでは及ばないのです。おそらくあなたは次の私の主張に反論をなさるでしょう。私の考えでは、神は魂を持つ可能性のあるあらゆる自然の機械に魂を与えました。それというのも、魂は互いに妨げ合うことはなく、場所も取らないので、自然の機械にはそれにふさわしいだけ大きな完全性を有した魂を与えることが可能であって、神は実際にそれを可能な限り完全な仕方で行っているからです。［物体に空虚がないように形相にも空虚はない］のです。すると、同じ理由で神はすべての生きた実体に理性的で反省能力を持った魂を与えていたのでなければならない、と言う人もいるでしょう。しかし私は、物質的な自然法則よりも上位にある法則つまり正義の法則がそのことに反対する、と答えます。正義の秩序からすれば、必ずしもあらゆるものについて正義が遵守されてよいはずだということにはならないので、少なくとも不正を生じさせないようにしたはずなのです。このために、動物的な実体が反省や意識をもつことができず、それゆえ幸福も不幸も享受することができないものとして造られたのです。

最後に私の考えを簡単にまとめておきます。[143] 私の考えでは、あらゆる実体はその現在の状態の中に過去のすべての状態と未来のすべての状態を含んでいて、その実体が有する視点に従って全宇宙を表出し、他からどれほど隔たったものであってもそれと交渉をもたないものはありません。そして〔その実体が身体を有しているのなら〕[144]とりわけ直接に表出している自分の身体の各部分との関わりに応じています。それゆえ、ここに神の協力を仰ぐなら、どんなことも他ならぬ自分自身の根底から自分自身の法則に則って生じていることになります。しかし実体は他の事物を自覚しています。それは実体が本来他の事物を表出する力を有しその結果他と然るべく適合するように造られたので、当然のごとく他の事物を表出しているからです。ある実体が他の実体に及ぼす作用と言われるものは、実体が最初からこの義務を課せられているということなのです。物体的実体についての私の考えは次の通りです。物塊は分割可能なものとしてしか見なされない限りは純粋な現象でしかありません。しかし実体は形而上学的に厳密な意味での真の一体性を持っていて、不可分で生成も消滅もあり得ません。物質はどこでも、魂を有する実体あるいは少なくとも生きているもので満たされていて、発生や死滅は大から小へのあるいは「その逆の」変形でしかありません。物質の極小の部分にも無数の有機的な被造物やその塊からなる世界を見出すことができます。何よりも、神の作品は人が普段思っているよりもはるかに偉大で美しく無数にあり秩序づけられているのです。〔自然としての〕機械であれ有機体であれ、どれほど小さな部分に至るまでもそこに秩序があることが本質的です。こうして見ると、我々の仮説以上に神の知恵をよく知らせてくれるものはありません。この仮説に従うなら、至るところに神の完全性を示す実体があり、そのどれもが宇宙の美しさをそれぞれの仕方で映す鏡となっているのです。〔宇宙には〕空虚なところ、不毛なところ、耕していないところはありません。表象のない所もありません。さらにまた、運動法則や物体の変動が正義と統治の法則に資するものであることは疑いようもないことです。そしてこの正義の統治の法則は恐らく精神つまり知性的な魂を統治する際に最もよく遵守されています。神の仲間に加わり神を君主と仰ぐ一種の完全な国家を神と共に作り上げているのです。

　さて以上で、これまであなたが説明なさった困難、あるいは少なくとも問題として指摘された困難、さらにあなたが抱くかもしれない困難は、すべて氷解したはずです。この手紙はご覧のように大部なものとなってしまいましたが、同じ内容をわずかな言葉に押し込めるのはかえって難しいし、むしろ曖昧なものにもなりかねません。これであなたも、私の考えが十分に筋道が通り人々の共通見解とも合致していることがおわかりでしょう。私はすでに確立された考え方をひっくり返すことはしません。ただそれを展開しもっと先まで押し進めているだけなのです。個体的実体の概念について我々が最終的に確立するに至ったことを振り返って頂くことができるなら、議論の出発点で私をお認め頂ければその続きにもすべて同意せざるを得なくなることがおわかり頂けることでしょう。それでも私はこの手紙で自説を説明し〔批判には〕自分で弁護しようと努めました。問題を分けて扱うこともできるかもしれません。動物に魂や実体的形相があると認めようとはしない人でも、精神と身体の結合についての私の説明の仕方とか真の実体について私が述べたことなら全面的に認められるけれども、と言う人もいるかもしれないからです。そうはいっても、私が述べたような形相や真の一体性を具えたものには見向きもせずに点とか原子などが気に入ればそれで物質や物体的実体の実在性を説明することができると考える人や、こんな問題は途中で放っておこうとする人がいるかもしれませんが、それはそれで構いません。誰でも探求は好きなところで切り上げても差し支えないのですから。しかしながら、宇宙についても神の作品の完全性についても真の観念を持つことになれば神と我々の魂に対してしっかりとした議論が得られるのですから、この道半ばで安住すべきではないでしょう。[145]

『文芸国通信』六月号でのカトラン氏の論考[146]を拝読しました。あなたは以前この人は私の考えをきっと理解していないと仰せでしたが、そのお見立て通りでした。あまりの酷さに哀れに思えてきたほどです。彼は三つの命題を提示し、私〔ライプニッツ〕ならそこに矛盾を見つけるが、自分〔カトラン〕はその命題を証明して調整させようと躍起になっています。ところが私はそこには些《いささ》かの困難も矛盾も見出せません。それどころかその命題を結びつけることで私はデカルトの原理の誤りを証明したつもりです。物事を軽率に扱う人々と関わるとこういうことになるのです。それでもかろうじて彼は自分がどこで間違えたかを正直に白状していたのは救いです。そうでもなかったら、我々はとんでもないところをうろつき回っていたかもしれません。道徳でも形而上学でもそして特に神学ではこうした手合には出会わないことを祈ります。こうした人々に会うとどうしようもないのです。

【五】[147]　**一六九〇年三月二三日**[148]　**ヴェネチアから**

歴史探索のために主公の命で企てられた長期にわたる旅行を終えて、今は帰途に就いたところです。〔中略〕

この旅行の間、日常の仕事から幾分解放され、多くの有能な人々と科学や学術の話ができたので満足でした。そしてその中の幾人かにはあなたもご存知の私の考え方を一つ一つ話し、彼らの疑問や異議も役に立てたいと思いました。またその人たちの中には、ありきたりの学説には満足できず私が以前にあなたにお示しした思想の中に殊の外満足してくれた人々もいました。こうしたこともあったので、私は自分の考えを著作にすればもっと容易《たやす》く伝えられるようになると考えるに至りました。そのうち匿名で数部ほど印刷し友人にだけ配布し彼らの判断を仰ぐつもりです(149)。まずは誰よりもあなたにご検討頂きたく、以下の要約を作成しました。

一つの物体はいくつもの実体の寄せ集めであり、正確に言うなら物体それ自身は一つの実体ではない。したがって一つの物体の中には至る所に、生成することも死滅することもなく魂に対応するような何らかのものを有する多数の個体的実体が存在するのでなければならない。これらの実体はどれもが、有機的でさまざまに形態を変える身体とこれまで常に結びついてきたし、これからも常に結びついている。実体はどれもがその本性の内に「自分自身の働きの系列を連続させる法則」と、その実体にかつて生じたことやこれから生じるであろうことのすべてを含んでいる。実体の働きは、神に依存しているということを除けば、すべてそれ自身の源泉から生じる。実体はそれぞれが宇宙全体を表出しているが、ある実体は特に他の事物との関わりにおいてまたその視点によって別の実体よりも判然とした仕方で宇宙全体を表出している。魂と身体との結合そしてまたある実体から他の実体への働きさえもが、最初の創造の際の命令によって然るべく設定された完全な相互一致に他ならない。この一致があることでそれぞれの実体はそれ自身の法則に従いつつも他の実体が求めているものと対応するようになっている。そしてある実体の働きは他の実体の働きもしくは変化に引き続くか、あるいは伴っていることになる。知性的な存在者とは反省能力があり永遠真理や神を認識する能力がある魂のことであり、それは身体の変転を免れるという特権を有している。そのような存在者に対しては、自然的法則に道徳的法則を結び付けなければならない。すべての事物はまずは何よりも知性的な存在者たちのために作られている。知性的な存在者たちは一緒になって宇宙という国家を作る。神がその君主である。この神の国においては完全な正義と統治が保たれていて、信賞必罰に過不足はない。事物について深く認識すればするほど、その事物が賢者であればこそ抱くことのできる望みに相応しく美しいものであることを一層深く認めることになるであろう。過去の秩序には常に満足しなければならない。その秩序は神の絶対的な意志に合致しているからであり、人はそのことを現に生じた出来事によって知ることになる。しかし未来については、我々にできる限りにおいて神の意志を忖度しその命ずるところに合致するように努め、我らのスパルタを飾り(150)、不首尾に終わっても嘆くことなく、神は時宜を待って好転をもたらしてくれると確信するのでなければならない。万物のあり方に満足できないような人は、神をこよなく愛しているとは言うもおこがましいことだ。正義とは賢者の慈愛に他ならない。慈愛とはあらゆるものに対する好意であるが、賢者は〔全体として〕最大の善が得られるようにするために、対象が理性を保有する度合いに応じて好意を振り分ける。知恵は幸福の学であり、満足が持続的に得られるようにするための手段についての学である。そしてそれは、最大の完全性に絶えず向かうこと、あるいは少なくとも同程度の完全性を多様化させることである。

〔以下、省略〕

三　デカルト『哲学原理』評釈(1)　一六九九年

Animadversiones ad Cartesii Principia (Statera Cartesianismi)

第一部　〔人間の認識の原理について〕

第一節〔真理を探究するためには、一生に一度は、すべてのことについてできる限り疑うべきである。〕あらゆることについて、少しでも不確実なことがあれば疑うべきだ、とデカルトは言うが、その宣言をもっと適切にしかも明確に言い表すためには、どんなものに対してでも同意や不同意がどの程度見積もられるかを考えなければならない、と言うべきであった。あるいはもっと簡潔に言うなら、どのような学説もその理由を問わなければならない、と言うべきであった。こうしていれば、デカルト的懐疑に対するあらぬ言いがかりなど収まっていたはずだ。ところがこの著者〔デカルト〕はおそらく、〔通念で〕思考麻痺状態に陥っている読者を新奇さで目覚めさせるために、あえて〔逆説〕[G]を弄したのであろう。しかし私としては、彼が自分の宣言そのものを忘れないでいてほしかった。というよりむしろ、その宣言の真価を堅持しておいてほしかった。このことは、幾何学者たちが行っていることを例にとれば、いかに有用であるかが十分に説明できる。彼らの前には公理や公準がある。これらの真理にそれ以外〔の真理〕が依存している。〔公理や公準を我々が〔真理として〕認めているのは、それが直ちに納得できるからであり、さらにまた無数の経験によって確かめられているからでもある。しかしながら学問が完全なものであるためには、証明されているということが重要である。いくつかの公理や公準を証明しようとした人は今までにもいた。かつてはアポロニオスやプロクロスがそうであり、最近ではロベルヴァルがそうである。(2)実際エウクレイデス(3)は、幾何学の真理は感覚的なイメージにではなく理性に基づくものだと主張し、三角形の二辺の長さの和は第三の辺の長さよりも大きいということを証明しようとしていた（昔ある人は冗談めかして、そんなことはロバでも知っているさ、遠回りなどせず餌を目がけてまっしぐらなんだから、と言っていた）(4)ので、直線の正しい定義を保持している限り、二本の直線（重なっていないとして）が交点を一点しか持つことができない、ということを証明できたはずなのである。私は、公理の証明は正しい分析や発見術にとって極めて有用であると心得ている。したがって、もしデカルトが彼自身の宣言の最も優れたところを実行しようと望むのであったなら、諸科学の原理の証明に意を注ぎ、プロクロスが幾何学において目指したことを哲学において実行すべきであったのである。ただし幾何学の公理の証明は〔哲学における証明に比べて〕それほどに必要ではない。(5)しかし我らの著者〔デカルト〕は、確実性を手にすることを差し置いてでもむしろ賞賛を浴びることを目指した。(6)もし彼が自分の職分の厳粛さをあれほど人々に喧伝していたのでなかったとしたら、彼が時に真らしさ〔だけ〕で満足していたことを私は咎めだてをするつもりはなかっただろう。エウクレイデスもいわば証明なしの仮定をしたが、これはまだ許せる方である。彼はわずかな仮定を立てればそれ以外のすべてが直ちに正確に生じるということを人々が知っている、と主張していたからである。もしデカルトやその他の哲学者たちが同じようにしてくれていたのなら、我々が苦労することもなかったのだ。これでは、懐疑主義者たちの決まり文句の通りになってしまう。懐疑主義者は、諸学問では証明されない原理が至るところで用いられていると言い立てて軽蔑したのである。しかしこれに対して私が思うには、幾何学者たちはむしろ褒め称《たた》えられるべきである。彼らは原理をいわば支柱とし、そこに科学を結びつけ、さらに発展させて少数から多くのものを導き出す方策を発見した。もし幾何学者たちが定理や問題の発見をすべての公理や公準が証明されるまで先延ばししようと望んでいたのであったなら、幾何学は現在のようなものとはなっていなかったことだろう。

第二節〔疑わしいものは偽と考えるべきである。〕さらに、疑わしいものを偽とすることが何の役に立つのか、私にはわからない。こんなことをしても偏見を排除することにはならず、ただ別の偏見に取り替えることにしかならないだろう。もし虚構のことだけが考えられているのであるなら、誤用しなければよいだけのことである。このことは、この後の第八節で心身の区別について扱う際に生じる誤謬推論と同様である。

第四節［なぜ感覚的事物について疑うことができるか。］感覚的な事物について我々に知ることができるもの、あるいは〔知りたいと〕期待すべきものとは、〔感覚的な事物が〕疑う余地のないほどしっかりと互いに一致していて、そのため以前のことから将来に生じることを予見できるほどのものだけである。(7) こうして示されたもの以外の真理や実在性を感覚的な事物のうちに認めようとしても無駄なことである。懐疑主義者はこれ以上を求めるべきではないし、独断論者はこれ以上を約束すべきではない。

第五節［なぜ数学的証明についても〔疑うことができるか〕。］数学の証明について疑いを抱くのは、算術計算(8)で間違いを犯す心配をしているのと変わらない。対処法はただ、何度も計算をし直してみるとかいろいろな仕方で計算をするなどして確認することだけである。人間の精神のこうした弱さは注意力や記憶力の不足に由来するものであり、完全に払拭することはできない。誤りに陥らないようにとデカルトに倣《なら》って予防しようとしても詮のないことである。数学以外の分野においても数学の場合と同様に考えれば十分だ。およそ推論というものは、それがデカルトによる推論も含め、どれほど万全で綿密であったとしても、疑いの余地はあるもので、結局は何を言っても、強力な欺く霊なるものや夢と覚醒との区別の問題と同じことになる。

第六節［我々には、疑わしいものに対して同意を差し控える自由意志があり、それによって誤りを避けることができる。］　我々が自由意志を行使する(9)のは感覚するときではなく、行為するときである。蜂蜜を甘いと思うか苦いと思うかは私の〔自由〕意志によるのではないし、提案された定理を真と思うか偽と思うかも私の〔自由〕意志によるのではない。何が見えているかを見極めるには意識こそが大事なのである。何事かを確立しようとする人は誰であれ、(10)現在の感覚や理性〔に示されたもの〕を意識し、あるいは過去の感覚や理性による表象に関連づけられる現在の記憶を意識している。とはいえ記憶による場合には注意不足もあって不確実なため間違いが生じがちである。それでも、現在のものについての意識であれ過去のものについての意識であれ、意識は我々の〔自由〕意志の下《もと》にあるわけではない。(11)意志の働きの下にあると我々が認めているのは、注意と関心を命じることである。そのため、〔意志が〕何らかの考え方を我々にもたらしているわけではないとはいえ、その考え方を我々が抱く際に間接的に関与することはできる。こういうわけで人々はしばしば、自分が気に入るものに最大の注意を払うような習慣を抱き、結局は自分が真だと望むものを信じるようになり、やがては意志だけではなく意識(12)の上でも満足感を覚えることになってしまうのである。この点については、第三一節を参照。

第七節［我々は疑っている間に自分が存在することを疑うことはできない。そしてこのことは、我々が順序に従って哲学的に考えていく際に認識する最初のものである。」「私は考える、それゆえ私は存在する。」〔という命題〕が第一の真理の一つであることを、デカルトは高らかに謳《うた》った。だがこれと同等の真理が他にもあるということを〔デカルトは〕見過ごすべきではなかった。一般的に言って、真理は事実の真理か、あるいは理性の真理かである。[13]理性の真理の第一は矛盾律、あるいは結局は同じことになるが同一律である。このことはアリストテレスもまた正当に指摘していた通りである。[14]事実の真理の第一は、直接的な表象の数と同じだけ、つまりはいわば意識の数と同じだけある。しかも私は、私が考えているということを意識しているだけではなく、私によって多くのものが考えられているということも意識している。そして、私が考えているということが確実で真であるのと同じくらい、あれやこれやのさまざまなものが私によって考えられているということも確実で真なのである。こういうわけで、事実の真理の第一は次の二つに帰して差支えあるまい。つまり、「私が考える」と「様々なものが私によって考えられている」である。ここからは、私が存在するということだけではなく、私が様々な仕方で働きかけられているということも帰結する。

第八節〔次いで、魂と物体との区別が、つまり考えるものと物体的なものとの区別が認識される。〕以下の推論には無理がある。〈物体的なものが存在しないということを私が想定したり仮定したりすることはできる。しかし私が存在しないとか私が考えていないということを私が仮定することはできない。それゆえ、私は物体的なものではないし、思考は物体の様態ではない。〉英明の誉れ高き人物がこれほどにも軽率な詭弁を持ち上げてしまっているのには、驚くばかりである。彼はこの項目においてこれ以上は何も付け加えていないが、(15)『省察』においては論じているので、しかるべき箇所で検討することになろう。魂を物体的だと考えようとする人〔甲〕にとっては、誰か〔乙〕が物体的なものは一切存在しないと考えることができるなどとは認めるわけにはいかない。しかしその乙が〈魂の本性を知らない限り〉物体的なものが存在するかあるいは存在しないかと疑うことができる、ということを甲は認めざるを得ない。そしてその乙にとっては、それでも自分の魂が存在していることははっきりとしているのだから、ここからは、乙が魂は物体的であるかどうかと依然として疑うことができる、と甲も認めることになる。どんな拷問で締め上げたところでこれ以上踏み込んだ議論を引き出すことなどできるはずもない。〔ところがデカルトは、〕先のような誤謬推論を用いて、第二節で示したように、疑わしいものを偽として拒否することを正当だとした。そして、物体的なものが存在することは疑えるのだから存在しないと考えてもよいとした。だがこれは無茶な議論だ。(16)我々が魂の存在を認識しているのと同じ位に完全に精神の本性を認識することにでもなれば話は別で、その時には、魂に現れていないものは魂の中には存在していないと確言できることにもなることだろう。

第一三節〔〔自分以外の〕残りの事物を認識することはどのような意味で神を認識することに依存しているのか。〕すでに第五節で記したことだが、誤りは記憶力や注意力の不足のために生じることもあるし、算術の計算の際に紛れ込んでしまうこともある〔完璧な段取りに従っている時でも数え間違いはある〕のだから、それについてここで気を付けるように言っても無駄なことである。〔誤りを犯す〕懸念を払拭するような方法を編み出すことなどできるはずもない。長い推論が続くような場合にはなおさらだ。したがって頼るべきなのは検証なのである。ところがここでは、神が都合よく引き合いに出されて晒し者となっているように思われる。というのも、あえて言うなら、我々がどんなに明証的なものに対してでも誤りを犯すようにできているのではないかという途方もない作り話という疑念は、明証性の本来のあり方に反するし、全人生の一連の経験とその整合性にも反していることは立証済みで、それで心がぐらつく人など一人もいないからである。[17] 万が一こんな疑念がまかり通ることがあったとしたなら、デカルトにとってでさえもはや抜け出すことは金輪際できない。どれほど明証的な主張がなされようとも困難にぶつかることになってしまう。これ以上は控えておくが、知るべきことは、神〔の存在〕を否定したからこの疑念が続くということではないし、神を認めたらこの疑念が払拭されるということでもない、ということである。というのも、仮に神が存在しないとしても、我々が存在し続けることが可能であるならば、我々が真理を捉えることができることに変わりはないし、他方神が存在すると認めたとしても、我々が極めて誤りやすく不完全な被造物であることが帰結しなくなるわけではないからである。特に、人間の不完全性が生来備わったものではなく恐らくは後から生じた大きな罪に起因するかもしれない。これは原罪のことで、キリスト教の神学者たちが説いているように、この悪を神のせいにすることはできない。したがって、右のような仕方で神を呼び込むのは不適切だと思われるのだが、別の観点からするならば、神に対する真の認識こそが高次の知恵の原理になっていると私は考える。なぜならば、神は万物の究極の理由であるとともに第一の原因でもあるからである。そして万物をよりよく理解するためには、それらを生じさせる様々な原因や理由によらねばならないのである。

第一四節［神について我々が抱く概念には必然的な存在が含まれているということから、神が存在することは正しく結論づけられる。］神が存在することを神についての概念そのものから導き出す証明を、[18]知られている限りで最初に見つけ出して発表したのは、カンタベリーの大司教であるアンセルムスで、その著書『愚者への反論』で行ったものである。[19]この証明法は現在まで続き、スコラ哲学の神学者たちによって度々検討されてきたし、トマス・アクィナスも論じているのだから、デカルトもそこから学び取って熱心に研究したに違いない。この推論はよくできたものではあるが、不完全である。まずは以下のように論じられる。〈あることがある事物の概念から証明できるなら、それはその事物に帰属しうるものである。ところで、最完全つまり最大な存在者には存在することが帰属しうる。それゆえ、最完全なるもの〔神〕には存在することが帰属されうる。つまり神は存在する。〉この〔論証の〕小前提は以下のように証明される。〈最完全なるものつまり最大のものはすべての美点〔完全性〕を含む。それゆえ、存在することも含む。存在することもまた美点〔完全性〕のうちに数えられ、存在することは存在しないことよりも〔美点〔完全性〕が〕多くかつ大きいからである。〉以上がこの論証である。しかし、美点〔完全性〕や大きさを除いてみると、この論証はもっと適切かつ厳密に定式化できる。〈必然的な存在者が存在する（つまり、その本質に存在が含まれている存在者、言い換えればそれ自身による存在者が存在する）ことは、言葉から明らかである。ところで神はそのような存在者である（神の定義により）。それゆえ、神は存在する。〉以上の論証が成立するのは、最も完全な存在者つまり必然的な存在者が可能であり矛盾を含まないということが承認されるときだけ、あるいは同じことだが、その本質がそこから存在することが帰結することが可能であるときだけである。ところがこの可能性が証明されないうちは、神の存在も先ほどの論証によって完全に証明されると考えるべきではない。さらに、一般的に言って、(以前にも指摘しておいたことではあるが)あるものが定義されているとしても、その定義が何らかの可能なものを表現していることが明確にされていない限りは、いかなるものもその定義から推論することはできない、ということを心得ておくべきである。なぜなら、もし定義の中に矛盾が偶々《たまたま》隠されたまま含まれていたら、その定義からは不合理なものが引き出されてしまいかねないからである。(21) こうした議論を踏まえることで、私は神に本来備わる格別な特権、つまり可能でありさえすればそのことによって存在する、という特権を学ぶことができた。しかし他の事物においては、〔可能であるということだけから〕存在を証明するには十分ではないのである。したがって神の存在を幾何学的に論証するために残っている問題は、神の可能性を幾何学的な厳密さで精確かつ厳密に論証することだけである。こうして〔存在するために〕可能性のみを要求するものであれば、その存在は大きな信頼感を得ることになる。以上とは別に、必然的な事物が存在することは偶然的な事物が存在するということからも確かめられる。

第一八節〔ここで再び神の存在が結論される。〕〈我々は最も完全な存在の観念を持っている、そしてそれゆえその観念の原因(つまり最も完全な存在者)は存在する〉という推論はデカルトの二番目の〔神の存在の〕論証だが、これは神の可能性〔による論証〕よりもずっと疑わしく、神は単に可能であるのみならず存在してもいるということを力説している多くの人々によって否定されている。デカルト自身がどこかで述べていたと記憶するが、我々はある事物について話しているときに、自分が述べていることを理解しているつもりでいても、その事物の観念を持っていることにはならない。というのも、我々はしばしば共存できないもの同士を結び付けてしまうことがあるからである。例えば、最高速度のことを考えるとき、これは不可能であり、それゆえそれについての観念はないにもかかわらず、我々は理解して話をしているつもりになっている。これは私が以前明らかにしたことだが、(22)我々は自分が話していることについて雑然と考えているだけであり、事物について理解して十分に解明しきるのでない限り(23)はその観念が精神の中に存在していると自覚することにはならない。

第二〇節〔我々は我々自身によってではなく神によって作られたので、それゆえ神は存在する。〕第三の論証もまた負けず劣らず深刻な問題を抱えている。ここでは次のように想定されている。〈我々には神の最高の完全性の観念がある。それゆえ神は存在する。なぜなら我々はその観念を持つものとして存在しているからである。〉

第二一節〔我々の存在が持続的であることだけで、神の存在の証明には十分である。〕我々が現在において存在しているということからは、変化の事情がなければ、この次の瞬間においても存在している、ということが帰結する。したがって、神の善意なしには我々は存在し得ることがないと主張するのでもない限り、我々が持続して〔存在して〕いるということから神の存在を引き出すことはできない。というのも、持続の一つの部分が他の部分から完全に独立している、などという考えには同意すべきではないからである。(24)

第二六節〔無限については論じるべきではなく、単に終点に達することのないもの、例えば世界の延長、物質の諸部分の可分性、恒星の数などは無際限として考えるべきである。〕我々は有限ではあるが、それであっても無限について多くのことを知ることができる。例えば漸近線は無限に延長して互いに常に接近するものの決して交わることがないということ、長さが無限な空間でも面積が有限な空間の面積よりも大きくはないこと、(25)無限級数の和など、がそうである。さらにまた、我々は神についていかなることも確実に認識してはいない。しかしながら、ある事物について何ごとかを知っているということと、その事物を把握しているということは別のことである。(26)把握するというのは、その事物の中に潜んでいるものを自分の手中に収めるということである。

第二八節〔検討すべきなのは、被造物の目的因ではなく作用因である。〕神が提供したさまざまな目的について、その目的が神に由来するものであると〔我々が〕認識できること、またその探求は極めて有益なものであることを私は確信している。この目的の探求を侮る人は窮地に陥り疑念を払拭できなくなる。一般的に言って、あるものが見事なまでに有益であると考えられるなら、それは神がその事物を生み出す際に有益なものを生み出すという目的を立てたことによるからだと我々は堂々と宣言することができる。神はそれが有益であることを知っていてそのように計らったからである。私は他のところでも触れ、例を挙げて示しておいたことだが[(27)]、物理学上極めて重要でありながら隠されたままでいた真理が目的因を考慮に入れることによって発見することができた。これは作用因によってでは同じようにたやすく知り得なかったことである。

第三〇節〔以上から、我々が明晰に知覚するものは真であり、先に検討された諸々の疑いは取り除かれることが帰結する。〕実体が完全でありそれが決して不完全性〔欠陥〕の原因とはなっていないということを認めたとしても、真偽を疑うためにデカルトが導入した理由がそれで払拭されるわけではない。このことについては第一三節で既に述べた通りである。

第三一節、第三五節〔三一　我々が誤りを犯すとき、神に関わる場合には否定にすぎないが、我々自身に関わる場合には欠如である。三五　意志は知性よりも広く働くために誤りの原因となっている。〕誤謬は知性によりもむしろ意志に依存しているという〔デカルトの〕考えに私は同意しない。真である事柄を信じることと偽である事柄を信じること、前者は認識することであり後者は誤ることであり、それはまた表象や理由を意識しているか記憶しているか、ということに他ならないのだが、いずれにしても意志には依存していない。ただし我々の未熟さもあってか見当外れの仕方で考えを巡らせた挙げ句、見たいものを見ているということもないわけではない。このことについては第六節の議論を付け加えておく。結局のところ、我々は意志するから判断するのではなく、自分にそのように見えているから判断するのである。意志は知性よりも広いと言われるが、私に言わせれば、「民衆に阿《おもね》った」(28)言い回しである。我々は知性に見守られない限り意志することはない。あらゆる誤謬は、言わば算術計算をする人に見られる誤謬と同一の源泉から生じる。(29)というのも、しばしば注意力や記憶力が足りないために、してはいけない事をしてしまったり、しなければならない事を怠ったりしてしまうし、まだ済ましていない事を済ましたつもりになったり、すでに済ました事を済ましていないと思ったりするからである。こうして、計算をする際(精神の中では推論がこれに対応する)に、必要な記号を置き忘れるとか、不要な記号を置いてしまうとか、計算の結合の際に何かを飛ばしてしまうとか、手順を誤るなどしてしまう。我々の精神も、疲れていたり集中力が欠けていたりする場合には、自分が直面する仕事に対して十分に取り組むことができないこともあるし、記憶が朧《おぼろ》げな場合には、何度も教え込まれただけのことや、自分で固く思い込んでしまっていることや、ひたすら切望していたことが、ずっと前から自分の精神の中に留《とど》まっていたために、まるでそれらがすでに証明されたことであると思い込んでしまうことがある。我々が犯す誤謬への対処法は計算間違いに対する場合と同じである。内容や形式に注意すること、落ち着いて進むこと、仕事をやり直すか別の仕方でやってみること、点検や検証の手順を定めること、推論が長くなる場合には分割して一息入れてから、部分ごとにそれぞれに見合う検証をして〔全体の〕論証を固めることである。また、急いで実行に移さなければならないようなこともしばしば起きるので、大事なことは、普段から沈着冷静に事に当たるように心掛けることで、あたかも、混乱のさなかにあってしかも対処法も定められていないときにそれでも無数のことを計算に入れることができる人のように振舞うことである。こうして人の精神は外的な感覚やそこから引き起こされる想像や感情にたやすく惑わされることがなくなり、自ら取り組む対象を高所から見ることとなり、気付く力、つまり俗に言う自分の胸に訊く力を獲得することになる。そして自分自身に次のように言うことができるようになる。「汝が為すことを見よ、何ゆえそうなのかを述べよ、時は去りゆく。」つまりは外部の助言者の立場からである。ドイツ人はこのことを sich begreiffen と巧みに表しているし、フランス人も劣らず見事に s'aviser と表現している。(30) いわば「自分自身に忠告する、自分自身に提案する」ということである。それはちょうど、〔古代〕ローマの公職志願者〔である主人〕に対し面識を得ておくべき市民の名前と功績を知らせる名告げ奴隷[31]のようであり、〔マケドニアの〕ピリッポス王に「あなたは死すべき人であることを忘れるな」と言ったある青年のようであり[32]、あるいは長く続く台詞の出だしの言葉を喜劇役者に知らせるプロンプターのようである。しかしながら、ここで言う気付く[33]〔という働き〕は我々の〔行動〕力にはないし、自由意志にあるのでもない。それはまずは知性において生じるものでなければならないし、我々の現在の完成度に依存するものでもある。意志の役割は、なすべきことを有効になすために精神が予め十分に準備しておくようにと全力で差し向けることにある。これに際しては、他人の経験、損害や危険を考慮し、また自分自身の経験や危険も役立てるが、〔なるべく〕危険がないようにするか、あっても軽くてダメージが少ない程度とし、さらに事柄の一連の流れと方法を考えるように精神を習慣づけることが有益で、こうすることでやがては、なすべきことがあたかも自発的になされるように生じることとなる。とはいえ、〔我々の〕過失がなくても実行しないでしまうようなこともある[34]。そのようになるのは、我々の判断力の不足によってではなく記憶力や知力の不足によるのであり、これは誤謬というよりは無知なのだが、この問題はここで論じるべきことではない。なぜなら、意志すること〔のすべて〕を知っているとか覚えているなどということは我々にできることではないからである。注意力の不足に対処するための一種の反省力さえあれば十分である。そして過去の証明を思い出すにつけ、それが役に立たないものであったなら、思い出し方が雑然としているのだと疑ってかかり、もしできることなら探求をやり直すことも重要だし、あるいはこれまで十分に吟味した証拠だけを信用するのもよい。

第三七節〔人間の最高の完全性は、自由につまり意志によって行為することで、これゆえに賞罰に値することになる。〕人間の最高の美点〔完全性〕(35)は、自由であることにだけではなく理性に従って行動することにもある。あるいはむしろ両者は同じことで、自由であればあるほど、理性の使用は感情からの影響を受けなくなる。

第三九節(36)〔自由意志があることは自明である。〕自由は我々の意志の内にあるのかと問うことは、意志は我々の意志の内にあるのかと問うことと同じである。自由であることと意志的であることは同じことを意味している。なぜなら、自由であることは理性をもって自発的であることであり、意志することは知性によって捉えられた理由(37)に沿って行動するように仕向けられることだからである。しかし理性は、より純粋なものとなるにつれ、粗野で雑然とした表象から生じた衝動が入り込むことは少なくなり(38)、それだけますます行動は自由となる。しかし判断を差し控えるのは我々の意志の役割ではなく、自らに反省的批判を促す知性の役割である。このことはすでに第三五節で述べた通りである。

第四〇節［すべてが神によって予定されていることもまた確実である。］ある人が、神はすべてを予め決定すること、そしてそれでもなお自由であることを考え、しかしこの二つの主張は互いに対立することがわかると、そこから答えることができるのはただ、その人自身の精神が有限でありそのため理解できないのだ、としたならば、そしてそのような考え方はデカルトが認めているものでもあるのだが、それは私に言わせるならば、結論には答えているようには見えていても議論に対して答えるものではなく、［ゴルディオスの］結び目を解《ほど》かずに断つものである。(39) 問われているのは、この問いそのものをあなた(40)が引き受けるかということではなく、むしろ私が示した問題に対してあなた自身が不合理であると認めるかということである。確かに、信仰の秘密においてでさえ矛盾があってはならない。ましてや自然の秘密においてはなおさらそうだ。したがって、もしあなたが哲学者を自任するならば、あなたの主張の中に真実がいくつかあるとしても矛盾も含まれていることをあなたは再確認し(41)、それが過誤であることも認めることになる。このことは、あなたが誤謬を犯していたのでない限り、常に可能であることは確かなことだ。(42)

第四三節、第四五節、第四六節［四三　明晰判明に認識されたことにだけ同意していれば我々が誤ることは決してない。四五　明晰な認識とは何か、判明な認識とは何か。四六　痛みの例で考えるなら、認識は判明でなくても明断であり得る。しかし明断でない認識が判明であることはない。」次のことはすでに別のところで注意を喚起していたことだが、(43)明断かつ判明なものだけを承認すべしとした、あの褒めそやされた規則は、明断や判明の概念をデカルトが与えたもの以上に改善しない限りは、それほど使いものにはならない。それよりはアリストテレスや幾何学者たちの規則の方が優れている。これは、〔最初に置く〕原理（第一真理や仮定）を別とすれば、正当に証明された論証以外は認めないというものである。正当に、というのは、形式的にも内容的にも過誤の懸念がないということである。内容的過誤とは、原理に基づいて正当に証明された論証以外に、さらに何かを承認するものである。一方、形式的に正当ということで私が理解しているのは、通常の三段論法の形式だけではなく、さらに、それ自身の成り立ちからしてあらかじめ結論付けられているような別の種類の形式、例えば算術や代数の演算の形式、簿記の形式、さらにはある程度は法廷の進行形式も該当する。なぜならこれらの場合に我々は時々、ある程度の真らしさの度合いに応じて行動することで満足しているからである。とはいえ、論理学の一部として探求しなければならないことがまだ残っている。それは蓋然性(44)の程度を評価する論理学で、実生活には極めて有益である。だがこれについては手短に済ますわけにはいかない。なお、形式については後の第七五節で示す。

第四七節、第四八節〔四七　幼少期の先入見を正すためには、単純な概念の一つ一つについてそれが明晰であるかどうかを考察しなければならない。四八　我々の認識に入ってくるものはすべて、事物、あるいは事物の状態、もしくは永遠真理とみなされる。そして事物の列挙。〕誰であったか（多分コメニウス[45]）すでに正鵠を射た批判をしていたが、デカルトは第四七節ですべての単純概念をまとめて数え上げると約束していたのに、続く第四八節では我々を見放し、いくつか〔の単純概念の〕名を挙げた後に「そして同類」、あるいは同じことだが「その他」と付け足〔すだけだ〕し、しかも名を挙げられたものの大部分は単純でもない。この点での探求は人々が思う以上にはるかに重要である。

第五〇節〔それら〔永遠真理〕は明晰に認識されるが、先入見があるために、すべてがすべての人に認識されるとは限らない。〕十分に単純な真理ではあっても人々の予断によって承認されないでいる場合には、もっと単純な真理によって証明することが望ましい。

第五一節〔実体とは何か。またこの〔実体という〕名称は神と被造物とには一義的に適合しない。〕実体の定義として、〈存在するためには神の協力のみを必要とするもの〉とされるが[46]、一般に広く認められた解釈から外れない限り、我々によく知られた被造実体でこの定義に合うものがあるかどうか、私は知らない。なぜなら、我々は〔ある実体を定義する際に〕他の実体を必要とするだけではなく、むしろそれ以上に我々が有している偶有性をも必要とするからである。こうして、実体と偶有性とは互いに必要としあうので、実体を偶有性から区別するためには別の指標が必要となる。その指標の一つは、実体は何らかの偶有性を必要としているということが言えるだろう。とはいえ実体は一つの決められた偶有性を必要としているのではなく、それが除かれた時には別の偶有性がその欠を埋めれば十分であることが多い。一方偶有性は、一般に何らかの実体を必要としているだけではなく、ある実体に一旦内属することになった偶有性はその実体を変更することがないような仕方で必要とすることになる。とはいえ、実体の本性についてはもっと重要な問題があり一層深い議論を必要とするので、改めて論じなければならない。

第五二節〔精神と身体には〔実体という名称が〕一義的に適合する。そしてそれらはどのようにして認識されるのか。〕どの実体にもその本質を表現する重要な属性が一つあると私は考えているが、(47)わずかな言葉だけで説明ができるかどうか私にはわからない。さらに、物体的実体に共通な本性を延長が構成しているという主張も、私の見るところ多くの人が確信しているが、決して証明されてはいない。確かに運動や作用あるいは抵抗や受動は延長から派生しないし、物体の運動や衝突において観察される自然法則は延長の概念だけからは生じない。この点は私が別のところで主張した通りである。(48)しかも延長の概念は原初的ではなく、〔他の概念に〕分解可能である。なぜなら、延長には、多数のものが同時に存在する連続的な全体がなければならないからである。(49) この点をもっと詳しく述べるなら、延長の概念は相対的なもので、そこには延長して連続している何か、例えばミルクにおける白さのようなもの、つまり物体においてその本質をなしているもの(50)が必要なのである。(それが何であれ)その反復が延長である。この点で私はホイヘンス(この人の自然学分野や数学分野での見解を私は高く買っている)に全面的に同意する。彼は空虚な場所と単なる延長とは同じ概念だとしている。私も、可動性や[抵抗]Gそのものは延長によるだけでは理解できず、延長の基体として、場所を構成するだけではなく充実させるものから理解すべきだと考えている。

第五四節[我々はいかにして、思考する実体、物体的実体、そして同じく神について明晰で判明な概念を持つことができるか。] 我らが著者[デカルト]やその信奉者たちは、〈思考する実体は延長せず、延長する実体は思考しない、それゆえ同じ基体において[思考と延長の]一方の属性が他の属性を必要とすることはなく、他を伴って存続することもあり得ない〉、と主張するが、このことがこれまで完璧に証明されたという記憶は私にはない。また、『真理探究論』の著者(51)(この人からは少なからぬ卓見を得ている)が的確に批判したように、デカルト主義者たちは思考についての判明な概念を全く示していないし、その概念に含まれているものを明らかにすることがなかったのだが、これまた驚くべきことではない。[52]

第六〇節、第六一節〔六〇　区別について。はじめに実在的区別について。六一　様態的区別について。〕ある様態と別の様態との間にある区別が実在的であることを否定するのは、広く認められた言葉の用法を必要もないのに変えることである。というのも、これまでも様態は事物であると考えられ、例えば球状の蜜蠟《みつろう》が四角い蜜蠟と異なるように、〔様態は互いに〕実在的に異なるものであると見なされてきたからである。ある形から別の形になることは真の変化であり、それゆえそこには実在的な基礎があることになる。

第六三節〔思考と延長はいかにして、それぞれ精神の本性を構成するものと物体の本性を構成するものとして、判明に認識され得るか。〕思考と延長をそれぞれ思考する実体あるいは延長する実体と理解するのは、正しくないし、可能でもない。このような小細工は訝《いぶか》しいもので、疑わしいものを偽だと見なすべきだとしたやり方と通じるところがある。ものごとをこのようにねじ曲げて考えると心は頑《かたく》なになり屁理屈を捏《こ》ねる羽目になるものだ。

第六五節から第六八節まで〔六五　それらの様態もまたいかにして認識され得るか。六六　感覚、感情、欲求は、我々はそれについてしばしば間違った判断をするが、いかにして明晰に認識され得るのか。六七　痛みの判断においても我々はしばしば誤る。六八　こうしたものにおいて、我々が明晰に認識しているものを、誤り得るものからいかにして区別すべきか。〕デカルトは古代の人々に倣い、熱や色やその他の現象が我々の外にある何らかのものだと見なす我々の偏見を根こそぎ封じようと邁進したが、これは有益なことであった。実際に、いま手で触れてとても熱く思えるものも同じ手で触っているのにやがてさほどではないと感じられるようになることがある。また、粉末の混合物を緑と見ている人が拡大鏡を用いて同じものを見るともはや緑とは見えず、黄色と青色の混合物だけがあることを認め、さらにもっと強力な器具や別の実験や推論を重ねることで、これらの〔二つの〕色が原因であることを認めることができるようになる。以上から、我々の想像力に現われるイメージ以外には意識の外に現われるものなどない、ということが明らかになる。子供たちは虹の端が地面と接するところに金の壺があると信じてそれを探しに走っていって結局は無駄に終るが、我々〔大人〕も普段はそのようなものだ。(54)

第七一節から第七四節まで〔七一　誤りの主な原因は幼少期の先入見から生じる。七二　誤りの第二の原因は、我々が先入見を忘れることができないことにある。七三　第三の原因は、感覚に現前していないものに注意を向けることに疲れ、それゆえそれらについて、現前している知覚によってではなく予断をもった見解に基づいて判断することに慣れてしまっていることにある。七四　第四の原因は、我々の概念を、事物に正確に対応していない言葉に結びつけることにある。〕誤謬の原因については、すでに第二一節、第三五節で十分に述べた。そこと同じような説明をここでもすることができる。幼少時に得た偏見は論証されていない推定に根差しているからである。さらに疲労が注意力を減退させ、用語の曖昧さが概念の誤用を引き起こし、形式的な間違いに至ることもある。ドイツの諺にあるように、計算をするときにVと書くべきところをXと書いてしまうこともあるし、薬剤師が処方箋にsanguis draconis〔竜血〕とあるのにsandaraca〔鶏冠石〕と読んでしまうこともある。(55)

第七五節〔哲学的に正しく思索するために守るべきことの要約。〕古代の人々に対しても公平に敬意を表すべきであり、彼らの功績を悪意ある黙殺で埋もれさせてはならない。そのような黙殺は我々自身にとっても有害である。アリストテレスがその著書である論理学で説いたことは、発見にとっては十分でないとはいえ、(56)判断を下すためには概ね十分である。重要なのは、人間の精神が一種の数学的な規則にいつも従っているような仕方で結論を引き出すようにすることである。加えて、以前に指摘していたことだが、重要な問題で誤謬推論に陥っている人は論理的な形式で間違いを犯すもので、これは一般に思われているよりははるかに頻繁に起きてしまう。したがって、あらゆる誤謬を避けるために何より必要となるのは、どれほど平凡な論理的な形式であってもそれを辛抱強く厳格に用いることなのである。ところが(57)複雑な事柄となると、往々にして一筋縄ではいかないので、実践に関わる学問や実際の問題に即した一種の特別な論理学を導入することになる。この論理学は一般的な規則によって予め証明されている必要があるものの、課題に特有の性質に寄り添うものである。エウクレイデスは、比の転換、合成など[58]についてまさしくこうした仕方でいわば自らの論理学を扱った。彼はこの問題をまず『原論』のある箇所[59]で証明した上で、次に幾何学の全体を統制したのである。こうすることで、簡潔かつ安全に対処できることになる。学問がこうした方向性で進めばそれだけ一層前進する。ここには第四三節以下で形式についてなされた論証に示しておいたことを付け加えておいてもよい。このことは普通に思われる以上に広範に及ぶのである。

第二部　［物質的な事物の原理について］

第一節［一　物質的事物が存在することは、どのような理由で確実に認識できるのか。］デカルトは物質的事物が存在することを証明しようと努めたが、その論証は脆弱で、このような試みならしない方がまだましだ。その論証の要点は次のようなものである。〈我々が物質的なものを感覚的に知ることの理由は、我々の外にある。それゆえ、その理由は神か、神以外のものか、あるいは物質的なものそのものかにある。だが神にあるのではない。というのも、もし物質的なものが存在しないとしたら神は欺く者になってしまうからである。また、神以外のものにあるのでもない。〉この点を［デカルトは］証明し忘れている。〈それゆえ、物質的なもの自身にあることになる。したがって、物質的なものは存在する。〉これに対しては、感覚内容は神とは別のものに由来することもあると答えることができる。神は、何らかの大きな理由のために別の種類の悪を容認するので、我々が欺かれることがあってもそれを神は容認できるし、そのことで神が詐欺師呼ばわりされる筋合いもない。(61)とりわけ、それで我々に害が及ぶこともないし、むしろ誤りを犯さないことの方が我々にとって不利益を被ることにもなりかねないからである。さらに言うなら、〔もう一つの〕論証の可能性を無視したという点で〔デカルトは〕誤りを犯している。その論証とは、〈感覚内容が神かそれ以外のものに由来するのは確かだとしても、それでも〈感覚内容をもたらす原因について、その原因が我々の外にある実在的な対象にあるのかという点での〉判断と、そしてそれゆえ〔我々が〕欺かれるということとは、いずれも我々自身から発している〉というものである。同じようなことが、色やその他同様のもの〔感覚内容〕を実在的な対象とみなしているときにも生じる。そしてまた〔人々の〕魂は、かつて罪を犯したために、欺きに満ちたこの世を生きるように断罪される羽目になり、実物の代わりに影を追い求めている。プラトン主義者たちも恐らくは同様の見解を臆することなく述べていた。彼らはこの世をモルペウスの洞窟の夢の如きものと見て、〔人間の〕魂はこの世にやって来る前に記憶を失わすレーテーの水を飲み干して気を失ったと考えた。詩人たちもそのように歌っていた。

第四節〔四　物体の本性は、重量、固さ、色その他同様のものにではなく、ひとえに延長にのみ存する。〕デカルトは、物体の本質は延長にのみあることを証明しようとし、その際に他の属性を数え上げて除外したという。しかし十分に数え上げたと主張すべきであった。だが結局は〔延長以外の〕すべての属性をすっかり除外できるものではないことになる。実際のところ、原子つまり最高に固い物体〔の存在〕を認めている人は、固さとは手で押されても撓《たわ》まないことではなく、形を維持することだとした。一方、物体の本質を抵抗つまり不可入性と考える人は、物体の概念は我々の手や感覚から得るのではなく、ある物体がその場を退《ど》こうとしない限りは他の同類の物体に場所を譲らないことから得るとした。そこで次のように考えてみよう。ある立方体〔正六面体〕があるとして、それとそっくり同じような六つの別の立方体が同時に同じ速度で最初の立方体〔の各面〕に衝突し、どれもがその一つの面が取り囲まれた立方体の一つの面とぴったりと重なるとしよう。すると、その取り囲まれた立方体は、可塑体と考えようと剛体と考えようと、それ自体も、またその各面も、場所を移動することはできなくなる。例えば、その中央の立方体が可入的な延長体であると考えるなら、その時、集中してくる六つの立方体は〔剛体であれば〕それぞれの縁《へり》で互いに押し合うことになる。ところがそれら〔の六つの立方体〕が可塑的なら、その部分が中央で取り囲まれた立方体の場所に押し入ることは差し支えなくなる。こうすれば、固さと不可入性との違いが理解できる。デカルトは、固さと同じ位に不可入性にも留意しておくべきだったのである。

第五、六、七節〔五　希薄化や真空についての先入見は、物体のこの〔延長という〕本性を曖昧なものとする。六　希薄化はどのようにして生じるか。七　それ以外では、希薄化を理解できるように説明できない。」デカルトは、物質間の真空の存在や物質の部分の量の変化などを認めなくても、我々が感覚で知覚するような希薄化と凝縮が生じ得るということを見事に説明した。

第八節から第一九節まで「八　量と数は、量的な事物や数的な事物から思考の上でのみ区別される。九　物体的実体がそれ自身の量から区別される時には、単に非物体的なものとして混乱した仕方で捉えられている。一〇　空間、すなわち内的な場所とは何か。一一　それ〔空間〕はいかにして、物体的実体と実質的に異ならないか。一二　それ〔空間〕はいかにして、捉えられ方によって異なるか。一三　外的な場所とは何か。一四　いかなる点で、場所と空間とは異なるのか。一五　外的空間はいかにして、周囲をぴったり囲む物体の表面として考えられるか。一六　内に一切何も存在しないような空虚が存在することは矛盾である。一七　通俗的な意味での空虚はすべての物体を排除しているわけではない。一八　絶対的なものとして考えられた空虚についての先入見は、いかにして正すべきか。一九　以上のことから、希薄化について述べてきたことが確かめられる。」真空〔の存在〕を認める人々の多くは、空間を実体として捉えている。しかしデカルト派の議論ではこれに反論することはできない。この論争に決着をつけるためには別の原理が必要となる。空間を実体として捉えている人々は、事物について言われるべき量や数が事物なしにも存続するとは認めないだろうが、空間もしくは場所が物体の量であることは否定するだろう。むしろ空間は量を有している、つまりそこを占めている物体と等しい容量としての量を有していると考えている。デカルトは、空間すなわち内的な場所が物体の実体とは異ならないということを主張すべきであったのだ。(69) それに対し、人々が普通に持っている考え方に沿って考える人は、ある物体が別の物体と場所を交代するということは、先の物体が放棄した場所と同じ場所、同じ空間に入り込むことだと判断する。だがこの考え方も、空間が物体の実体そのものと一致するのであるならば成り立たない。しかし、たとえどこかの位置を有することあるいはどこかの場所に存在することが物体にとっては偶有的であるからといって、場所そのものが物体の偶有性になると認めることにはならない。それは、〔他の物体との〕接触が偶有的であるからといって触れられたものまでも偶有的となるわけではないのと同じことだ。ところがこの点でデカルトは、私の見るところ自分の考えを十分に論証しようとはせず、むしろ論敵への返答に専心していたが、これはこれでうまくいっていた。彼はしばしばこうした技量を論証の代わりに用いている。しかし我々はそれ以上のことを期待していた。むしろ恐らくは、期待せざるを得ないのであろう。無が延長を持たないのは明白なことで、これこそがまさしく、空間を何やら怪しげなものと考える人々への反撃となっている。ところが空間を実体と考える人々にはこの議論は通用しない。デカルトが延長実体はすべて物体であ

ると想定していたことをもっとしっかりと論証していてくれていたなら、反論となっていたはずだった。(70)

第二〇節〔二〇　また以上のことから、原子が存在し得ないことも証明される。〕著者〔デカルト〕は原子〔説〕に対して十分に論破しているようには見えない。原子説を擁護する人々は、原子は神の力によって分割されるのと劣らず〔人間の〕思考によっても分割が可能だと認めている。はたして、自然の力によっては歯が立たないほどの堅固さを持つ物体(これこそがまさしく彼らの言う原子の概念である)が自然に存在し得るのか、という問いに対して、デカルトは(驚くべきことに)ここでは一顧だにしていない。ところがその同じ箇所で原子〔説〕は打ち負かされたと称し、その全著作においても証明済みとしている。(71)原子については、このあと第五四節において、もっと述べることとする。

第二一、二二、二三節〔二一　同様に、世界は際限なく延長していることも〔証明される〕。二二　同様に、天体の物質と地上の物質とは同一のものであること、また複数の世界は存在し得ないことも〔証明される〕。二三　物質の変化つまり物質の形態の多様性は運動に依存している。〕〈世界が延長という点で一切限界を持たず、それゆえ唯一の世界しか存在し得ず、物質の全体は至るところで均質であり、運動によってのみ、それゆえ形によってのみ区別ができる〉、という〔デカルトが主張する〕ことは、(72)延長しているものと物体とが同じであるという命題の上に築かれているが、この命題は万人に認められているものではないし、著者〔デカルト〕が証明しているわけでもない。(73)

第二五節〔二五　本来の意味として考えられた運動とは何か。〕もし運動が接触の変化もしくは直接的近接の変化に他ならないとするなら、どのようなものが運動しているのか、決定できなくなる。というのも、同じ現象が天文学者の間で異なる仮説によって説明されるのと同様に、接近していたり互いの位置関係を変化させたりしている二つの〔物体の〕うち、どちらが本当に運動をしているのかということは、どちらでも常に差し支えないからである。(74)そこで、その両者のうちの一つを任意にとり、それが静止しているものとするか、あるいは一定の速度で一定の方向に動いているとすれば、もう一つ〔の物体〕が動いているか静止しているかは、幾何学的に決定でき、所定の現象が出現することになる。したがって、もし運動にはこのような相対的な変化以外にはないとするならば、なぜ一方には運動を与えるべきであり他方には与えないのかという理由が自然の中にはなくなる。ここから帰結することは、本当の運動などなくなるということであろう。そういうわけで、何かが運動していると言えるためには、他のものに対する位置が変化しているというだけではなく、さらに、変化の原因、力、作用がそのもの自身になければならないのである。

第二六節〔二六　静止よりも運動の方が大きな作用を必要とするというわけではない。〕前の節で述べたことからわかるのは、デカルトが物体においては静止のみならず運動にも作用が不要だと述べたことには賛成できないということである。静止している物体が、他の諸物体が衝突しても静止したままでいるためには、力が必要であることは明白である。しかしその力は静止している物体の内にはない。なぜなら、周囲の諸物体そのものがそれ自身の運動力で相互に抵抗し合っていて、その結果、静止している物体は最初の位置に留まらざるを得なくなっているからである。(75)

第三二節〔三二　一つの物体に対して運動は本来一つだと考えられるが、どのようにして多数あると考え得るのか。〕運動の合成の問題に取り組んだ人々として我々の時代にまで知られている著者たちの中で最初の人は、螺旋を研究していたアルキメデスである。(76)この運動の合成を用いて〔光線の〕入射角と反射角が等しいことを説明したのは『ウィテロ歴代誌』を著したケプラーであった。(77)ここで彼は斜角運動を垂直運動と水平運動に分割した。そしてこれを引継いで屈折光学にも同じように用いたのがデカルトであった。しかし、物理学と力学において運動の合成を存分に用いた最初の人はガリレオであった。(78)

第三三、三四、三五節〔三三　すべての運動において、諸物体から成る全体的円環運動がいかにして同時に起きるか。三四　ここから、物質が実際に限りなく分割されることが帰結する。ただしそのことは我々には把握できない。三五　この分割はどのようにして生じるのか。そしてこのことは、我々には把握できないけれども疑うことはできない。〕ここでデカルトが述べていること、つまり充満した場所の中にある運動はすべて円環運動を含むこと、そして物質は場所によっては現実にどこまでも分割されていること、これをデカルトは実に見事に述べていて、それは彼の才能にふさわしいものである。ところがこの最後の結論の重要性に対しては彼自身が十分に検討したように私には思えない。(79)

第三六節〔三六　神は運動の第一原因であり、宇宙において常に同一の運動量を保存する。〕万物において同一の運動量が保存されるということは、デカルト主義者たちの最も有名な考え方である。ところが彼らがそれを証明したとは言えない。というのも、神の一貫性を根拠とする議論が弱々しいことは誰の目にも明らかだからである。加えて、たとえ神の一貫性がこの上ないものであり、これまで引き続いていた一連の法則に従うことなくしては〔神によって〕何ものも変えられることがないとしても、(80)神がこの系列の中で何を保存しようとしていたのかは問われてよいことである。それは運動の量なのか、はたまたそれとは異なる別の何ものなのか。後者は力の量であり、むしろこれこそが保存されるものとして私が証明したもので、運動の量とは異なるものである。そして、運動の量は変化しても力の量は常に存続しているということがしばしば生じる。この問題に対して私がどのような論証で解決を与え、さらに反論に対しても自説を擁護したかということは、別の著作で供覧に付している。[81] とはいえ、この問題は極めて重要なので、私の考察の出発点について例を挙げながら、かいつまんで説明しよう。二つの物体があるとする。[82][83] Aは重量が4で速度が1、Bは重量が1で速度が0、つまり静止している。[84] ここでAがBに向かって全力で移動してAは静止し、その代わりBだけが動かされるとしよう。デカルト主義者たちは、Bは速度4を得ると答えることだろう。なぜなら、速度1で重量4〔の物体〕は重量1で速度4を産み出すことになるので、最初の〔Aの〕運動量と今度の〔Bの〕運動量が等しくなるからである。つまり、物体の速度が増加すれば重量が減少していたことになる。これに対する私の返答は、速度4で〔重量が〕1の物体Aと同じだけの力をもつことになるのだから、〔重量が〕1の物体Bは速度2を得るのでなければならない、というものである。このことを私が何の理由もなしに述べていると思われないように、その理由をなるべく簡潔に説明しよう。ここでは、Bが得ることになる力は、Aが以前に有していたのと同じだけの力である、つまり、現在の力は以前の力と等しいということである。これは証明のしがいがある。もっと深く掘り下げ、正しい計算方法を説明したい(これこそまさに普遍的な数学の仕事ではあるが、これまでのところまだ導入されてはいない)。まず初めに、一個の大きさの力が二倍、三倍、四倍と正確に繰り返されるなら、力の大きさは二倍、三倍、四倍となる。そうすると、重量と速度が同じ二つの物体が一つになれば二倍の力をもつことになる。しかしだからといって、一個の物体が二倍の速度を得たとして、それが速度一の物体一個に比べて、得る力の大きさは二倍だけだということにはならない。なぜなら、ここでは速度が倍加されてはいるものの、物体の本体までもが二倍になっているわけではないからである。つまり、初めの一個の物体の代わりにその二倍の重量の物体あるいは〔重量が最初のと同じ〕二つの物体が〔どちらも〕同じ速度を得た場合とは異なるからである。後者の場合では、一体化した二つの物体はその大きさも運動も繰り返されているだけである。同様にして、水平面から高さ一ペデスに上げられた重量一リーブラ(85)の二個の物体は、事物としても力としても、同じ高さに上げられた一個の物体の正確に二倍である。そして、同じような弾力をもった二つの物体はそれらが一個の時の二倍の弾力をもつ。しかし、一の力をもっている二個の物体は互いに全く同質ということはなく、今述べたような仕方で互いに較べたりそのものの事物や力の点で共通となるような尺度を持ち出すこともできないので、それらが産み出す同質の結果あるいはそれらの原因を比較するという回り道をして検討しなければならない。というのも、いかなる原因もその結果全体と等しいだけの力、つまり原因が自らを消費しつつ産み出す結果と等しいだけの力をもっているからである。したがって、上述のような二つの物体があるとして、Aは重量が4で速度が1、Bは重量が1で速度が2とすると、それだけでは正確な比較ができないし、両者を共通の単位の反復の産物とすることができるような単位を設定することもできないので、両者の結果を調べてみよう。まず、両者ともに重量のあるものとする。その上で、Aは〔落下後〕方向を変えて上に進むものとし、それが速度1で高さ1ペデスにまで上昇できるとすると、Bは速度2で4ペデス上昇することができる。これはガリレオその他が証明した通りである。(86) どちらの場合も、結果は力を余すところなく消費し、それゆえその結果を生み出した原因に対して等しいものとなっている。しかしこれらにおける結果は潜在的な力として互いに等しい。つまり、4リーブラの物体Aを1ペデス上げることは、1リーブラの物体Bを4ペデス上げることと等しい。それゆえ、4〔リーブラ〕で速度1の物体Aの原因と1〔リーブラ〕で速度2の物体Bの原因は、潜在的な力として等しいことになる。以上が私の主張したことであった。しかし仮にこれに異を唱え、4リーブラの物体を1ペデス上げるのと1リーブラの物体を4ペデス上げるのに必要な力は同じ、つまり両者の結果は釣り合っているということ(このことは恐らく誰もが認めていることだが)を否定する人がいたとしても、同じ原理で論駁することができる。例えば〔支点からの〕竿の長さが両側で異なる天秤があるとして、〔支点から〕4ペデスのところに1リーブラを吊り下げれば、〔反対側の1ペデスのところにある〕4リーブラを1ペデス持ち上げることができる。この結果は原因となる力をちょうど消費している。それゆえ、この結果は原因となる力と潜在的に等しいのである。以上をまとめよう。もし〔重量が〕4で速度1のAがそれ自身のすべての力を〔重量が〕1のBに引き渡すとするならば、Bは速度2を得るのでなければならない。あるいは結局は同じことだが、もし初めにBが静止していてAが運動していたのに、今度はAが静止しBが運動するならば、〔他の事情が同じままだとして〕Aそのものの重量は四倍なのだから、Bの速度は二倍になっているのでなければならないのに、俗説に従って、もしB〔の重量〕がAの四分の一、つまりAの重量の四分の一に等しければ〔BはAの〕四倍の速度を得ることになり、〔機械的な〕永久運動(87)を得て、原因よりも大きな結果を手にすることになるだろう。なぜなら、最初はAが動いていて4リーブラで1ペデス上がるか、あるいは1リーブラで4ペデス上がるだけなのに、その次に1リーブラのBは16ペデス上がることになってしまうからである。そもそも、上がる高さはその高さを得るのに必要な速度の二乗なのだから、速度が四倍になれば高さは一六倍になる。ところが俗説によれば、Bそのものの働きによってAが再び1ペデス上がりそれによってBが最初の速度で再び下がるだけではなく、もっと多くの結果が生み出されることになってしまうからである。これこそ機械的な永久運動をもたらすもので、最初に与えられた力以上のことが生み出されることになる。たとえAそのものの力がすべてBに移動するというこの仮定が現実には成り立ち得ないものであるとしても、事柄に違いはない。なぜなら、ここで問題となっているのは正しい算定であり、その仮定からBがどれだけの量を受け取ることになるかということだからである。さらに力の一部分が残って他の部分だけが移動するとしても、やはり同じ不合理が必ずや生じる。なぜなら、運動の量が保存されたとしても、力の量が常に保存されるとは限らないのは明らかだからである。それというのも、運動の量は常に重量と速度との積に比例しているのに対し、力の量は、既に主張したように、重量とその重量の力で上げることができる高さとの積に比例しているからであるが、高さは上げる速度の二乗に比例しているのである。こういうわけで、ここで問題にしている規則は次のように設定することができる。力の量が運動の量と同じように同一に保存されるのは、二つの物体が出会う前後で方向が同じ場合であり、また衝突する両物体〔の重量〕が等しい場合である。

第三七、三八節〔三七　自然の第一法則。どんなものも、それ自体である限り常に同じ状態を保存する。たとえば、一度動かされたものは常に動き続ける。三八　投げられたものの運動について。〕何よりも真実で疑いようのない自然法則とは、同一の事物はそれ自体である限り常に同じ状態を保っている、というものである。これは、ガリレオ、ガッサンディその他多くの人々がこれまで認めてきたことである。(88) それだけに、運動が連続するのは空気が押し出したためだと思いついた人々(89)にとって、空気そのものが連続的に運動することに対して新たな理由が同じようにして必要となると思い至らないでいるのは、驚くべきことだ。そもそも、この人たちの思うところとは違って、空気は石を押し出すことなどできない。もっとも、受け取った運動を保存する力を空気が持っていたり、その力が石の抵抗にあって妨げられたりするということでもあれば話は別だが〔そのようなことはあるはずもない〕。

第三九節〔三九　自然の第二法則。すべての運動は、それ自身から生じるものであれば直線運動である。それゆえ、円運動をしているときにはそれが描く円の中心から常に遠ざかろうとしている。〕円もしくはその他の曲線を描いている物体は接線方向に直線的に離れていこうとする、という実に美しい自然法則は、ケプラーがそれを観察した(多分、先行者はいた)からというだけではなく、すでにその法則が重力の原因の解明に資するものとなっているという点で、私は高く買っている。その事情は〔ケプラー著〕『コペルニクス天文学摘要』(90)が示している。デカルトはこの法則を正確に定式化し見事に説明したが、証明をしなかったのは期待外れだった。

第四〇節から第四四節まで〔四〇　第三法則。ある物体が別のもっと強力な物体と衝突したときには自分の運動を失わないが、もっと弱い物体と衝突した時にはそれに伝えるのと同じ運動を失う。四一　この規則の前半の証明。四二　後半の証明。四三　各物体が作用あるいは抵抗しようとする力は何に存するのか。四四　運動が対立するのは運動に対してであり静止に対してではない。そしてある方向への〔運動の〕決定は反対方向への決定に対立している。〕デカルトが第三七節と第三九節で取り上げた二つの自然法則は全く真でどこから見ても非の打ちどころがない。しかし〔第四〇節で示された〕第三の法則は真理からほど遠いだけではなく真らしさからもかけ離れているように私には思われ、あの優れた人でもこんなことがあるのかと思うと当惑するばかりだ。ところが彼はそのまま続けて〔物体の〕運動と衝突の規則をこの法則に基づいて築き、物体の間に生じる変化の個別的な原因のすべてがその法則に含まれていると主張した。その考え方は次のようなものである。〈運動している物体は、それより力の大きい別の物体に衝突すると、それ自身の運動を失うことはなく方向だけを変える。ただそれでも、その力の大きい物体から何らかの運動を得ることはありうる。しかしそれより力の小さい物体に衝突したときには、その力の小さい物体へ与えただけの運動を失うことになる。[91]〉ところが実際には、自分よりも力の大きい物体に衝突した物体がそれ自身の運動を失うことなく速度を維持するか増大させるだけだという事態は、正面から衝突する場合にしか妥当せず、力が小さいが速度が大きい物体がそれより力は大きくても速度が小さい先行する物体に追突したときには、反対のことが起きる。そして一般的には、他の物体を追尾する物体の速度は追突後に減少するということが真であり、また自然においても観察されることである。なぜなら、その物体が追突後にも運動を続けて、しかも追突前の速度を維持することができるとしたら、先行する物体に初めの速度を与えるからだが、これでは力の総量が増大することになってしまうからである。もし〔追尾する〕物体が追突後に停止するとしたら、それは追突によって速度が減少した結果失われたことは明白である。このような停止は固体において生じる(92)(このことは私がいつも念頭に置いていることだが)が、このとき先行する物体がその先行者を追尾する(93)物体よりもどれだけ大きいかというと、先行する物体の速度に対する追尾する物体の速度の比の二倍である(94)。最後に、もし追尾する物体が追突後に跳ね返るなら、その跳ね返った物体の運動は追突前よりも小さくなっていることはこれまた明らかである。もしそうでないとしたならば、先行する物体の速度は追尾する物体の追突によって必然的に増大することになる以上、追尾してすでに追突した物体の速度が増大すると考えようが以前に有していた速度を同じく保っていると考えようが、いずれにしても力の総量は増えることになってしまう。これは不合理である。もしデカルトを弁護しようとする人がいて、物体の衝突に関する第三の法則は正面衝突する物体の衝突についてのみ考えるべきだと言うのなら、私は賛成だ。しかしそうであるならデカルトは同一方向で運動する物体同士の衝突〔追突〕について考えていなかったと言わねばなるまい。ところがデカルト自身は、すでに我々が注目したことだが、この法則はあらゆる方向に進む物体に妥当すると広言しているのである。[95] デカルトが第四一節で試みている証明が正しいとするなら、追突だろうが正面衝突だろうが衝突はすべて含まれるはずである。しかし私にはそのような証明が〔デカルトによって〕なされているとは思えない。運動の量と方向の決定とは正しく区別されるべきであること、そして一方が変わらなくても他方が変化することがあることは私も認める。しかし両者が同時に変化することは稀ではないし、両者が互いにぴたりと揃うこともある。そしてその物体は、全体の力と全体の運動量によって同一の方向を維持しようとすることになる。そして、方向は同じままでも速度を失ったものは方向の決定も見失うことになる。というのも、同じ方向に進んでいても速度が遅くなれば方向の決定力も小さくなるからである。また、物体Aが、それよりも小さくて静止している物体Bに衝突すると、〔Aは〕同じ方向に進むが運動は小さくなる。次に、物体Aが、静止していてAと大きさが同じ物体Bと衝突するなら、物体Aは〔衝突後〕停止し、運動は物体Bに移行することになるだろう。最後に、物体Aが、それよりも大きいけれども静止しているか大きさは同じだが反対方向に動いている物体Bと衝突したら、Aは明らかに反転する。以上から、物体Aが衝突後最初の方向とは反対の方向に大きく跳ね返るためには、静止してその場にとどまるよりも大きな力が必要だということが理解できる。この点では、デカルトの主張とは真っ向から対立する。というのも、反対方向へ大きく動くのは、対抗する物体の方が大きいかそれがもっと大きな力で対抗するときだからである。彼〔デカルト〕は外部からの原因に邪魔されない限り運動は単純に続くと主張しているが、それは運動の大きさだけではなく方向においても妥当することは私も認めている。このときに物体それ自身の運動を決定付けるもの、つまり前進しようという傾向には一定の量がある。それは運動をゼロにしたり停止するよりは運動を減少させる方が容易であるような量であり、後退させたり反対方向に進路を変化させるよりはそこにとどまり静止している方が容易であるような（つまり反対方向への力がより小さい）量である。これは先ほど指摘したことである。こうして、運動は一般には〔他の〕運動に対立するものではないとしても、実際の運動はそれと反対方向の実際の運動とは対立する、つまり前進する運動は反対方向へ進行する運動と対立する。というのも、すでに示したように、前進運動を減少させるためであるならば、完全に停止させたり方向を逆転させたりするよりは、方向の変更も逆行も小さくて済むからである。この点でのデカルトの言い振りだとまるで誰かが戯言《たわごと》でも言おうとしているようだ。つまり、〈二つの物体が衝突するとき、両者とも壊れたりバラバラになったりせず互いに折り重なり続けて両者の形が一緒になるに違いないが、それは物質と形とは別のものであり物質は物質に対立しないが形は形に対立し、物体の形は変化しても物質の量は保存されているからである。それゆえ物体の量には些かの変化もないが形だけが変化するのである。〉もしデカルトが、他の物体と衝突した物体はすべて、反転する前にまず前進運動が減少し次に停止しそしてついに反転し、しかも反対方向への転換は突然起きるのではなく徐々に生じるのだと考察していたならば、運動についての別の法則を我々に示していたことであろう。そもそもここで知っておかねばならないのは、すべての物体は、どれほど固いものであろうともある程度は柔軟で弾性的だということである。例えば、空気で膨らましたボールが鋪石に落ちるか、そのボールに小石を投げつけるかすると、ボールは幾分進路を変え、やがてボールの駆動力《インペトゥス》つまり前進運動が少しずつ弱まり、ついには全く停止する。この後、ボールは形を取り戻して、抵抗力を失った小石を押し退けるか、落下先の鋪石から跳ね返るかする。同じようなことはどの反転運動にも起きる。たとえその変形と回復が我々の目では捉えられないものであっても、我々は経験を通じてその証拠を熟知している。ところがデカルトは、自説を過信したのか、ホッブズが弾性力による反転について初めて示した説明に対して、『書簡集』の中で自慢げに見下していた。(96) さらに続けてデカルトは、自然法則の続きと称した箇所〔衝突する物体同士の一方が失ったのと同じだけの運動を他方が得る〕の証明を第四二節で行おうとしているが、これについてはもはや検討は要しない。というのも、すでに第三六節で私が述べたように、運動の量が同一に保存されるという仮定は、誤りだからである。

第四五節〔四五　ある物体が他の物体と衝突することでその運動がどれほど変化するかを決定することはどうすればできるか。そしてそれは次の諸規則による。〕我々の著者によって提起された運動の個別規則を検討する前に、一般的な判断基準を示しておく。これは規則を検討することのできるいわば試金石であって、私はそれをいつも連続律と呼んでいる。これは別のところで説明したことがあるが(97)、ここで繰り返すにあたって詳述する。まず、二つの異なる仮定〔的条件〕あるいは二つの異なる与件があるとして、仮定同士あるいは与件同士を互いに接近させ、ついには一方が他方に達するところまで接近させるとすると、問われているもの同士つまり両者の〔前提からの〕結果は、必ず互いに接近したものとなり、ついには一方が他方に流れ込み、他方も同じことになる。例えば、ある楕円の一つの焦点を固定しておき、通径(98)を一定にしたまま、もう一つの焦点を横方向〔二焦点を結ぶ線の延長上〕にまっすぐに遠ざけ続けると、そうして新たに生じた楕円は次第に放物線に近づき、やがてはすっかり放物線になってしまう。このときには遠ざかる二つの焦点の距離は計り知れないほど大きくなっているだろう。こうしてこれらの楕円の特性は放物線の特性に次第に近づき、やがては放物線に紛れ込んでしまい、放物線の方はもう一つの焦点が無限に離れている楕円として考えることができるようになる。それゆえ楕円のすべての特性は一般的には放物線の中で特に楕円として確かめられるのである。幾何学にはこのような例が多数あるが、自然においても、賢明なることこの上なき作者が最も完全な幾何学を行使しているのだから、その例に漏れることはない。さもなければ自然における秩序立った展開がなされないことになってしまう。こういうわけで、少しずつ減少する運動は最後には静止に至るし、連続的に減少する不等性は正確な同等性に至る。こうなるのは、静止はいわば無限に小さい運動もしくは無限の遅さとして考えることができるからだし、同等性はいわば無限に小さい不等性として考えることができるからである。さらに同じ理屈で、運動一般について証明されること、あるいは不等性一般について証明されることは、静止についてであるいは同等性についても、これまでの解釈に従って、真だとされなければならない。そして静止の規則あるいは同等性の規則は、〔それぞれ〕いわば運動の規則あるいは不等性の規則の特殊なケースとして確実に考えることができる。ところがこのようにならないとしたならば、規則は適切ではなく見当外れのものだと考えなければならない。これに基づき、後ほど第五三節以下では、条件の変化を表現する線には結果としての変化を表現する線が対応していなければならないこと、ところがデカルトの規則では奇妙で辻褄の合わない図形が示されてしまうということを示すつもりである。

第四六節［四六　規則一］それではデカルトの運動の諸規則を見てみよう。(99) ここでは物体は周囲の他の物体からの制約を受けない固いものであると考えられている。

〈規則一、互いに〔重量が〕等しく速度も等しい二つの物体が正面衝突すると両者はそれ以前の速度で反対方向に向かうだろう。〉この第一の規則は、デカルトの運動に関する規則としては唯一の完全に真なるものである。これは次のように証明される。二つの物体の〔運動の〕条件が同じでどちらも運動を続けるとしたら、両者が互いに侵入することになってしまうという不合理なことになるか、あるいは両方とも停止して両方とも力を失うことになるか、あるいは両方が衝突前の速度で反転することになるか、のどれかとなる。なぜなら、両者は条件も速度も同じであるため一方の速度が減少したなら、他方も同じように減少しなければならないからである。しかし両者の速度が減少したなら、両者の力の全体量も減少することになって、これはあり得ないことである。

第四七節［四七　規則二］〈規則二、もし物体BとCとが同じ速度で〔正面〕衝突するものの、Bの方が〔重量が〕大きいとすると、Cだけが反転してBはそのまま前進する。両者は最初の速度で進むが、両者ともBが最初に進んでいた方向に進む。〉この規則は誤りであり、一つ前の規則とも整合しない。先ほど示した基準〔連続律〕からしても明らかである。なぜなら、Bの方がCよりも大きいという不等性を連続的に減少させると、その不等性はほとんど同等性にまで至り、不等性から生じる結果も同等性から生じる結果に連続的に接近するはずだからである。すると必ず次のようになる。まずBがCに〔正面〕衝突するときBはCよりも力が上回っているために衝突後も前進するとしよう。そしてBが少しずつ〔力を〕減少させると前進も少しずつ減少し、やがてBとCとが一定の比率になるところにまで達して、Bは完全に停止する。さらにB〔の力〕を減少させ続けるとやがて反対方向に転じて少しずつ〔速度を〕増し、ついにはBとCの不等性が完全に消滅し、同等性の規則に帰着することになり、衝突後の反転も第一規則に基づいて衝突前の運動と全く同じように運動する。したがって、デカルトの第二規則は成り立たないことになる。なぜなら、彼《か》の人〔デカルト〕を信じるならば、たとえBの大きさを減じてCとわずかな差も認められないほどに接近させたとしても、BとCとの同等性と不等性とから生じる結果の間には大きな差異が依然として存続し少しも接近することはなく、BはCよりもほんのわずか大きいだけでも、方向も速度も同じままで進行し続け、(100)その結果、損失分がいわば一気に取り戻され、条件の変化にはほとんど手をつけることなしに大きな結果を得ることになってしまうからである。つまり、Bの方がCよりも〔運動が〕大きかった分はすっかり消滅し両者間のごく小さな差異も失われているのに、Bは前進一方から途中の過程を一足飛びに越えて突如として後退一方に転じるのである。これではまるで、与えられた条件の差異が考えられないほど限りなく小さな二つの事態から、とてつもなく大きな差異が結果として生じるようだ。仮定や条件の差異が限りなく小さく見分けもつかないほどの二つの事態が、結果において最大級の歴然たる差異を呈する。二つの事態はまさしくこの最後の瞬間においてのみ相互接近が開始しかつ終了し、出会った瞬間に接近し離れることになる。このようなことは理に適っていない。そしてこれでは、無限に小さな不等性としての同等性が不等性の一般的規則のもとに包含されなくなるだろう。そうであればこそ、大きさと速度が同じ物体BとCとが正面から衝突したなら、〔規則一により〕両者は衝突以前の速度で反転するのだから、B〔の大きさか速度〕が多少とも増大するか、あるいは〔〔Bは〕そのままだとして〕Cが減少するかしたら、結果においても何らかの変化が必ず生じ、たとえC自身が最大に減少しつまりはC〔の大きさや速度〕がすっかり失われるときでさえも〔Bは〕必ず変化し続けなければならないのである。そこで、CがBよりも小さくなり出して、常に同等であり常に反転する場面から、大きな不等性の場面としてC〔の大きさや速度〕が完全に消滅し、そのためBがやがて一方的に前進し始めるとしたら、それはBの反転が減少し始めたときだけである。したがって、BとCとの差異が大きくなるなら、Bはもはや反転しないところまでに至ったものの、後退と前進の間でいわば立ち往生することになる。だがさらにこのまま続けて、BとCとの差異をもっと大きくすると、Bは明らかに最初の方向のまま前進することになる。ただし、〔Bの〕大きさを増大させることができるとしても、BとCの比率が無限大になる、つまりCが完全に消滅し除去されるのでもない限り、Bが反対方向に進む物体〔C〕と衝突してもその速度が減衰しないといったところまで、Bの大きさを増大させることはできない。以上は、大きさは異なるが速度が等しい物体同士が衝突する際の実態である。これは理性にも合致しそれ自身において整合的である。しかしながら、〔衝突後の〕二つの物体の速度を正確に決定することはできない。そのためにはもっと別の点が必要となるからであるが、これについては、別のところで詳しく論じたことがある。(101)

第四八節〔四八　規則三〕〈規則三、もし同じ大きさで速度が異なる物体BとCとが衝突するとしたら、速い方のBは遅い方のCを引き連れて進むが、Bは両物体の速度の差の半分を失い、その分をCに伝え、その結果、両物体は衝突後同じ速度で一緒に進むことになる。〉この規則は、この前の規則二に劣らず偽であり、理性にも経験にも反するものである。そこで、ここに我々の判断基準(102)を適用してみよう。彼が言うように、速い方のBが遅い方の物体を引き連れるとすると、仮定からBの速さは連続的に減少し両者は同じ速さになる。つまり同じことだが、Bの速さの超過分が無限に小さくなり両物体がBの速度で一緒に動くことになる。しかもこのときBの大きさは一切減少していない。これは不合理であり、規則一にも反している。規則一によれば大きさも速度も完全に等しい二つの物体は〔衝突後〕完全に等しい速度で反転する、あるいは多少の増減があっても感知できないほどである。したがって結果として不等性が消滅しても、同等性という結果を消し去ることができないわけではない。(103)

第四九節〔四九　規則四〕〈規則四　もしBがCより小さく、Bは動いているがCは静止しているとすると、〔衝突後〕Bはそれまでの速度で反転するが、Cは静止したままである。〉この規則が真であるとしたら、それは小さい方の物体は静止している大きい方の物体によって常に反転するという点においてであって、それまでの速度で、という点では真ではない。なぜなら(104)Cの超過分が小さくなるにつれ反発力も小さくなり、ついには大きさが同じである場合に達するからである。これについては規則六で扱われる。さて、両物体は少しずつ同じ状態に近づいているという仮定がありながら結果が少しもそこに近づかず、同じ状態にとどまっていて、その後一足飛びに同じ状態に到達してしまうなどというのは不合理である。誰でも容易に理解できることだが、仮定が連続的に変化しているのに結果が同じように変化しないなどということは、道理から程遠い。ただしもしかして別の変数的要因が間に入ってくる場合は別である。

第五〇節〔五〇　規則五〕〈規則五　もしBがCより大きく、Bは動いているがCは静止しているとすると、〔衝突後〕Bはそのまま進行し、両物体はともに同じ速度で進むが、最初の運動量による。〉この規則もやはり誤りである。なぜなら、真の速度の測定において誤りを犯すからである。それというのも、〔この規則によれば〕両物体は衝突後に一緒に進むとしているが、こうしたことは[105]固体同士の衝突においては決して生じ得ないことである。もちろん、大きな物体が〔それより小さい〕静止している物体に衝突したら、その後も同じ方向で進むことは真である。しかしながら両者が一緒に動くということはあり得ない。このことは我々の判定基準からしても理解できることではない。なぜなら、BがCよりもわずかに大きい場合、あるいはCがBよりもわずかに大きい場合とで、両者の差異は比べものにならないほど小さくすることができる。にもかかわらず、二つの場合の結果が極めて大きく異なってくるということはあり得ない。したがって、第一の場合には両者はBの最初の運動の方向に進むが、後者の場合にはBは最初の速度で反転することになる。

第五一節〔五一　規則六〕〈規則六　もしBとCとが〔大きさが〕等しく、Bは動いているがCは静止しているとすると、〔衝突後〕Bは最初の速度の四分の三の速度で反転し、CはBが最初に向かった方向にBの最初の速度の四分の一の速度で進む。〉著者〔デカルト〕はこう言う。しかしこの問題でこれほど合理性からかけ離れたことを思いつくものだろうか。かの優れた人の頭の中にこんな考えが入り込むことができたとは思いもよらぬことだ。しかし師の教えの真意を探るのはデカルト主義者たちに任せよう。我々としては、これらの規則が整合的でないということを証明するだけで十分である。もしBとCとが〔大きさが〕等しく同じ速度で互いに衝突するなら、BもCも最初の速度で反転する。これは規則一による。そこで、Cの速度を連続的に減少させ、Bの速度はそのままだとすると、Bが反転する速度は必ず減少し、Cの反転速度は以前よりも大きくならなければならない。なぜなら、大きさが等しい二つの物体のうちの一つが速度を減少させるなら、それだけ他方の速度は増加するからである。次にCの速度を静止するまで減少させたなら、Bの反転速度はどれほど減少するのか問うてみよう。この節でのデカルトの規則によれば、最初の速度の四分の一だということである。さらにこのまま続けてC〔の速度〕を静止に近くなるまで減少させると、前の規則によりBはそのまま進む。それゆえ、とても小さな変化が生じている場合なのに、結果においては大きな変化が生じてしまう。これは飛躍だ。なぜなら、静止しているCの大きさが同じままだったときにBは最大の速度で〔つまり最初の速度の四分の三で〕反転したのに、今度はCが少し〔速度を〕減少しただけで反転は直ちに一切消滅し、逆に元の方向に進むことになり、中間の状態を一挙に飛び越してしまう。これは不合理である。それゆえ、BとCとが〔大きさが〕等しく、衝突前にCが静止しているならば、衝突後にBは静止しその力をすべてCに移行させると言わなければならない。このことは、規則四と規則五に含まれる真の観点からも導き出せる。というのも、規則四によれば、Bがそれより大きくて静止しているCに衝突すればBは反転する。さらに規則五によれば、Bがそれより小さくて静止しているCに衝突すればBはそのまま前進する。それゆえ、Bがそれと同じ大きさで静止しているCに衝突すればBは前進することも反転することもなく、静止するBの力はすべてCに移行する。

第五二節[106]〔五二　規則七〕〈規則七　もしBとCとが同じ方向に進み、追尾するBの方が速く、先行するCの方が遅く、しかもCはBより大きく、さらにBに対するCの大きさの比はCの速度に対するBの速度の比よりも小さいとするなら、両者は〔追突後〕最初の方向のまま、両者の最初の運動量による速度で一緒に進む。しかしもしCの方が大きいままでBに対するCの大きさの比がCの速度に対するBの速度の比よりも大きいとするなら、〔追突後〕Bは最初の速度で反転し、Cは最初の速度でそのまま進む。〉以上が我らの著者の考えである。しかしこれがおかしいことは一目瞭然だ。というのも、すでに指摘しておいたように、二つの固体〔ここではこのようなもののことを想定している〕が追突した後もずっと一緒に進むことは、この規則の前半の場合ならともかく、〔後半の場合には〕生じないからである。物体Bが物体Cに働きかけながらCには何も変化を与えないのにBが自身は多くを受け取るということほど理に適わないことはないはずなのに、〔この規則の〕後半ではそれが言われているのだ。私に間違いがなければ、これは理性の光によって我々に与えられる〔私に言わせるならば〕自然の形而上学に反するものである。これまでの規則にはまた別の問題点もある。つまり、もし〔先行する〕Cの〔大きさのBに対する〕超過分が無限に小さくなる、つまりはBそのものと同等となり、また〔Cの〕先行速度が比べ物にならないくらい小さくなる、つまりは実際には静止しているとするなら、規則七の前半部分の場合となり、この規則によって両者は一緒に進むことになる。しかしながら規則六によると、Bが静止状態となりその力の全体が、Bと同じ大きさで最初静止していたCに移行することになる、と言わねばならなくなる。以上に劣らず不都合な点も他にあるが、長くなるといけないのでそこには触れないでおく。結局のところ問題とすべきなのは、我らが著者は中間的な場合つまり両物体の〔大きさの〕比率と速度の比率が逆の関係にある場合のことを忘れているという点である。そしてこの問題で論じられるべきことがこの規則〔七〕によっては明らかにならない。なぜなら、〔中間的な場合には〕結果も中間的でなければならないのに、〔この規則によれば〕二つの場合のどちらかに近いところになっていなければならないからである。しかしこの規則で述べられている最初の場合と後の場合は、仮定によって中間であるのにもかかわらず、結果においては近いところにない、これは我々の判定基準に反している。しかも、BがCより大きい場合は無視されている。ここには、大きさも速度も等しくない二つの物体が反対方向から来て衝突する場合について説明する規則八を著者が付け加えなければならなかったのである。これ以外にも、中心での衝突と中心を外れた衝突の区別、垂直方向での衝突と斜め方向からの衝突の区別をする必要があるのだが、検討はこの辺りでやめて、この欠点だらけの嘆かわしいばかりの学説についてこれ以上述べることはしない。

第五三節〔五三　以上の諸規則の使用は難しい。なぜなら各物体は多くの他の物体に同時に接しているから。〕以上の諸規則を用いることは難しいとデカルト自身が認めている。それらの規則が経験に合致しないことは彼の目にも明らかだったからである。真の運動規則においては理性と経験との見事な一致があるのだから、例外的な事例を言い訳にして周辺の事情を持ち出しても、真の規則の成功を脅かすことにはならない。むしろそれどころか、物体が固く大きくなればそれだけ観察結果が規則に正確にあてはまることが検証できるようになる。この先、固体や流体について示すことにするが、これまで論じてきた問題の真理の概要を先取りするために、今ここで図解[107]によって我々の判定基準を示すことでそれをいわば先取りする前奏とし、その後に全体像を示すこととしたい。こうすれば〔判定基準が〕極めて有用であることとともに、真理に接近する際の誤りも認識することができるようになる。さて、物体Bと物体Cとが同じ大きさだとし、物体Bの速度と方向とを直線BWで表すと、物体Bは地点BからW地点に速度BWで向かう。しかし物体Cの速度と方向とは物体Bとは異なり、AHで表された場合に応じて変化する。ではいずれもAの下にあるA1H[108]もしくはA2Hの場合、物体Cの方向は物体Bと同じになり、A2HがBWと同じ場合には両者の速度と方向は同じになる。しかしHがAに近づき2Hとなり、物体CがAから2Hの方向に進み、BからWに進む物体Bと方向が同じであれば、物体Cそのものの速度は物体Bよりも小さくなる。なぜならA2HはBWよりも小さく、追尾する物体Bは先行する物体Cに追いつくからである。もしHがAと一致し3Hとするなら、物体Cの方向と速度はゼロとなってCは静止する。もしHがAより上、たとえば4H、5H、6Hならば、今度は物体Cの方向は物体Bとは反対方向となる。そこで直線PPと直線QQを引き、HPは物体Bの衝突後の運動の速度と方向に対応し、HQは物体Cの衝突後の運動の速度と方向に対応する。物体Bと物体Cの両者もしくはどちらか一方が物体Bの衝突前の方向と同じ側で衝突後に進む場合は、左側の線に対応させて表される。物体Bの方向と反対の側に進む場合は、右側の線で表される。次に、直線PPと直線QQ上の各点を決めよう。物体Bの衝突前の方向と速度つまりは(一言で)運動は常にBWである。そこでもし衝突前の物体Cの運動が物体Bの運動と同じで同じ側にある、つまりA1H(これはBWと等しい)であるなら、物体Bと物体Cは接触したままで最初の速度と方向を維持し、物体Bと物体Cの衝突後の運動を表す直線1H1Pと1H1QとはAH1HつまりBWに等しくなり、左側に位置する。しかし、もし物体Cの運動が衝突前にはゼロつまりA3Hであり3Hの点がAと一致するなら、つまり物体Cが静止しているなら、そこで起きていることは明確だ。つまり、物体Bは衝突後静止して3Pの位置はAと一致する。一方、物体Cは物体Bが〔衝突前に〕有していた速度と物体Bが向かっていた方向を獲得し、3H3Qに達する。これはBWと等しく、左側に位置する。こうして3Pと3Qが得られる。最後に、もし物体Cの運動が物体Bの運動と等しいものの方向が逆であり、BWと等しいA5Hで表されるが、5HはAの上方に位置している場合、つまりもし(仮定により〔大きさが〕等しく)設定された物体が等しい速度で衝突する際の方向が反対である場合、その結果もその通りとなる。なぜならどちらも衝突前の速度で反転するからである。これは5Pと5Qの点で表される。実際のところ、5H5P は BW と等しく、右側に示される。それは物体Bがこのように反転する、つまり最初の方向と反対に動くからである。そして図の左側に示されるように、5H5Q も〔BW と〕等しくなる。それは、最初に物体Bが有していた方向を物体Cが獲得したからである。こうして、点 1P、2P、3P が直線上に並ぶ（ここが重要）ように、点 1Q、2Q、3Q は別の直線上に並ぶ。そしてこの直線は直線 AH と平行である。しかしそれ以外の点、例えば 2P、4P、6P 等、あるいは 2Q、4Q、6Q 等は、我々の判定基準である連続律からだけでは決定することができない。つまり、連続律だけでは直線 PP も直線 QQ もそれらがどのようなものかを確定することができない。しかし、我々の判定基準を適用してすべての点を連続的な線で結びつけさえすれば、あらゆる場面を認識したり特別な線を引いたりせずとも、これまでの〔デカルトの〕不整合な規則は一掃できる。また我々は予め、PP と QQ がどちらも直線であることを知っている。そして、〔大きさが〕等しい物体において速度と方向の変化に対して、HP は AH と常に等しく HQ は BW に常に等しい。それゆえ、HQ も BW も一定であり、同じ方向への運動を表していると考えることができることも知っている。(109) さらにまた、1H、1P、1Q の下にまで〔線を〕延ばすことはしない。なぜなら、物体Bが物体Cよりも遅い運動をするとしたら、追いつかなくなり衝突は考えられなくなってしまうからだ。同様にして、速度が等しい二つの物体があるとして、そのうちの一つは大きさが同じままで他方は大きさが変化するなら、〔衝突後に〕両物体にもたらされる結果は二本の線で図式的に示すことができる。しかも一つだけ可変的な要素をおいておけば常に仮定が一定となるということも図示できる。一例だけ概略を示しておこう。それというのも、ここで概略を示したことはすべて、別の方法で完璧に認識できるからである。もっともその方法は、誤りを反駁するために既に用いてきたものである。これまでその方法の全体を示したわけではないが、この方法によってあらましを示すことができるようになるはずである。(110) ところがデカルトの諸規則によるなら、条件の連続的変化を示す線に対応する結果の変化を示す線を連続的に引くことはできない。そこに出現するのは見た目にも奇怪な図形で、第四五節で示した我々の判定基準つまり連続律に相反《あいはん》している。我々の図とデカルトの図とを比べて見ればよい。後者が一貫していないばかりかむしろあり得ないものだということが一目で明らかになることだろう。

第五三節第二部(111)

等しい二つの物体が衝突する場合の運動法則の説明

第二部第五三節の図解(112)

衝突前

物体Bの運動はBWで一定、物体Cの運動はA1H、A2H、等。

衝突後

物体Bの運動は

デカルトでは　H1φ、H2φ、等

物体Cの運動は

デカルトでは、H1ξ、H2ξ、等

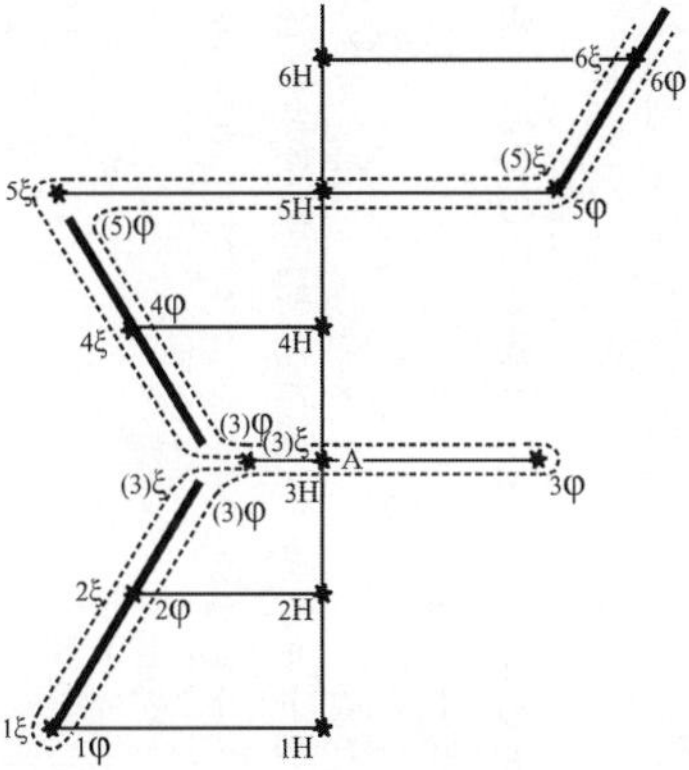

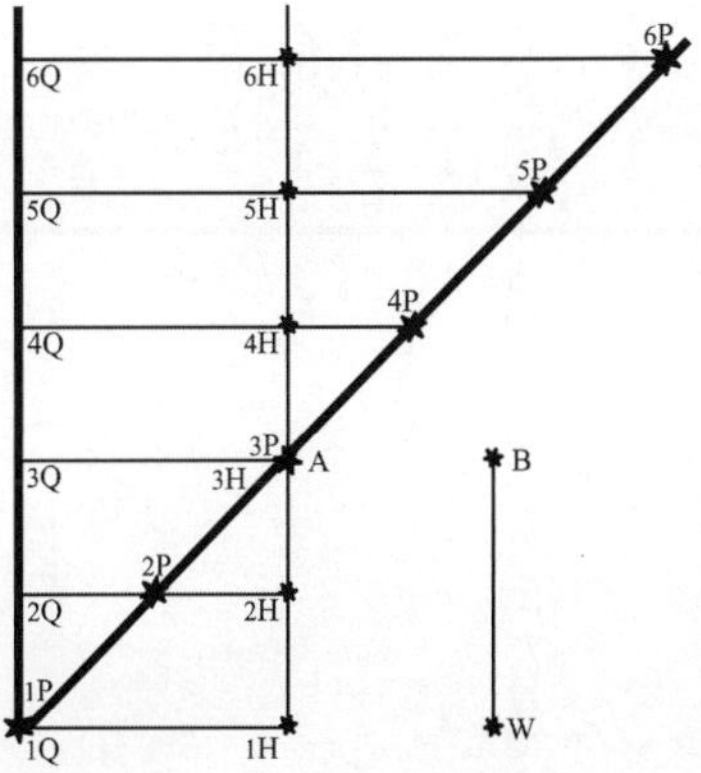

我々では　H1P、H2P、等　　　我々では、HQで一定

HがAの上(下)

P φ ｝ Q ξ ｝ AHよりも左寄り(右寄り)　　　衝突前の物体B と同じ(反対の)方向であることを示す

1φ2φ(3)φ; 1ξ2ξ(3)ξ　デカルトの第七規則により

((3))φ4φ(5)φ((3))ξ4ξ5ξ　デカルトの第三規則により

3φ, 3ξ　デカルトの第六規則により

5φ, 5ξ　デカルトの第一規則により

無限の場合の中で我々の図式とデカルトの図式が一致するのは、1Hと5Hだけである。

我々の図式は連続律を遵守している。

デカルトの図式は、φφ の線が 3φ と 5φ で、

ξξ の線が 3ξ と 5ξ で中断し飛躍している。

連続性を認めようにも〔デカルトにおいては〕いくつかの点で飛躍が目立つ。φφ と ξξ の二つの連続線は一定数の点、例えば二点で一致し、それゆえすべての φ がすべての対応する ξ と一致するということは、3φ が 3ξ、5φ が 5ξ でない限りは、不可能である。ところがデカルトの描線ではこれができてしまうのだ。

(3)φ と((3))φ とは (3)φ で一致し、

(5)φ は 5ξ と、5φ は (5)ξ と一致するのでなければならない。

第五四、五五節(113)〔五四　固体とは何か、流体とは何か。五五　固体の諸部分が結合しているのは、その諸部分が静止しているということ以外にはどんな接合剤にもよらない。〕〈流体とはその諸部分がさまざまな運動によってあらゆる方向に動かされる物体であり、固体とはその諸部分が接合剤など他の物質で繋ぎ止められることなくその諸部分が互いに結びついて静止状態にある物体である。〉この〔デカルトの〕理解は、幾らかの真実が含まれているとしても、全体としては真だとは思われない。デカルトは、固形性、あるいは私はむしろ一般的に安定性と呼びたい（これなら柔軟なものにも当てはまる）のだが、その固形性は

専《もっぱ》ら静止にのみ由来すると考えている。なぜなら接合剤などの凝集力は物体ではあり得ない（これはこれで問題となる）のだから、固形性は物体の様態だというのである。それはその通りだ。しかしこの〔固形性という〕結果を生み出すものとして静止よりもふさわしい物体の様態はない〔とデカルトは言う〕。だがどうしてそうなるのだろうか。静止は運動に対して最大に対立しているからだそうだ。これほどにも軽率でいい加減な詭弁で結論を出すことには驚くばかりだ。次のような三段論法がなされる。〈静止は物体の様態で、運動に最大に対抗するものである。しかし物体の様態が運動に最大に対抗するというとき、その様態は安定性の原因である。それゆえ、静止は安定性の原因である。〉しかしこの二つの前提は、もっともらしく思われるとしても、いずれも誤りである。デカルトの場合よくあることなのだが、極めて不確かなことを最も確実だと言い張って無垢な読者を有無を言わさずに丸め込んでしまう。例えば、延長が物質を構成するとか、思考が物質から独立しているとか、自然においては運動量が保存されるなどという主張がそうだ。ここでは論証よりも権威の発言力の方が物を言っている。私の考えでは、運動と静止との対立よりはある方向への運動とその反対方向への運動との対立の方が対立の仕方は大きい。また物体が反転するためには静止し続けるよりも大きな反対方向への運動が必要となる。これは第四七節について述べたことである。しかしもう一つの前提、つまり運動に対して最大に対立するものは安定性の原因である、という前提も論証されるべきことであった。おそらく著者〔デカルト〕は〔先ほどの三段論法に先立って〕次のような前三段論法[114]を念頭に置いていたのではないだろうか。〈安定性は運動に最大に対立する。ところで運動に最大に対立するものにとって、その原因もまた運動に最大に対立する。それゆえ、安定性の原因は運動に最大に対立する。[115]〉しかしこの前三段論法の二つの前提ともこれまた怪しげである。[116]そういうわけで私は、安定性が運動に最大に対立するものだとは考えない。確かに、ある部分の運動だけを考えて他を考えなければ安定性がその運動に最も対立しているということは認めよう。しかしこのようになることの原因こそが求められるべきであったのだ。私はまた、あるものが何か他のものと対立しているならその原因もまたその他のものの原因と対立している、などという公理がどれほどのものか、知らない。生以上に死に対立するものがあるだろうか。しかしながら動物の死がしばしば生き物からもたらされるということを知らない人がいるだろうか。ある証明を行うときに、これほどにも曖昧で適用範囲もはっきりしないような哲学的規則によるわけにはいかない。[117]このように言うと読者の中には、これほどにも立派な哲学者たちに対して三段論法を持ち出してスコラ学並みに貶めていると言って我々に憤慨する人もいるかもしれない。我々の批判など取るに足りないものだと侮る人もいることだろう。しかしこれまで確認してきたことだが、一般人は言うに及ばず、これらの偉大な哲学者たちでさえもが、最も重要な問題において初歩的な論理学を軽視していた。彼らの誤りはこれに尽きると言っても過言ではない。そもそも論理学とは至高の理性が普遍的に提示したものであり、容易に理解できる諸規則として示されたものではないのだろうか。そのため私はかつて以下のように我ながら上手《うま》く説明をしたことがある。それは論証の力を示すことができるような定式化をしておくことが有用だということである。これなら論証の価値を示すときに想像力が理性の助けにならない数学のような場合でも役に立つし、ある著者が大問題に唐突な議論を持ち込んできたようなときにも有用である。したがって、デカルトの議論に頼るわけにはいかない以上、問題そのものの検討に立ち戻るべきであろう。そこで、〔本来のテーマであった〕安定性について考える際には、静止よりも力を重視すべきである。力はある部分を別の部分に引き寄せるからである。ではここに二つの立方体ＡとＢとがあり、二つは互いに静止した状態にあり表面は完全に平滑であるとする。立方体Ｂが立方体Ａの左側にあり互いの表面は隙間なくぴったり一致している。ここに小球体Ｃが立方体Ａの正面に〔ＡとＢの〕接地面と平行の方向で衝突する。そのため、立方体Ｂが〔Ａに〕固定されていない限り、衝突の力は立方体Ｂには及ばない。このとき確かに、もともと静止してい

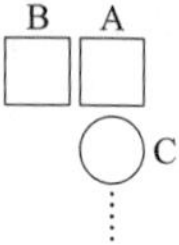

たAは、Cが衝突によってその力を失わない限り、押しやられることはあり得ない。そうだとすると静止しているAはこの場合にはBと離れることに対して自身の力で抵抗しているということも真だということになる。しかしこれは、たまたまそうなっているのであって、AがBから切り離されているからではなくて、Aが力を受け取ったからである。このことはBが元々なかったとしても同じことになるはずだ。こうしてAは一度力を得るや、元々近くには何もなかったかのように、自らの力でBから離れて進むことになる。すると詭弁が登場してこう主張しようとする。〈どちら〔の立方体〕もその場に留まることができる間はその状態を保っているのだから、隣り合って静止している両者は互いに密着していて、静止しているということだけで安定しているのである。〉同じ理由でこう言う人もいるかもしれない。〈二つの物体が一〇ペデス離れたまま繋がっているなら一〇ペデス離れたまま動こうとする。〉とするなら、なぜ二つの立方体AとBとが接合してABという平行六面体を構成しAだけが押されたのに全体が動くことがあるのか、つまり、押された立方体Aがなぜ立方体Bを引っ張ることになるのか、その原因が示されなければならない。結局は引っ張る原因が自然において求められているのである。優れた人の中には安定性の原因は完全な一体性そのものだという人がいる。原子論者の中にも同じ考えを好む人が少なからずいる。確かに、平行六面体ABが一つの原子であるなら、それは理屈では二つの立方体ＡとＢとに分割可能であっても実際には分割されていないので、やはり分割不可能であり常に安定的であり続ける。この主張は多くの反論を受ける。何よりも、論証が一切なされていない。

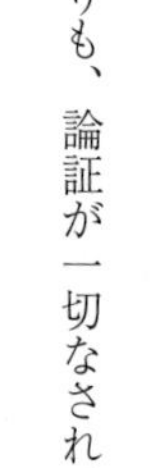

まず平行六面体ＡＢがあるとする。そこに二つの原子ＤとＥとが同時に衝突する。このときＤとＥは元の二つの立方体ＡとＢの表面に向かってＡとＢの両立方体の共有する面と平行に進む。ただし、Ｄは後方のＦ側からＡの真正面にぶつかり、同じようにＥは後方のＧ側からＢにぶつかる。すると問題は、なぜＡはＢから離れてＧの方に押しやられないのか、またなぜＢは反対のＦの方向に押しやられないのか、ということになる。〔原子論者たちの〕言説の中にこの理由を見出すことは私にはできない。そもそも、二つの立方体ＡとＢとから一つの統一体が合成されるということは、両者は実際に分割されているということと何が違うのだろうか。すると、連続体においては実際に分割される前には部分はないと、主張する人がいるかもしれない。この主張は次のどちらかに至る。一つは、〔ＤとＥが衝突してくる時のように〕実際に何らかの分割を引き起こす事情があってそのためいくつかの部分をいわば設計し分割するような場合ならば、分離があっても〔この

主張にとって〕差し支えない、というもの。もう一つは、連続体はそれ以上部分へと細分化されることはない、というものである。そうだとして、初めから分割されていた二つの立方体の原子AとBが両者の面がぴったり合うように接近するならば、接触した瞬間においてこれは少し前に述べた平行六面体ABと何が違うのだろうか。二つの原子が単に接触しているだけでまるで鳥黐《とりもち》でくっついたようになっているだけなら、部分が接触しているだけでも必ず同じことになるだろうか。さらに自然の流れに従って、原子は雪上を転がる雪だるまのように大きくなり続けて、やがてはすべてを飲み込んでダイヤモンドよりも固くなり、固まりゆく原因があるだけで融解の兆しもなければ、永久氷結の中に閉ざされてしまう。この説の支持者にとってそこから逃れる道は一つだけ、自然には平滑な面はない、あるいはあったとしても合体して消滅する、と主張し、さらに原子はすべて表面が湾曲しているので面同士で接着することはほとんどできない、とすることである。確かに、原子がすべて球体ならばそのようなこともあろう。面としての接触は一切生じないからだ。しかし、平滑で他とぴったり付くような表面を持った物体を実際に排除するだけの十分な理由がないという問題があるにはあるが、それはそれとして、ここでは、なぜ連続体は諸部分へ分割し得ないのかという問題に戻りたい。原子論については他にも重要な議論がいくつもあるのだが、以下では当面の問題に関わる点を掘り下げることとする。ある人たちが物体の固形性を説明する際に用いている原因は、我々が二つの平滑な物体が大きな力なしには分割できないと考えている場合の原因と同じである。つまり周囲〔の物質〕が分割を妨げているのである。なぜなら、二枚の板に分かれたとしてもその隙間に周囲のものが直ちに入り込むことはできないからである。そこで彼らは、固形性は圧縮から生じると主張する。確かに多くの場合はそうだが、これを固形性の一般的な原因と理解することはできない。なぜなら、何らかの固形性や安定性を前提にしているものをさらに想定することになり、これもまた結局は板状のものになるからである。そこでさらに誰かが二つの立方体AとBが何かの接合剤で結合していると言おうとも、もはや述べるには及ばない。というのも、その当の接合剤自身の諸部分を互いに結びつけさらに二つの立方体AとBと接合剤とを結びつけるような安定性がまたもや必要になるからである。すると今度は次のような考えをするかもしれない。AからBに向けていくつかの小さな突起物が発射されBに小さな窪みを作る、同じようにBからもAに突起物が発射される、こうすることで両者はその突起物を取り除かない限り互いに相手を突き放すことはできない、と。するとまたしても新たな問題が出てくる。この突起物からどうやって安定性が出てくるのか。以上の説はどれもが無益であり解決の助けにもならない以上は除外するなら、〔固体の〕結合を最初に生み出す原因は協働する運動だと私は考える。〔原因としてはさらに不可入性(118)もある。例えば、他に場所を譲ることができないとき、あるいは他を差し置いてでも何かに場所を譲るだけの理由がないときがそうだ。それだから、静止している一様な充実体の中では、回転している真球は遠心力のような力で何かを外に投げ出すことはできない。〕なぜなら、物質そのものはそれ自体同質的で等しく分割可能であり運動によってのみ区別されると考えられるからである。ところで流体もまた運動によって何らかの安定性を獲得すると我々は見ている。それだから、激流に何かを差し込もうとしても静かな水面の場合よりは抵抗が大きい。なぜなら、新たな物質の侵入によって、それまでにあった調和が大きく攪乱されないはずがないからだが、この攪乱という運動には莫大な力が必要とされるのである。水流に指を入れると、水流がそこから方々にかなり激しく拡散し、そのためその流れの中にある指は相当強く押し返されているのがわかる。石灰分を含まない砂のように初めからバラバラな物質でも、運動が与えられただけで結合が生じることがある。このことは磁石の実験が見事に教えてくれることである。鉄の削り屑に磁石を近づけると砂の状態からたちまち紐のように結びついて繊維状となり、〔単なる〕物質はまるで戦列を組んだかのように真っ直ぐになる。ここには何らかの磁力(119)が働いていることは間違いない。それこそが物体の諸部分を結合するために内的に協働する運動である。以上のような物質の結合的なあり方が第一の根拠であり、これは理性的に考えても感覚的に捉えても満足させるものである。

第五六、五七節〔五六　流体の諸部分は等しい力であらゆる方向に向かって運動する。流体の中にある固体は、どれほど小さな力によっても動かされ得る。五七　同じことの証明。〕流動性の原因を探究する必要はない。なぜなら物質は、その中の一部だけを分離させて流動性を妨げるような運動があるのでもない限り、それ自体では流動的だからである。そのため、流体は必ずしも常にその部分のさまざまな運動によって動かされているとは限らない。これとは別に、物体はすべてその内的な運動によって作用を受けるという自然の一般的法則からも帰結することだが、物体は運動と共にある限りは固いものだが、何らかの混乱が生じて結び付きが混乱している限りは流動的であり続けることになる。そしてその結果、すべての物体においてある程度の流動性があり、同じくある程度の固形性があることとなる。流動性を全く持っていないほどに固いものはないし、その逆〔固形性を全く持たないほどに流動的なもの〕もない。しかもこの内的な運動は感覚では捉えられない。次から次へと連続している諸部分があまりに小さくよく似ていると感覚では区別できない。（水流や車輪のスポークなどの）速い動きはまるで一つの連続体のようだ。[120]　流体の激しい運動は塩が水に溶ける場合や酸性の液体による腐食などの場合でも確かめられるが、一般的には熱によっても生じる。高温の時には流体は沸騰するし、それほど高温でなくても〔対流のような〕運動が起きる。冬場になると熱から生じる働きは弱まり、〔物質の〕諸部分の内的運動が互いに働きかけ、ほとんどの液体ではその物質に初めからあった運動だけが働くようになる。そして固まって、場合によっては氷結する。流体の奇妙で無秩序な運動の身近な例としては、暗い背景の前で太陽光の中に見える埃状の微粒子がある。しかも、我々が感覚的には静止していると判断している流体においても、至る所であらゆる方向に向かって同じように自在に運動が生じているのだから、結局は一つでは無秩序な運動も全体の中では他と同じようにその場所が示され相互に補うかのようになっている。そのため、このような流体の中に投げ込まれた固体はあらゆる方向から同じように押されいわば波に揉まれるために、その固体の運動は流体の運動があっても強められも制限もされないのである。

第五九節〔五九　ある固体に他の固体が衝突したとき、最初の固体はその運動のすべてを後者から受け取るのではなく、一部は周囲の流体からも受け取る。〕物体が流体の中で外的な力によって動かされるとき、かの著者〔デカルト〕は次のように考える。〈この力だけではその物体を動かすのに十分ではないとしても、その動きに寄与している流体の微小体の協力を得、さらにそれ以外の微小体にも運動の方向を決定づけるように働かせることで、物体を動かしている。〉ここに、著者が第五六節の終わり、並びに第五七節の証明で述べたことを合わせて考えてみるとよい。するとそこからわかるのは、彼が主張しているのは、〈流体の中で動いている固体はそれ自身を駆動する〔別の〕固体だけによってすべて動かされているのではなく、取り囲んでいる流体によっても幾分かは動かされている〉、ということである。ところがこのすぐ後の第六〇節では主張を自分で覆してしまうようだ。私から見ても全く役に立たないものである。というのも、その主張は間違った原理に基づいている(つまり、またしても静止は運動と対立していると固執している)からだし、我々の著者が唱えた運動の規則四が現象と矛盾していることを取り繕うとするためだけに捻《ひね》り出したと思われるからである。この規則四においては、静止している物体は、それより小さい任意の速度の物体によって動かされ得る(第六一節の最終部分を参照)ということが、誤って否定されてしまった。それでいて著者は第五六節において流体の中に存在する固体はどれほど小さな力によっても動かされると認めざるを得ないのである。そしてこの窮地から脱するために彼は、流体中にある微小体の助けを借りるというとんでもないことを思いつくに至ったのだが、無駄なことであった。微小体の動きは反対の動きをするものによって帳消しになってしまうからである。もし効果をもたらすことがあったとしたら、それでは過剰なことになってしまう。つまり微小体はその固体が駆動力から得られるはずの運動よりも大きな運動を当の固体に与えることになってしまうのである。しかし実際はどうかというと、大きな運動など生じていない、つまりこの固体においては、流体から一切作用を受けていないとき以上の働きは生じていない。むしろ反対に、流体は運動を与えない、あるいはそれどころか、運動を幾分か減じ、運動する物体の速度を落としている、と言うべきである。これが生じるのは、ある場合には何らかの摩擦力のせいだが、またある場合には固体が流体の中に入ることでその固体と等しい容積の流体の部分が次々に押し出されて新たな運動へと駆り立てられただけでも、運動の力の幾分かは消費されているので、このようになる。この二つの場合の〔運動への〕抵抗の量は、前者は絶対的であって同じ流体においては常に等しいが、後者の場合は相対的であり、運動の速度とともに増大する。この計算の仕方については別のところで示したことがある。(121)

第六三節〔六三　ある物体はなぜ、どれほど小さくても、我々の手によっては容易に分割できないほど固いのか。〕我々が鉄釘を素手で折ることができないことの理由として著者が持ち出した説明には驚かされる。それは燈芯草に節を求める愚であるが、ひねくれた反論に対してはお似合いの迷答だ。(122)もし静止している物体がそれよりも大きい物体によって動かされるのなら、鉄釘の静止している部分を素手で動かすことがなぜできないのか、そしてさらに一部を他から引き離すことがなぜできないのかが問われている。デカルトはその理由を手の柔らかさに求めた。手は柔らかいために釘に触れるのは手の全体によってではなく一部でだけである。そのため、〔釘に触れている〕手の部分は引きちぎろうとしている釘の部分よりも常に小さいことになるからだ、というわけだ。しかしそもそもここで問題とされているのは運動についてのことではない。なぜなら手は釘の一部だけではなく全体をも容易に動かすことができるからである。むしろここで問われるべきことは、なぜ釘の一部分は他の部分を引き連れるのか、そしてなぜその一部分だけを他の部分とは別に動かすことが容易ではないのか、ということである。それだから、手の柔らかさを当てにしても無駄である。なぜなら、たとえ手の代わりに相当の大きさの鉄片や石塊を打ちつけたとしてみても、釘の部分同士はがっちり結びついたままだからである。また、固いものを砕くには柔らかいものによるよりも固いものによる方が容易であるとはいえ、問われているのは、釘の各部の凝集力が勝《まさ》っているのはどんな理由でどんな力によっているのか、ということではなく、その凝集力がなぜあるのか、ということである。つまり問われているのは、なぜ一部分だけがもっと大きい物体によって動かされるのか(これはあり得ない)ということではなく、なぜその部分だけを動かすことが容易ではないのか、ということである。

第六四節〔六四　自然学において、私は幾何学や純粋数学以外の原理を認めないし望ましいとも思わない。なぜならば、自然の現象はこれらによってすべて説明できるし、確実な証明をそこに与えることができるからである。〕著者〔デカルト〕は、物質的な事柄に関しての一般的原理を扱った第二部を終えるにあたり、一つの助言を与えていた。だがここには何らかの制限を加えることが必要であるように私には思われる。彼の主張によれば、自然現象を説明するためには抽象数学から引き出された原理、つまり大きさと形と運動についての学説以外の原理は必要ではないとし、幾何学の対象となるもの以外は物質とは認めないのである。私自身も、自然の個々の現象は、我々が十分に探求するならばすべて機械的に説明することができるはずだということ、そして物質的な事柄の原因を他に求める理由などないということには賛成する。しかし私としてはさらに、機械的な原理そのもの、そしてそれゆえ自然の一般的法則は、より高次の原理から生じるものであって、量や幾何学的な事柄を考察するだけでは説明ができないものだ、と考えている。いやむしろ私は自然の法則には何らかの形而上学的なものが内在していると考える。この形而上学的なものとは、想像力によって示される概念からは独立し、延長とは無縁の実体に関わるはずのものである。なぜなら、物質には延長やその様々な様態以外にも、力そのものつまり作用する能力があり、これによって形而上学から自然へ(123)、また物質的なものから非物質的なものへと移行できるからである。そしてその力はそれ自身にとっての法則を有している。この法則は〔一方では〕数学的な法則のように絶対的でいわば動物的な必然性を持った原理から導き出されるが、それだけではなく完全な理由の原理からも導き出される。以上のような全体的な論じ方が確立すれば、その後は自然現象に対してはすべてを機械的に説明できるようになる。それだから、原質《アルケウス》の知覚作用や傾向性だとか、作用的観念だとか、実体的形相だとか、また魂だとかをここに呼び込んでも役に立たない(124)。さらに自然の一つ一つの個別の事柄を一気に実現させてしまう万物の普遍的原因を招き入れてもこれまた機械仕掛けの神(125)にすぎない。この点では、聖書の文言を曲解した『モーセの哲学』(126)の著者も思い起こされる(127)。以上の指摘を適切に検討する人であれば、哲学的な思索においては中間的な立場を保つことで、自然学者のみならず神学者たちをも納得させるだろう。またこの人ならば、スコラ学者たちがかつて犯した誤りが、不可分の形相の探究に没頭していたことよりはむしろ、その適用の仕方において重大であったということを理解するであろう。そこではむしろ実体の働き方や役割、作用様態、つまりは機械的あり方が問われているのである。自然は帝国内の帝国のようであり、言うならば理由と必然性とからなる二重の王国、あるいは諸々の形相と物質の粒子とからなる二重の王国である。なぜなら、あらゆるものに魂が満ち満ちているのと同じように、あらゆるものに有機的な身体が満ち満ちているからである。これらの王国は互いに入り乱れることはなく、それぞれの法によって支配されている。そのため、〔魂の〕表象や欲求の理由を延長の変様に求めるべきではないし、それと同様に、生物の生育などの有機的な働きの理由を形相や魂に求めるべきでもない。しかし、至高の実体は万物の普遍的な原因であり、その無限の知恵と能力とにより、二つの全く異なる系列が同一の物体的実体において互いに関わり、相互に完璧に一致するようにさせている。そのため、あたかも一方は他方からの流入によって支配されているかのようになっているのである。もし物質の必然性と作用因の秩序に注目するならば、想像力を満足させる原因なしに生じるものや機械的あり方の数学的法則を超えたものなどは存在しないと認識することだろう。他方で様々な目的を黄金の連鎖(128)と見なし様々な形相の輪を叡智的な世界と考えるならば、倫理学の頂点と形而上学の頂点とが至高の作者の完全性によって一つのものと結びつくこと、そして何ものも理由なしには生じないということを肝に銘じることになる。というのもこの同じ神が卓越した形相であり第一作用因であり万物の目的すなわち究極の理由でもあるからである。しかし我々にできることは、まず万物の中に神の痕跡を見て神を崇めること、次に神が用いる道具の働き方を単に物質的な事物への機械的な有用性に向けられているということにだけではなく、驚くべき技巧による気高い目的にも資するものになっていることにも省察を巡らすこと、そして〔最後に〕、神を諸物体の建築者としてだけではなく、さらにその叡智によってすべてを最善に秩序づけこの宇宙を最も有能で最も賢明な君主に統治された最も完全な国家(129)として築く精神世界の王として胸に刻むこと、以上である。こうして、自然の現象の一つ一つを検討するにあたっては、二つの見方を結びつけることが、生活に役立つとともに精神の完成をも促し、敬虔な心に劣らず知恵の陶冶にも資することになるのである。

四　自由、偶然性、原因の系列、摂理について(1)

一六八九?年

De Libertate, Contingentia et Serie Causarum, Providentia

人間にとって最古の問いは、自由と偶然性とはどのようにすれば原因の系列ならびに摂理と両立し得るか、というものである。キリスト教の学者たちは神が人類に救済をもたらす際の正義について議論を重ねたが、それがかえって問題を大きくしてしまった。

私は以前には次のように考えていた。〈何事も偶然に生じることはない。ただしある種の実体にとっては別だが。幸運《フォルトゥーナ》というものは運命《ファートゥム》(2)とは違って空虚な言葉である。何事もそれにとって必要な条件が揃わなければ存在しない。以上をすべて一緒に合わせて初めて事物が存在する。〉それゆえ、私の考えは、万物が絶対的に必然的だと考える人、強制から逃れていればたとえ必然性のもとにあろうとも自由であるのに十分であると考える人、不可避的で確実に知られていることを必然性と区別しない人、このような人々の考え方と違わなかった。

しかし、今現に存在してはいないが可能であるもの、これからは存在しないが可能であるもの、そしてかつて存在しなかったが可能であるもの、これらのことを考えたことで、私は以前の偏見から呼び戻された。なぜなら、ある可能なものが今現に存在しないのであるなら、今存在しているものは必ずしも必然的ではないことになるからだ。もしそれが必然的であるならば、今現に存在しているものの代わりに他のものが存在することは不可能であり、したがって、今現に存在していないものは不可能なものとなってしまう。なぜなら、多くの物語、特に「小説」と呼ばれているものは、神が選択した宇宙の系列の中に場所を持たないものであるにもかかわらず、可能であることが否定できないからである。まさか、広大な時空の中には大ブリテンのアーサー王やアマディス・デ・ガウラ、さらにはベルンのディートリッヒなどゲルマン人の物語で有名な人物が闊歩する詩人の世界が実在している場面があるなどと想像する人はいないと思うが。(3)今世紀の傑出したある哲学者(4)はこれに近い考えを持っていたようだ。彼が言うには、彼は実際あるところで明確に物質は取り得る形をすべて継起的に取ると述べている（『哲学原理』第三部第四七節）。この考え方は擁護できない。なぜなら、それでは宇宙の美とあらゆる選択肢をすべて取り去るからである。ただ、ここではそれ以外に反論に値する議論は示さないでおく。

こうして事物の偶然性を認めた後、私は真理についての明白な概念について考察を進めた。というのも、その頃私は、必然的真理を偶然的真理から区別できるかという問題に光を投げかけようとしていたからである。そこで私は、すべての真なる肯定命題においては、それが全称命題であれ単称命題であれ、必然的命題であれ偶然的命題であれ、述語は主語に内在する、つまり述語の概念はなんらかの仕方で主語の概念に含まれているということがわかった。さらに、これがすべてをア・プリオリに知る者にとっては不可謬の原理であるということもわかった。しかしこのこと自体が困難を増したように思われる。そもそも、どの時間においても述語の概念が主語の概念に内在しているとするなら、どうすればその述語が主語に対して矛盾や不可能性なしに、あるいは主語の概念を破壊せずに否定できるのだろうか。

　しかしながら予期せぬ光が新たにやって来た。それは思いもかけぬことに、無限の本性について数学的に考察するところから来たのだった。人間の心を摑《つか》む二つの迷宮がある[5]。一つは連続体の合成の問題であり、もう一つは自由の本性についてである。両者は無限という一つの同じ源泉に由来する。先ほど触れた著名な哲学者はこれらの二つの結び目を解くことができず、自説を表明しようともせずに快刀で断ち切ってしまった。彼は（『哲学原理』第一部第四〇、四一節）、我々が神による事前決定と意志の自由とを両立させようとする試みには大きな困難が直ちに立ちはだかるから、我々には神の本性を把握することができない以上、こうした議論は遠ざけておくべきだ、と言う。また同じ著作で（『哲学原理』第二部第三五節）、〈物質の無限可分性を我々は理解しているわけではないが、疑うべきではない〉とも言っている。しかしこれではいけない。ある事柄を我々は把握できないということと，それが矛盾であると我々が把握することとは別のことだからである。したがって，少なくとも自由あるいは物質の無限分割が矛盾を含むと推論をするような論証には答えることができなければならない。

すべての被造物は無限の神の何らかの表徴を刻印されているが，この表徴こそが人々の心を捉えて離さない多くの驚嘆すべきことがらの源泉であることを知らなければならない。例えば，物質のどれほど小さな一部分にも無数の被造物からなる世界が存在している。さらに，被造の実体の一つ一つは，どれほど不完全であっても，他のすべてのものに働きかけ，すべての他のものから働きを受けていて，その実体の完成された概念（これは神の心の中にある通りのもの）の中に，宇宙の全体と現在過去未来にある出来事のすべてを含んでいる。そしてどの事実の真理つまり個別的な事柄についての真理も無限の理由の系列に依存しているが，この系列の中にあるものをすべて見通すことができるのは神だけである。このことがまた，なぜ神のみが偶然的真理をア・プリオリに知り，経験によるのとは別の仕方で偶然的真理の不可謬性を見ているのかということを説明している。

以上のことを注意深く考察することによって，私は必然的真理と偶然的真理の違いを見出した。すべての真理は，本源的か派生的かのどちらかである。本源的な真理とはその理由を示すことが可能であり、同一的真理か直接的真理がこれに該当する。同じことだが、同一のものをそれ自身において肯定し、矛盾するものを矛盾するものにおいて否定する。派生的真理にも二種類ある。あるものは本源的真理に分割されるが、あるものは分割を無限に続けることになる。前者は必然的真理であり後者は偶然的真理である。まず必然的な命題とは、その反対〔対当命題〕[6]が矛盾を含むものであり、すべての同一命題ならびに同一命題に分割可能なすべての派生的命題がこれにあたる。これらの真理は形而上学的な必然性あるいは幾何学的な必然性だと言われる。なぜなら、論証するということは、命題の項〔の概念〕を分解し、定義されるべき項の代わりに定義もしくは定義の部分を置き換えることによって、述語が主語と何らかの等価関係にあること、もしくは対応関係にあることを示すことだが、これとは別に項が命題の中に元々潜んでいたか何らかの命題に潜在的に含まれていた場合には、少なくともそれが含まれていたことを示すことだからである。例えば、三倍数、六倍数、十二倍数等々を考えるとすると、それぞれが、3、6、12で割ることができ、「すべての十二倍数は六倍数である。」という命題を証明することができる。なぜなら、「すべての十二倍数は二倍・二倍の三倍数である」(これは十二倍数をその素数に分解したもの12＝2×2×3で、これはすなわち十二倍数の定義となる)からである。また「すべての二倍・三倍数は六倍数である。」(これは六倍数の定義となる。6＝2×3）それゆえ、「すべての十二倍数は六倍数である。」（12は2×2×3に等しく、2×2×3は2×3で割ることができる。そして2×3は6に等しい。それゆえ、12は6で割ることができる。）

しかし、偶然的真理の場合には、確かにこれも述語は主語に内在するとはいえ、だからといって論証ができるということにはならないし、命題を等価関係や対応関係に帰することもできない。〔項の〕分解は無限に続くからである。神だけが見てはいるのだが、分解の最後まで見ているわけではない。最後の項があるのではなく項の結合があるだけ、つまり述語が主語に含まれていることだけであり、神は〔述語が〕系列に内在していることを見ているのである。実はこの真理そのものの一部は神自身の知性に由来し、他の一部は神の意志に由来する。そして神の無限の完全性と万物全体の系列の調和とを神自身の仕方で表している。

そこで我々〔人間〕は偶然的真理を二つの道によって認識する。一つは経験によって、もう一つは理由《ラチオ》によってである。経験による場合、事物を感覚によって十分に判然と知覚する。これに対して理由による場合には、何事も理由なしには生じないという一般的な原理(7)そのものに、つまり述語は常に何らかの理由によって主語に内在しているという原理に基づいている。したがって我々〔人間〕にとっては、すべては神によって最完全な仕方で造られたこと、神は理由なしには何ものもなさないこと、知解力のある神であれば事物のこの状態がなぜ他ではなくむしろこのようであるのかを知解しているはずなのだからその神が知解していないようなことは生じないこと、これらは確かであると考えることができる。それゆえ、魂における働きも身体における働きと同じように理由を挙げて説明ができることになる。ただし魂が選択する際には必然性はない。罪は事物が本源的に制限されていることに由来する。しかし神は罪を〔犯すように〕命じているのではなく、むしろ特定の可能的な実体にはその完成された概念の中にやがて自由に罪を犯すということが〔その実体が〕可能であることの理由として既に含まれていて、そのような実体を含む事物の系列全体が存在することを神は容認しているのである。この系列を〔罪が含まれているとしても〕神が他の系列を差し置いて選好したことの理由が、すべての被造物の理解力を超越した神秘的なものであることは、疑う余地もない。しかし神は完璧で積極的なことしか命じないのに、制限もその制限から生じる罪も神自身が許容している。なぜならば、いくつかの積極的な命令を設定すれば罪が絶対に生じないようにすることもできるのだが、知恵を伴う理由によって〔罪が生じないときよりも〕一層大きな善を得ることで〔罪が生じたことの〕埋め合わせをしているからである。とはいえ、この議論はここですべきことではない。

曖昧な問題に翻弄されないようにするためにもう少し注意を凝らしてみると、真理と〔数学的な〕比との間の一種の類比に思い至る。これによれば問題はすべて一目瞭然となり目から鱗が落ちる思いとなるだろう。ちょうどすべての数的比において小さい方の数が大きい方の数の中に内在し、等しい数が等しい数に内在しているのと同様に、すべての真理において述語は主語に内在している。そしてまた、すべての比（これは同質な量の間にある）においては、同等もしくは合同な項を設定し、大きな項からその部分をなす小さな等しい項を取り除くことにより、大きな項から小さな項を減ずる一種の分析が可能となる。同じようにして〔減じた〕残りからさらに減じていくことができ、これはある一定の所までか無限にどこまでも続くかどちらかである。以上〔の比〕の場合と同様に、真理の分析も常に項の概念から等しいものを差し引き、述語を主語に含まれているものにまで分解することができる。

ところで、比の中には分析がやがて終了し共通の尺度にまで達する場合があり、その尺度の完全な反復が比の両項をなしている。しかし比の中には反復が無限に続くものがある。ここに有理数と無理数の違いがある。これは正方形の辺の長さと対角線の長さの比のようなものである。以上のことは真理でも同様である。真理には証明可能で必然的なものと、自由で偶然的な真理がある。後者は共通の尺度としての同一性にまで還元するような分析は不可能である。このことは比にとっても真理にとっても本質的な区別となっている。

しかしながら、比が共約不可能であっても幾何学の下に統御され、無限級数についても証明ができているのと同じように、あるいはそれ以上に、偶然的で無限を含む真理も神の知恵の下にある。神は証明によることなしに〔証明は矛盾を含んでしまう〕(8)誤ることのない直視によって真理を認識している。しかし神による直視というものは、一種の経験的な知識のようにまるで神が事物のうちに何事かを判明に見ているかのように理解してはいけない。神は真理の理由に基づいてア・プリオリな認識として事物を見ているのである。そして神は、事物を可能なものとしてそれだけで見るときには神自身の本性を考慮することで見ているが(9)、〔現実に〕存在するものとして見るときには神の自由な意志と命令とを考慮することが加わる(10)。この前者〔自由な意志〕(11)はすべてを最善の仕方でしかも最大の理由を持って行うものである。しかし所謂中知は偶然的な可能的なものについての知識に他ならない。

以上のことを考えれば、これまで論じてきた議論で解決できない困難はもはや生じ得ないだろう。なぜなら、必然性という概念を、誰もが認めているように、反対が矛盾を含むものだけが必然的であるというように一旦認めたならば、自同的真理や矛盾律に還元されることはないが神のみが見渡し得る理由の無限の系列を含むような種類の真理が存在可能であり、(12) 現に存在しなければならない、ということは、証明や分析の本来のあり方を考察することによって容易に明らかになることだからである。これが、自由で偶然的と言われ特に場所と時間を含む事物すべてにとっての本性である。この本性はすでに十分に示したように、宇宙の無限の部分が互いに入り込みながら連結していることによるのである。

五　遡源試論　原因探究についての遡源試論[1]

一六九六年以降

Tentamen Anagogicum. Essay Anagogique dans la recherche des causes

[2]「至高の原因へと導くものを、神学者のみならず哲学者も遡源《アナゴジク》[3]と呼んでいる。それゆえここではまず、自然の法則は叡智的な原因を想定することなしには説明ができないことを示す。またここでは、目的の探究においては最も単純で最も決定された場面があることも示す。ただしその場面が最大であるか最小であるかは区別しない。同じことは微分計算においても見られる。光線の方向の一般的法則を目的から引き出したことはその好例である。このときには光線が反射光か屈折光かの区別は不要だし、反射面が曲面か平面かの区別も不要である。そこからは、反射にも屈折にも合致するなんらかの新しい一般的な定理を引き出すことになる。自然の法則の分析と原因の探究は我々を神に導く。目的への道を辿ることで、微分の計算のように単に最大や最小のものに到達するだけではなく、一般的に最も決定され最も単純なものに到達するようになる。」私がこれまでことあるごとに指摘してきたことがある。それは、自然の法則を最終的に解決するならば、我々は秩序と完全性の最も深遠な原理に達することができるようになる、ということである。そしてその原理によって、この宇宙は普遍的で叡智的な力によってもたらされたものだということが示されるのである。こうした認識は現代における様々な探究の

主要な産物であるが、古代の人々もすでに同じように判断していた。こうした課題に中心的に取り組んでいたピュタゴラスやプラトンは言うに及ばず、アリストテレスも諸著作で論じ、とりわけ『形而上学』では第一動者の存在を証明していた(4)。とはいえこれらの古代の人々は、現在の我々と違って自然の法則のことを知らなかったので、我々が現在手にして活用できている手段の多くを持っていなかった。

自然を認識することで技芸《アール》が生まれる。自然は我々が生を維持し、しかも快適なものとする手段をもたらしているが、しかし知恵と徳とが精神にもたらす満足感は、人生の最大の楽しみであるばかりか、極めて短い人生の中にあっても永遠なるものへと我々を高めてもくれる。したがって、道徳的格率を立てるに資するもの、至福を徳の内に定めるもの、あらゆることを完全性の原理に由来するようにさせるもの、これらは、技芸に役立つどんなものにも増して、人間とその地位にとって遥かに有益である。また、人生にとって有益な様々の発見は往々にしてもっと重要な光の系にすぎず、やはり神の領域を探究する者こそがその探究の途中において残りのものを見出すこともまた真実である。

自然学における目的因の探究は、人の義務と思われることの実践そのものなのだが、目的因を哲学から排除しようと思っていた人々は、目的因の重要な効用を十分に考えたことがなかった。もっとも私は、彼らがその点で思い違いをしていたと考えるにとどめそれ以上に彼らを責めるつもりはない。しかしながら、それとは別の人々が登場した。この人たちは悪乗りをして、自然学から目的因を排除して他所《よそ》に追いやるだけでは満足せず、目的因を全滅させることに傾注し、造物主が真理に対して全権を持っていてもそこにはいかなる知性もないことを示そうとした。さらにまた別の人もいて、こちらは普遍的な原因を一切認めなかった。宇宙の中には粒子の競合しか認めなかった古代の人々と同じで、この考え方は形象に囚われた人々からは絶賛されていた。なぜなら彼らの考えでは数学的な原理を用いるだけでよく、形而上学の原理などは幻想を扱うものだから不要だし、善の原理のような人間の実生活に関わる事柄も不要だとしたからである。完全性や善は我々の思考から生じる特殊な結果にすぎず、宇宙の自然の中には存在しない、と考えているのだ。

このような誤りに容易に陥りがちなのもわかる。形象を捉える想像力さえあれば対処可能な事柄、つまり大きさと形とそれらの様態について思索するにとどまっている場合ならどこでもありがちだ。(5) しかし理性を用いた探究を推し進めるなら、想像力だけに基づく純粋に幾何学的な原理によっていては運動の法則を説明できないことがわかる。こうしたこともあって、現代の極めて有能な哲学者たちは、運動法則は純粋に恣意的《アルビトレール》だとした。選択に由来するもの〔法則〕が恣意的であり幾何学的必然性によるのではないとした点では彼らは正しかったのだが、その考え方を拡大して運動法則が全く無差別だとまでは考えるべきでなかった。なぜなら、運動法則は造物主の知恵、もしくはその法則を選択させている最大の完全性に由来していると示すことができるからである。

以上のように考えるならば、真理とともに敬虔の心をも満足させるために必要な真の中間を得ることができる。よく知られているように、宇宙の中に物質的なものしか認めていなかった有能な哲学者がいた一方で、その粒子論的な哲学に衝撃を受けそれを抑え込むだけでは満足せずに、自然の中には例えば光や重さや弾性力のように機械的な原理によっては説明できない現象があるということを主張せざるを得なくなった賢明で熱心な神学者もいた。しかしこの神学者たちは正確さを持って推論することをしていないし、粒子論の哲学者たちからも容易《たやす》く反論されてしまうので、神学者たちは宗教に奉仕しようと考えながらかえって宗教を毀損することになっている。なぜなら、この神学者たちは、物質的な原理しか認めていない人々の説を、自分たちの誤りによって強固なものとしているからである。私が言う真の中間は両者を満足させるもので、自然の現象はもし我々が十分に理解すればすべて機械的に説明することができるはずだが、力学の原理そのものは機械的に説明できない。その原理は造物主の知恵が作品の秩序と美しさに示されているもっと高次の原理に依存しているからである。

この考え方において最も美しいと私に思われるのは、この完全性の原理が一般的な場面にだけ限定されるのではなく一つ一つの事物やその現象の細部にまで及んでいるということである。そしてこれは「最善形式」[6]の方法、つまり「最大最小提示」の方法と幾分似ている。この方法は、「最大量と最小量」についての古代の方法を現代の我々が数学に導入したものである。つまり、形式や図形の中で最善なものは全体においてだけではなく、各部分においても最善であると見られる。そうでなければ全体においても最大だとは十分には言えない。例えば、二点間を最短で降下する線[7]において、その線の途中のどの二点をとってもそれで切り取られた線は二点間の最短の線となっている。このように、宇宙の最小の部分においてさえも最大の完全性の秩序に従って統制されている。そうでなければ全体が統制されていることにならなくなる。

このようなことがあったため、粒子的な自然においてさえ互いに浸透しながらも紛れることも妨げあうこともない二つの王国がある、と私は言うことにしている。その王国の一つは力の王国で、ここでは自然の内部にまで深く分け入るならば、あらゆることが作用因によって機械的に説明できる。そしてもう一つは知恵の王国で、ここでは我々が自然の働きを十分に認識するならば、あらゆることが目的因によって言わば建築術的[8]に説明できる。それだから、ルクレティウス[9]に倣って、動物には目があるから見えると言うことができるだけではなく見るために目が与えられたのだ、とも言える。ところが前者だけを認めて自由思想[10]を持ち上げようとしている人がいることを私は知っている。しかしながら、自然の機械の細部に立ち入った人なら、よほど偏屈でもない限り自然の機械の美しさに抗うことはできない。ガレノス[11]も、動物の身体の各部分の働きについて何事かを知ると賛美の念に心を奪われた余り、動物の部分を説明することは賛歌を唱えて神の栄光を讃えることに匹敵すると信じていたのである。私は腕の立つ医師が特別の作品を制作してくれることをしばしば願ってきた。そのタイトルあるいはせめて目的は[ガレノスの讃歌]Lとでもしようか。

さらに深く考えを進めると、目的を考察することが、至高の造物主への崇敬を高めるためだけではなく、その作品〔である自然〕の中で発見を行うためにも有用であることに考えが至ることがある。このことについて私は以前一つの事例として光学の一般的原理について示したことがある[12]。光線はある一点から他の点へ平らな表面に対して最も容易な経路を通って進む。このとき平面であることが他の場合にとっても規則として役立つに違いない。なぜなら、もしこの規則を作用因として用い、投射可能なあらゆる光線の中で最も容易な光線だけが優位に立っているかのように考えるとしたら、すべての表面を〔平面も曲面も〕そのままに考えその表面に接する平面を考えに入れないことになり、そうするといつも規則通りになるとは限らないことになってしまうからである。それにしても率直に言ってこの原理には目的因に関わるところがある。フェルマ氏[13]がこの原理を屈折光学で用いたときに反対した人がいたが、フェルマ氏の仕事は機械論に基づく原理よりもはるかに美しく見事であり崇高な用法にもよく適したものだと私にはわかった。英国で光学に関する著作を出版したある有能な著者[14]は私に謝意を表してくれた。秩序を保つために必要なのは、〔あらゆる〕線を直線からの合成として、〔あらゆる〕面を平面からの合成として扱うことである。そして光線はそれが差し込む平面によって方向が決定される。このとき、その平面が曲面を形成していると一般には考えられている。しかし同一の秩序が保たれるためには、最も容易な仕方でもたらされる結果は平面において、あるいは少なくとも他の面に対して条件的な要素として役立つものにおいて得られるのでなければならない。それ以外の面によってでは最も容易な仕方は得られないからである。平面として考えることによって、他の面に対しても新たな原理として十分にとって替わり、最小であるどころか、最も決定されたものとして考えられなければならないことになる。これは最大でありながら、最も単純なものとなり得る。

古代の人々の中でも特にプトレマイオスは、平面上に差し込む光線の最も容易な経路についての仮説をすでに用いて、入射角と反射角とが等しいことを説明していた。これは反射光学の基礎である。そしてまさしくこの仮説を用い、フェルマ氏は屈折の法則を正弦《サイン》によって、あるいは（スネル[15]のやり方で定式化するなら）正割《セカント》によって説明した。しかし序《つい》でに言うなら、この法則は最初にそのやり方で発見されたことに疑いはないと思っている。よく知られているように、ヴィレブロルト・スネルは当代随一の幾何学者の一人であるとともに古代の方法にも造詣が深く、発見もしていた。彼は著作を残していたのだが死去したために出版されず仕舞《じま》いであった。しかし彼は弟子に教えていたので、状況から察するに、デカルト氏はオランダに来て少ししてから誰よりもこの問題に惹かれ、やがて〔スネルの法則を〕知るに至ったのであろう。そもそも、彼〔デカルト〕は屈折の問題を、強い力で発射された弾丸の反射と似た仕方で方向が合成されたものとして説明することを試みたが、その方法はあまりに強引で十分に理解できるものではなかった。これ以上のことは控えておくが[16]、それでわかったのは彼〔デカルト〕の論証の進め方はとにかく結論に至ればよいという代物だったのだが、結局この方法では結論に至ることはなかったのである。こういうわけで、肝に銘じておくべきことは、目的因の方法を持たずに、この美しい結論に飛びつくことは控えるべきだということである。

　そういえば、何人かの著者たちがこの〔反射の〕原理に対し、曲面に適用しようとするとうまくいかず、凹面鏡の場合には反射経路が最長になることがあるとしばしば批判し

Fig. 1.

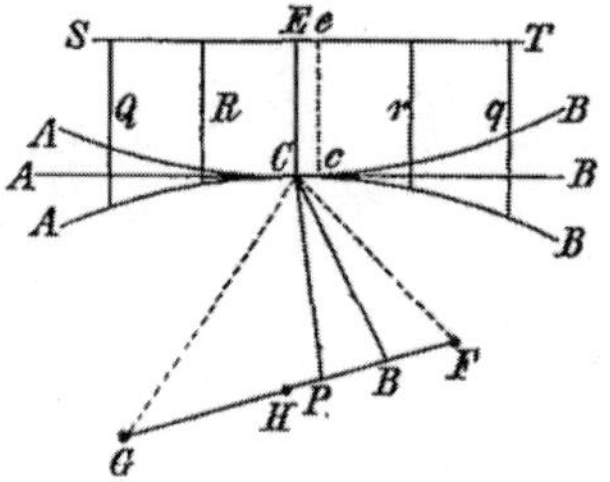

ていた。しかし、建築術的原理に従えば曲面はその面に接する平面によって決定されるべきだということを私はすでに述べていたのだが、ここではそれに加えて、光線は最も決定された唯一の経路で進むこと、しかもそれは曲面の場合でもそうなるということがなぜ常に一般的に真であるのか、説明することにしたい。「最大最小」問題の分析において、最大であるか最小であるかを区別せずに扱う操作は異なる場面へ適用する操作と同じことである。なぜなら、そこでは最大であれ最小であれ秩序内にあって最も決定されているものが常に求められているからである。ここでの分析は差異の消滅に、つまり連携双子の一体化に基づいているのであって、他のあらゆる種類の大きさとの比較に基づいているのではない(17)。例えば(図1[Fig. 1]参照)、曲線ABがあり、これは凹状もしくは凸状だとして、横軸線STを引きそこから曲線に対して縦座標に沿った線を引く。QあるいはRの縦線にはそれぞれ双子の同等の縦線qあるいはrが対応する。しかしECという特別の縦線がある。これは長さがただ一つに決定されていて双子を持たない。なぜならここでECとecの双子は一体化し

ていて一つに他ならないからだ。そしてECは凹状の曲線に対しては最大に、凸状の曲線に対しては最小のものとなる。このような〔一つに決定されている〕場合以外では、限りなく接近している二つの縦線において、縦線の間には差があり、縦線をmと呼ぶなら、縦線間の差はdmとなる。mに対応しているのはEeでありこれは横軸の限りなく小さな部分である曲線つまり横軸線STに接する曲線でここではCと角度を作ることになる。ところが無限に接近した縦線同士は双子というか一致しているというか、とにかく差異がなく、dmは0となり、Cにおける接線は軸線と平行になる。この分析の根底には、双子同士の結合によって一体化が生じ、縦線が最大か最小かなど心配せずともよくなるということがある。この問題においては計算をすればとりわけはっきりすることになる。ここで〔図1［Fig. 1］〕、平面であれ凹面であれ凸面であれ何らかの鏡ACBがあるとし、さらに二つの点FとGを置く。さて、FCGが最大となるような唯一で特別に決定されるような経路を持つ反射点Cを求めよう。これは古代の人が既に〔単独者《モナコンG》〕[18]と呼んでいたもの、つまり（どちらにしても）最大であって最小である。なぜなら、最大でも最小でもないものは二重であれ双子であれ、自分と対応する大きさが同じ別のものを持っているからである。FGを結びその中間点をHとし、CとFGの間にFGに対する垂線CBを引き、鏡に対しては垂線CPを引く。[19] HFまたはHGをa、HBをx、CBをyと

Fig. 2.

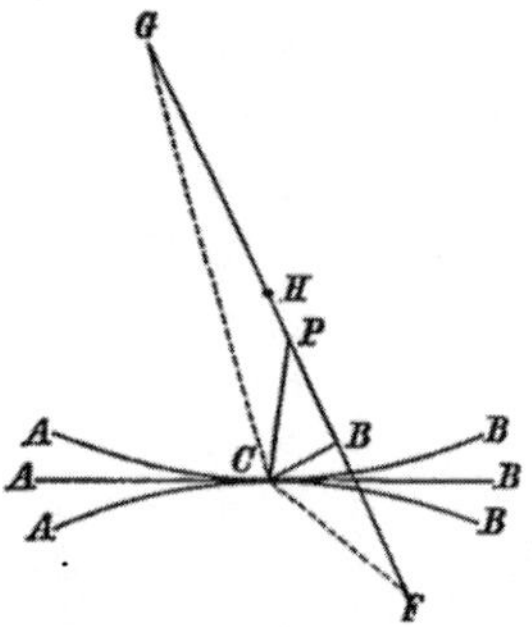

すると、BP は $-ydy$ となる。dx は後退しているから。すると、[20] CF は $\sqrt{yy+xx-2ax+aa}$、CG は $\sqrt{yy+xx+2ax+aa}$ となって、$CF+CG=m$ を得て、それを微分すると、$d.CF+CG=0$ を、つまり $(ydy+xdx-adx,:CF)+(ydy+xdx+adx,:CG)=0$ を、あるいは $CF:CG=a-x-ydy:dx,:,a+x+ydy:dx;$ を得る。ところで、a-x は BF、a+x は GB なので、$CF:CG=BF+BP,:,GB-BP$ あるいは $CG:CG=PF:PG$ となる。以上が示しているのは、FCG の角度は曲線に対する垂線 CP によって二等分されているということ、つまり反射を引き起こす面がどのようなものであれ、入射角と反射角とは等しいということである。

屈折の場合も真理は同じである。つまり、屈折面が平面であれ曲面であれ、一様であるなら、入射する光線は常にある一点から別の点に最も決定された唯一の経路で進む。ここには時間差のあるいわば双子の兄弟はない。それ以外の場面を観察した記憶はない。このことを〔反射と〕同じような分析によって証明するのは簡単なことだ。先ほどと同じようだが、今度は鏡ではない（図 2〔Fig. 2〕）。表面 ACB は、平面であれ凹面であれ凸面であれ、光線を透過させその方向を変える二種類の媒質を分けている。媒質ACBFの抵抗が媒質ACBGの抵抗に対する比をf対gとすると、f.CF+g.CG=mとなり、微分すると(f, ydy+xdx-adx.:CF)+(g, ydy+xdx+adx.:CG)=0を得る。したがって(反射の場合と同様に計算すると)、CF:CG=f.PF:g.PGとなる。ところで、この定理から正弦《サイン》の比を引き出すことは簡単である。なぜなら、光線CFはCにおいて、屈折を生じさせる表面ACBと交わり、屈折する光線CGは入射光線FCと等しいとして、表面〔境面〕に直角の直線CPとPで交差する光線FGを加える。そしてFとGからCPに垂直線FLとGNを引く(図3[Fig. 3])。すると、CGとCFは等しいとされているので、前項の方程式によって、PF対PGはg対fとなる。したがって、二つの相似三角形PLFとPNGによってFLの正弦とGNの正弦の比はg対hとなる。つまり、媒質の抵抗の大きさと相互的である。屈折角の正弦は入射角の正弦に比例しているのである。(21)

Fig. 3.

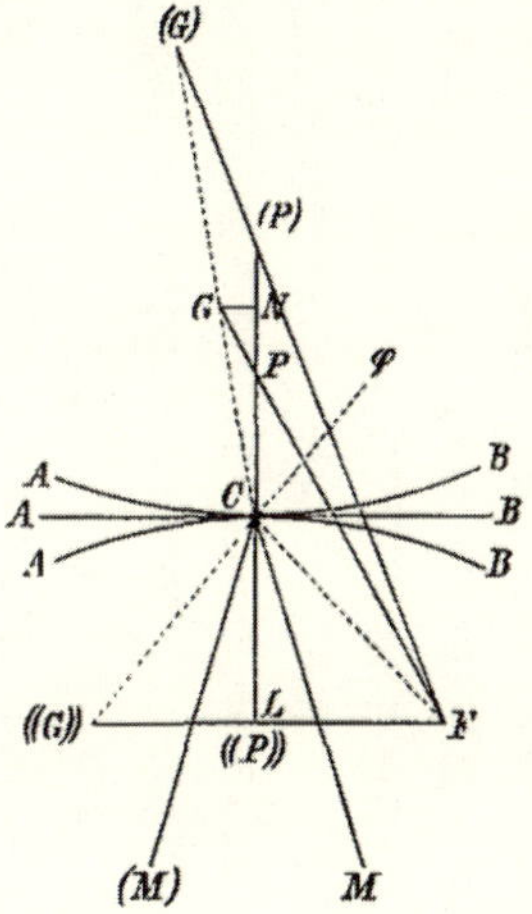

結局、以上から明らかになるのは、一定時間内における唯一の決定された経路の規則は一般的に通用するものだということである。つまり光線は、直進する場合でも折れ曲がる場合でも、また反射でも屈折でも、しかも平面でも凹面でも凸面でも、どの場合にでも一般的に通用するということで、この〔方向の〕決定においては時間が最長か最短かを区別する必要もない。とはいえ、実際にはこの規則を用いるべきなのは、最短の場面、つまり正接平面である。自然は至高の知恵によってしかるべく統御されているため、その計画は至る所で遍《あまね》く示されている。曲線〔や曲面〕はそれに接する直線や平面によって規整されている。曲線が直線や曲面で合成されているかのようである。もっとも厳密に言うとそうではないのだが。

こうした見方をすることで、さらに反射光学と屈折光学に共通の一般的な定理を得ることになる。なぜなら、[22]一方の側から射し込んだ光線に基づいて〔二つの〕長方形を作り、それぞれを基線の反対側に置くと（つまり長方形 CF と PG）、それらの長方形同士は、もう一方の側から射し込んだ光線に基づいて反対側に対応するように作った長方形（つまり長方形 CG と PF）、つまり屈折した光線の側の下にある長方形と常に比例する。そして基線に対する線分は反対側の長方形と同じ比を有する。この比は両側の媒質の抵抗の比と同じである。それゆえ、単純な反射で媒質が同じ性質の場合には、比は同等となり、一般的定理はCF:(P)(G)=C(G):(P)F=1[23]、もしくはCF.(P)(G)=C(G).(P)F、または前と同様にCF:C(G)=(P)F:(P)(G)、つまりは入射角と反射角とは等しくなる。

しかし屈折を伴うような反射の場合もあるかもしれないが、これはさほど難しくはない。この問題でデカルト氏が示した提案は光〔の本性〕には合致しないように思われる。これは以下のような問題である。光線FCが同時に鏡面ACBのC点と新たな媒質のMVAもしくは(M)CAとに到達し、この場合に光線は後方に反射するものの反射角は入射角とは異なるというものだが、これを決定するのは難しいことではない。というのも、そこでは光線FCがあった場所にC(G)の方向に連続的に真っ直ぐ進む光線ψCを想定するだけでよいからで、そうすれば、鏡面CBと新たな媒質CMに同時に到達する光線FCが反射と屈折とで同時に方向を変えるけれども、あたかも光線ψCが媒質CMと出会って屈折したことによるだけであるかのようになっているのである。ところで以上のことは、経験によっても確かめられる。量的な決定まで経験でできるわけではないが、個別的な事柄として特に色についてであればある程度のことは理解できるようになる。これについては、媒質に飛び込む光線が侵入するや直ちに大きく斜行し始める際に見られる屈折から反射への移行について誰かが経験によって確かめてくれたらと私は期待している。また、このようなケースを色彩や二重反射をする水晶(24)についても適用してほしいものだ。これらは屈折が多くの色を生み出すという経験にも適用されるだけの価値がある。とはいえ、このことはついでに触れただけである。

自然は最も決定された経路を通って作用するという原理についてこれまで述べてきたが、この原理は実際には建築術的であるにすぎないとはいえ、自然がその原理を違《たが》えることはない。仮に、自然がともかく三角形を作らなければならない、としてみよう。ただしそのために周囲の長さつまり三辺の合計だけ与えられそれ以外の条件はないとする。すると、自然は正三角形を作ることになるだろう(25)。この例からわかるのは、建築術的な決定と幾何学的決定の間には違いがあるということである。幾何学的決定にとっては絶対的必然性が重要で、反対は矛盾を含むことになる。しかし建築術的決定にとって重要なのは選択の必然性のみであり、反対は不完全性を持ち込むことになる。これは法学で言われている「良俗に反することは為し能《あた》わざることと信ずべし」(26)と幾分似ている。算術の計算の場面でも、私が正義の法則と呼んでいるものがある。これは良い方途を発見するのに大いに役立つものである。もし自然が粗雑でつまり全く物質的で幾何学的であるなら、上で述べた事例は不可能ととなり、表面の形について特に決定しなければ、自然は三角形を作らないことになってしまう。しかし自然は建築術的に支配されているので、幾何学的に半分決定されているというだけでその作品を完成することが十分できるのである。そうでなければ自然は事あるごとに立ち往生したことであろう。そしてこのことはとりわけ自然の法則に関しては真なのである。ひょっとすると、私が運動を支配する法則についてこれまで述べたことを否定し、完全に幾何学的な証明があると信じる人がいるかもしれない。だが私はそうではないことを別の論考で示すことにしておこう。そこでは建築術的理由を想定せずには運動法則をその源泉から導き出すことはできないことを示したい。自然学においてまず何よりも重要なものの一つは連続律だが、これを導入したのはおそらく私が最初であり、数年前に『文芸国通信』で述べた(27)。この中で私は例を挙げながら、連続律が学説の試金石として役に立つことを示した。しかしながら連続律は鑑定の道具として役に立つだけではなく、極めて生産力の高い発見の原理でもある。このことについては他日示すつもりだ。だが私はさらに別の自然法則も発見した。これはとても美しく、広い範囲に及び、それでいて通常用いられている法則とは全く異なるもので、建築術的な原理に常に依存しているものである。万物の作者の至高の知恵を万物の原理そのものにおいて証明し称えるためには、この自然法則に勝って効力を発揮するものはない。

六　デカルト哲学についての私見に加えられた批判への返答　一六九七年

――本年〔一六九七年、七月〕二三日『学芸雑誌』掲載の「デカルト哲学のいくつかの論点からの帰結についての見解」への返答[1]

Réponse aux réflexions qui se trouvent dans le 23. Journal des Sçavans cette année touchant les conséquences de quelques endroits de la philosophie de Descartes

ニケーズ神父様のいつもの御厚情もあって、批判を受けている私の手紙はこれまで公表されずにいた。そもそもこの手紙は、高名な管区長であるアヴランシュの司教〔ユエ〕様から度々頂いている私への御批判にお答えする機会をニケーズ神父が設けて下さったからであった。そして私がこの手紙において他の多くの問題とともに述べた一節が、奸智に長《た》けた熱狂的なデカルト信奉者の一人〔レジス〕の逆鱗《げきりん》に触れるに至ったのであった。当時神父が私の手紙のその箇所を出版に付そうとしていることがわかったので、私はそれを控えてもらいたいと思っていたのだが、手遅れであった。なぜ控えてもらいたかったかというと、私の批判が間違っているからとか論評に値しないからではなく、出版に私が関与していると思い込んでいる人は、私が〔デカルトを〕侮辱するために反論をしていると勘繰っているのではないか、そして私がその著者〔デカルト〕やその陣営に敵意を抱いていると疑っているのではないか、と予想したからであった。しかしながら私はその著者〔デカルト〕に対してはその才能に常に敬意を払ってきたし、その陣営の中にも評価と尊敬に値する方もいてその方達と意見こそ違えども友好的な関係に自分が置かれていることを光栄に思っている。それなのに私の手紙の一節を批判し剰《あまつさ》えそれを出版に付す人〔レジス〕の意図するところは私には理解しかねるとしか言いようがない。これが仮に私信の中で書き殴ったようなものであるなら何もわざわざ反論するには及ばないことなのだが、公にされた以上は私としてもおとなしくしてはいられないし、その遣《や》り口には恨み言の一つも言いたくなってくる。

その御仁《ごじん》(2)は、〈デカルト氏の名声を葬ってその後に自分の(3)名声を築こうとしている〉と言って私を咎めた。これこそ、私には承服し難い点である。かの立派な人物〔デカルト〕の名声を葬り去ろうと思っているなどとは滅相もない話だ。むしろ私はこの御仁こそが彼《か》の著者〔デカルト〕の真価を十分に認識していないのだと目星をつけている。なぜなら、彼の著者の手になる最も優れた仕事をこの御仁はじっくり考えていないし、しっかりと手本にしてもいないからだ。この御仁はいつも最も他愛のない問題にばかり拘《かかずら》っている。なぜなら、そういう問題は自分でわざわざ深く思索するつもりはないのにそれでも物事の真髄を理解したいと思っているような手合いには恰好な題材だからである。このようなこともあり、誠に残念なことながら、デカルト学派の方々は師の発見にほとんど何も付け加えることがない。これは哲学の学派の気風としてはありがちなことではある。私の考え方はいつも誰にでも開かれていることを目指しているので、折に触れては彼らにもそうあってほしいと言ってきた。彼らは、師が既にしっかりと成し遂げたと信じていないからか、夢中になるととんでもないところに行ってしまうことを私は知っていたからである。私はデカルト氏をこれ以上にないほど称《たた》えていると、事あるごとに公言してきた。彼に匹敵するほどに才能のある人は滅多にいない。私が知っている限りでは、アルキメデス、コペルニクス、ガリレオ、ケプラー、ユンギウス、ホイヘンス氏、ニュートンくらいで、もう少し付け加えるなら、ピュタゴラス、デモクリトス、プラトン、アリストテレス、スワインスヘッド(5)、カルダーノ(6)、ギルバート(7)、ヴェルラム(8)、カンパネッラ(9)、ハーヴィ、パスカル氏、などなど。とは言うものの、確かにデカルト氏は、他人の発見を巧みに利用しながら〔その発見者に〕謝意を表明しようとはしなかったし、優れた人々から疑念を受けるとその人たちを邪険に扱い、学派の長たらんと躍起になっていた。しかしこのようなことがあろうとも、彼の思想の尊さを些かも減じることにはならない。デカルトの真価を貶《けな》すとか学恩を仇で返すようなことをするつもりは私には一切ない。むしろそれこそが主としてデカルト氏に見られることとして私が非難してきたことだし、その学派の多くはさらに輪をかけたものだった。彼らは一人の著者だけに的外れな仕方で執着したために偏見で凝り固まり、他の著者たちの知恵を活用することができなかった。私は、デカルト哲学は真理の控えの間のようなものだといつも言ってきた(10)。そこを通らなければ先に進むことは難しいけれども、そこでとどまるならば根本的な真理の認識には至らないからだ。

彼の御仁が光栄にも私に認めてくれたわずかばかりの名声について言うならば、私はデカルト氏を批判することでそれを手に入れたのではなかった。そこを経由する必要もなかった。法、歴史、文芸は、私が数学的な諸学問を目指し始めた時よりも前から私が取り組んでいたものだった。しかし、たとえ私が計算法を提示した新しい解析[11]がデカルト氏の解析を上回るものであり、それはデカルト氏の解析がそれ以前の方法よりも優れていたことに匹敵する、というよりそれ以上であったのだとしても、それでもデカルト氏の解析が極めて評価に値するものであったことは間違いない。とはいえ、諸科学の進歩には、それまで万全だと思い込んでいた人々の目を覚ますことが必要であった。そのためには、美しく魅力的で単純でさえある問題を示し、その問題はデカルト氏による方法に囚われて分析する人は誰一人解決できなかったけれども、方法を知っている人であればうまく対処できたはずだと知らせてやればよかった。

彼の御仁は続けて〈驚くべきことに、デカルト主義者は誰一人として私〔ライプニッツ〕に返答をしなかった〉と言う[12]。しかし私は自分に属するもの以上を望みはしない。それでも、フランスやオランダで発行されている雑誌には返答がいくつもあることを彼の御仁も気がつくはずだし、ライプツィヒの雑誌には私からの返答も掲載されている[13]。もし私がこれで調子付きでもしたら、明敏ゆえに地位も名声もある人々から私宛に寄せられた手紙の山をお見せもしよう。正直に言うなら、私はこの「見解」の著者〔レジス〕が私に知らせてくれた次のことを知らなかった。つまり、〈私〔ライプニッツ〕の最上の友人たちが勇敢なことに、私〔ライプニッツ〕は数学が優れているとされているのだからそこでじっとしていて、それほど得意ではない哲学には首を突っ込まないほうがよい、と言っている〉と。確かに、私が哲学に疎いのであれば、私の迷妄を解くべく彼らに懇願して忠告に従いもしよう。しかしながら、そのような意見の人がいると伝えてくれた人を私は知らない。むしろ私の優れた友人たちは、そうしたこと〔哲学〕は個別に知らせるよりも堂々と公にしたほうがよいと思っていてくれるのではないだろうか。そうは言っても、友人の中には必ずしもいつも用心してくれているわけではない人もいるのだが、私はそれを咎めることはしない。そしてその忠告も、私のためになって改善に資すると思ってしてくれている限りは、友情の証として受け取っていると正直に伝えている。さてこの「見解」の匿名の著者だが、私に優れた見解を示すことができるらしいので、もしその優れた見解を、公開でもよいがむしろ個人的に〔私が騒ぎ立てやしないかと思われないように〕示す労をとってくれるという気持ちがあるのなら、私の最高の友人と同様にそうしてくれるであろうし、それで私の素直さも認めてくれることであろう。しかしながら私からは、数学に首を突っ込みすぎることなくむしろ哲学に専心するように勧めて後押しするためにわざわざ心を砕いてくれた優秀で高名な人々からの手紙をお見せすることもできる。哲学だけではなく、法学や歴史学分野ではもっと多くの偉大な人々から〔それぞれの分野に〕戻ってくるようにと強く要請されている。

我々の間の論争の根本に進もう。目的因の探究を拒絶したとしてデカルト氏を非難したのは、私が最初ではない。マルブランシュ師の他にも、故ボイル氏は熱心にしかも断固として非難していた。それ以外でも、重鎮にも中堅にも同じように考えていた人がいたことは言うまでもない。しかもこれらの人々は他の点ではデカルト氏を尊敬していたのだ。彼の御仁は反論する。〈デカルト氏が自然学において目的因を排除したのは当然のことであった。しかし氏が道徳において目的因を排除したとしたらそれは間違いである。なぜなら我々の自由な行為の善や悪はすべてその行為の目的に依存しているからだ〉と。この反論には驚かされる。問われているのは我々人間の自由な行為でのことではない。人々が道徳生活の中で自由な行為を追求していることは当たり前のことである。しかし今問われているのは神の自由な行為についてであり、神の知恵についてである。神の知恵は諸事物の秩序の中に現れているものであり、これ自体はデカルト氏も否定していなかった。もし仮にデカルト氏が言うように目的因は我々人間の自由な行為にのみ関わるものだとしても、〔彼の御仁の〕反論は批判への弁解には程遠い。しかも私は、これは「反論」の著者〔レジス〕の考えではないし、デカルト氏の考えでもないと推測している。しかしながら氏が黙っていることは氏の意図を損なうことになりかねなかった。氏は神の存在を証明するためにこの手段を用いようとはしていなかった。このことで氏を弁解することもできるのだが、多くの人はこのことゆえに氏を責めた。しかし〔デカルト〕氏がこれほど重要な問題を他のどこでも扱わなかったということはない。氏の『哲学原理』のどこかでは用いられているに違いない。もし神が諸事物の作者であり、至高の知恵を具えているのであるなら、宇宙の構造について思考を巡らすときに神の知恵を考慮に入れないわけにはいかないだろう。それはちょうど、ある建物についてしっかりと検討しようとしたら建築家の意図するところに入り込まないわけにはいかないのと同じことだ。私はかつて別のところでプラトンの『パイドン』(14)(これはソクラテスの死を論じた対話篇)の優れた一節について言及したことがある。ここでは知性的な精神と物質の二つの原理を立てた哲学者アナクシマンドロス(15)が著作の中では物質の形状と運動だけで満足して知性や知恵を一切用いていなかったことで非難されている。そしてこれこそまさに現代のあまりに物質的な哲学者たちの場合と同じなのである。

しかし〈彼の御仁は言う〉、〈自然学においては、諸事物がなぜあるのかということは問われず、どのようにあるのかということが問われる。〉私はこれに対して、どちらも問われるべきだと答える。しばしば目的と使用法とで「どのように」を示す。なぜなら、目的を知ることで手段をもっとよく判断することができるからである。さらに言えば、ある機械を説明しようとしたら、その機械の目的を示し各部分がその目的に沿ってどのように動くのかを説明するのが一番よい。このことは意図の起源を見出すのにも有効となり得る。私はこの方法を医学においても活用してみたい。動物の身体は水の力、空気の力、熱の力が同時に働く機械であり、その機械の目的は何らかの運動を維持することである。この目的に適うものとその目的を損なうものとを示すことで生理学とともに治療学を知ることができるようになる。このようにして目的因は自然学においても役に立つことがわかるのだが、それは神の知恵を称えるためだけではない。それが主たる目的ではあるとしても、さらに諸事物のことを知りそれを操ることも目的である。既に他のところで示したことだが(16)、光の作用因については、デカルト氏が十分に説明できていなかったことを極めて優れた人々が現在指摘していることであり、今でも論争が続いている問題でもある。しかし目的因についてはそれがあれば光の諸法則を導き出すことが十分にできるのである。というのも、自然の目的とは、光線が与えられた一点から別の点へ進む際に最も容易な経路を辿るように導くことだったと考えるならば、これらの法則すべてを驚くべき仕方で発見することになるからで、その際には分析のためのいくつかの線を用いるだけでよい。以上はライプツィヒの『〔学術〕紀要』で示したとおりである。モリニュー氏[17]はその著書『〔新〕屈折光学』で私に謝辞を述べてくれた。私は目的因を正しく用いることによって我々が至高の知性を考察できるようになり同時にその知性に由来する自然の諸法則も知ることになると述べたのだが、そのことに深く同意してくれたのである。

「見解」の著者〔レジス〕は私に、物質が受容可能なすべての形状〔形相〕を継続的に受け取っているとデカルト氏はどこで述べているのかと尋ねている。この御仁が見つけたのは、デカルト氏の『〔哲学〕原理』の第四部の第二〇三、二〇四項だった。しかしそれがあるのは第三部の第四七節だ。その原文を本来のラテン語で示そう。著者〔デカルト〕は〔第四七節の〕概要において、世界の起源に関する様々な仮説に誤りがあっても〔その仮定から帰結することを〕損なうことにはならない、としたが、このことをもっとよく証明するために〔デカルトは本文で〕続ける。「さらに、私がこのように〔物質が開闢時に配置されていたと〕仮定するかどうかということはそれほど重要ではない。なぜなら〔物質の配置は〕自然の法則によってその後に変化するはずだからである。そしてまた、どの配置であっても同じ自然法則から（どれほど困難でも）同じ結果が導き出されないということは想定できない。というのも、〔配置の〕変化によって物質は取りうる形状を順次取ると想定できるのだから、もしそれらの形状を順番に考えていくなら、現に今ある世界に行き着くことになる、と考えられるからである。[18]」以上から、物質は受容可能なすべての形状を受け取ることができるというだけではなく継起的にではあれ実際に受け取っているが、どのような仮定を立てるかは重要ではないという主張について、果たしてこれは私がこの著者〔デカルト〕に無理やり押し付けているのではないかとか、著者ははっきりと述べていなかったのではないか、という疑念に判定を下すことができるようになる。この〔デカルトの〕推論には反論すべき点がある。その推論を支持しようとしたら、宇宙の同じ状態が一定期間の後に必ず正確に再来すると仮定しなければならなくなる。そして、もしそうではなく世界のある状態は実際には別の状態の後のものだとするなら、物質は受容できるすべての形状を受け取るとしても、現在の状態をその前の状態から引き出すことはできなくなる、と仮定しなければならなくなる。しかしここに置かれた期間は別の不都合を含んでいる。もしそうだとするとすべての無限の可能性が有限な周期的間隔に到達してしまうからである。永遠は一切新しいものを生み出すことはなくなる。デカルト氏に言わせるならば、このようなことを想定することはほとんど自由だということになるのだろうが、自由だからと言って、どんな仮定や仮説を立てても現在のこの世界に最後に行き着くことはあり得ない。なぜなら、そのような仮定は余りに長く、一つのところから別のところに進む過程が余りに困難であるため、人間の精神がそれを追いかけ捉え切ることができないからである。しかしここで問題となっているのは私が提起した命題に他ならない。そして私はそれが奇妙な結果をもたらすと指摘したのである。というのも、もし可能で想像できるものなら何でも、それがどれほど存在するに相応《ふさわ》しくないものであっても、いつの日にか存在することになるのであれば、また、もしどんな作り話でも空想でも過去にあるいは未来に真の歴史となるのであるならば、必然性しかないことになり、選択も摂理も存在しないことになる。この点こそ、「見解」の著者〔レジス〕が同意できないことである。だがそれは、彼の著者〈デカルト〉の『〔哲学〕原理』の中〔にはあるのにそこ〕に見つけられなかった命題そのものに反していると誤って思い込んでいたにすぎない点なのである。

しかしながら、彼の御仁は私を不当に責めているが、私はデカルト氏の宗教や敬虔さをさすがにそこまで攻撃するつもりはない。私が明確に反論を表明したのは、ある説が危険であるのに、その説を説く人もそれに従う人も、その説が危険であることに気がつかず、そこから導き出される帰結についても無頓着だからである。それだからその人たちに警戒するようにと知らせてあげるべきだろう。実際のところ、スピノザやその他の何人かが危険な帰結を引き出したようだから、なおさらである。とにかく、最も間違っている箇所にしがみつきそこから最も危険な結論を引き出そうと躍起になっている人々がいる。彼の御仁が私の書いたものを出版しそうだと思っていたら、私はスピノザに言及することはなかっただろう。それは私がデカルト主義者の人たちを危険視しているとあの御仁が信じていはしないかと恐れていたからである。私は彼の御仁が筋違いの情熱でその人たちに迷惑をかけることをよく知っていたのだ。それなのに、彼の御仁は私の言葉を持ち出そうとしていたので、私としても何事も故なく持ち出しているわけではないことを明らかにせざるを得なくなった。真の哲学にとってそしてまた特に自然学にとっての最上の効用の一つは、敬虔な心を養い、我々を神にまで高めることなのだから、好い印象を人に与える仕方で弁解する機会を与えてくださった方に不満を抱くはずもない。とはいえ、私には似つかわしくもないはずの執着心や偏見が私にはあるなどと言いさえしなければよかったのにと私は思う。私がある著者について抱いている見解を簡潔に表《ひょう》しようとしているときに、その見解は著者の名声を葬ろうとしているのだとして私を不当にも糾弾する人がいたら（それはあり得ないことだけではなく不当な試みでもあるのだが）、私としては、デカルトの傑出した才能を認識できない人は全くもって洞察力がないと言うつもりだが、さらに加えて、デカルトだけを知りデカルトだけを評価しデカルトに追随する人は決して大きなことをなすことはない、とも言いたい。

訳注

一　形而上学叙説　一六八六年

(1) 表題はライプニッツ自身によるものではないが、そうなった事情については解説を参照のこと。

【ハノーファーに保存されている原稿】L(大文字)、l(小文字)は、A版で用いられている符号。大文字はライプニッツ自身の手になるもの、小文字は本人、もしくは別人、あるいは両者による清書。右上の小数字は版の順番を示す。

L^1＝ライプニッツの手稿　欄外に概要が記されている。

L^2＝L^1の概要のみのライプニッツによる手稿　アルノーに送ったもの。

l^1＝L^1の部分清書(筆記者不明)

l^2＝L^1の全体清書(第一、二節はライプニッツの自筆。それ以外の節の筆記者は不明だがライプニッツ自身が手を加えている)

l^3＝l^2の部分清書(筆記者不明)

【主要な刊行本】

a. A版　本文はL^1を基本に置き、各原稿の相違ならびに推敲の経緯を示している。A VI, 4-

B, N. 306, S. 1529–1588. 欄外記載の概要は各節の冒頭に置く。
アルノーに送った概要清書（L^2）は A II, 2, N. 2, S. 4–8.

b. G版　l^2を採用。GP IV, 427–463. ただし概要清書（L^2）はアルノー宛書簡の最初に置く。
GP II, 12–14.

c. レスティエンヌ版　l^2を基本に置きつつ各原稿の推敲の経緯を詳細に示している。概要は各節の冒頭に置く。

【本書の底本】この翻訳は本文では清書（l^2）（注で「清書」と記す）、概要はアルノーに送った概要清書（L^2）（注で「概要清書」と記す）を用いる。本文、概要ともにライプニッツ自身が最終的に確認したものである。手稿（L^1）（注で「手稿」と記す）や清書の各段階での異同についてはA版を参照したが、微細な点は特に触れない。清書で削除されたり書き換えられたりしている箇所については、理解の助けになると思われる点に限り注記した。語法上の違いなどで訳出に差異が生じない場合には特に断らなかった。

各節の概要は節の冒頭《　》内に掲載した。

各節において、手稿（L^1）、清書（l^2）ともに段落は（ごく一部を除き）ほとんどないので、それに従う。レスティエンヌ版は独自に段落を設け、それに従った刊行本もあるが、その方針は採用しなかった。

（2）「人々に広く受け入れられ」は手稿にはなかったが、清書で加筆された。

（3）フランス語の形容詞としての「完全な parfait」は、par（すべてに）+fait（作られた）からなり、ラテン語の perfectus（per + fectus）に由来する。この名詞形はフランス語では perfection、ラテン語では perfectio となる。この流れからすれば、「完全な」という形容詞は、すべてでき上がって完成された段階の状態を意味し、この状態を名詞形で表すと「完全性」となり最高の程度を意味する。ところが名詞形の perfection, perfectio は、度合いとは異なる意味を併せ持っている。それは何らかの好ましい性質や状態としてのあり方を指す場合で、人やものに帰すことのできる積極的な性質を意味する場合である(cf. *Le dictionnaire de l'Académie Française* 1694)。このときには「長所」や「美点」「美徳」「器量」などの訳語が与えられ(反対の imperfection は「欠点」「欠陥」「短所」と訳されることになる)、しばしば複数形で用いられる。長所にはいろいろな性質が属すからである。程度を意味する場合には原則的に複数形を取らないのとは異なる。以上から、名詞形の場合には注意が必要となる。複数形で示されれば多くは性質を意味しているが、単数形の場合には程度か性質か判別し難いことがある。ライプニッツは多くの著作でこの語を用いているが、しばしばこの二義は重なり合っている。『形而上学叙説』のこの節での「完全性」そのものの説明は「最高度に達し得ないものは完全性ではない」という否定的な説明にとどまっている。他の著作で性質に重きをおいた説明としては、「完全性(単数形)と私が呼んでいるものは積極的で絶対的なすべての単純性質で、何ものかを制限なしに表出しているものである」「すべての完全性(複)は互いに適合可能である」(『最完全なものが実在すること』一六七六年)、「我々は自らの内に神の完全性(複)の観念を見出している。……神の完全性(複)は我々の魂の完全性(複)である」(『弁神論』「序文」、一七一〇年)があるが、「完全性(単)とは実在性の量である」(『二四の命題』一一、一六九〇年)、「完全性(単)すなわち本質の程度」(『事物の根本的起源について』一六九七年)、「完全性(単)とは事物の持つ限界や制限を除いて厳密な意味に捉えた積極的実在性の大きさに他ならない」(『モナドロジー』第四一節、一七一四年)などは、量と性質とが絡んだ表現となっていて仕分けは困難である。こうした事情を踏まえた上でこの語を訳す際に、同一語が有する二義であることの関連を示唆するために「完全性」で一貫することも可能だが、右記の区別は埋没してしまう。他方、性質の場合にはあえて「美点」と訳すことも可能であり、文脈を遮ることのない読み方ができるので、それを採用した方が好ましい場面も多いが、程度の意味は隠れてしまう。この節においては、以上の両義が絡み合っているためにやむなく基本的には「完全性」で通すが、明らかに性質を念頭においた理解が必要だと思われる場合(その多くは複数形)では不細工ながら「美点〔完全性〕」あるいは「完全性〔美点〕」とした。

(4)「一つ残らず望み通りとなっている conformes」は、手稿では「一つ残らず満足させる satis-faisans」だったが、清書で書き換えられた。

(5)アルノーに送った概要清書では当初ここに続けて「つまり人間の想像力の内にのみある」とした後、削除している。

(6)A版注はデカルト『省察第六答弁』(八章 AT VII, 435 f.)を示している。

(7)フランス語の bon は、望ましい価値を持つことを表す語で守備範囲は極めて広い。日本語の「良い」も同様だが、「善い」という表記は道徳的意味に傾斜するため、文脈に応じて「良い」と「善い」の広狭に訳し分けて違和感を避けた。

(8)『創世記』一・一〇—三一。

(9)「原因」は手稿では「外的な原因」とあったが、清書で「外的な」が削除された。

(10)「近頃の革新派の人々」は、手稿では当初「スピノザ主義者たち」とした後、書き換えている。

A版は、スピノザ『エチカ』第一部命題三二、三三ならびに備考を示している。

(11) A版注はユヴェナリウス『風刺詩』(六・二二三)を示している。

(12) A版注によれば、これはプラトン『国家』338c のトラシュマコスによる定義のこと。なお、前注を含めこの辺りの議論は、ライプニッツ『正義の共通概念についての省察』(一七〇三?年)の前半部分で詳細に論じられている。そこでは同様の思想家としてホッブズが取り上げられている。

(13) A版注は、デカルトのメルセンヌ宛の書簡(一六三〇年五月六日、二七日 AT I, 149 f. & 151-153)ならびに『省察第六答弁』(六章 AT VII, 431-433)を示している。なお、この少し前の「幾人かの哲学者」は、手稿では一旦「デカルト氏」と書いてから消している。

(14) 「主張する人々」は、手稿では当初「スコラ学者たち」と書いてから書き直している。A版注はマルブランシュ『自然と恩寵に関する論考』(第一部一四章)を示している。

(15) ここで手稿では当初「新しいスコラ学者たち」と書いてから書き直している。どのような人物を念頭に置いているのかは不明である。

(16) 手稿では当初この後に「例えば規則的な図形は無数にあるがその中でも円は最も完全である。三角形であれば特に条件がない限り神は確かに正三角形を作るだろう。」と書き、消去している。なおこの正三角形への言及はライプニッツが好んで用いている。本書所収の『遡源試論』最終段落など参照。

(17) 「神を愛する」の原語"l'amour de Dieu"は、「神からの愛」と「神への愛」の両義を持つ。ここでは文脈から後者を採る。

(18) 手稿の欄外記載の概要ではこれに続いて「だからといって静寂主義者になる必要はない。」とあったが、アルノーに送られた概要清書では削除された。
(19) A版注は、サルスティウス『カティリナの陰謀』(二〇、四)を示している。
(20) 「静寂主義者 quiétiste」。静寂主義(キエティスム quiétisme)は、完全に受動的な精神状態で神の愛に没入しようとする神秘思想。スペイン人ミゲル・ド・モリノス(Miguel de Molinos)が唱えたが一六八七年に異端とされた。ライプニッツは『唯一の普遍的精神の説についての考察』(一七〇二年)、『弁神論』「諸論」第一〇節などで触れている。
(21) 「怠惰な理屈 λόγος ἀργός」。A版注は、キケロ『運命について』(一二・二八―一三・二九)を示している。「怠惰な理屈」は、『弁神論』「序文」(第八段落)、第五五節、三六七節などで論じている。
(22) 「全体の善 bien general」はライプニッツの政治論や倫理学でも重要な言葉となっている。これは全体にもたらされる善を総体的に捉えた結果もしくは目標である。本書と同年(一六八六年)に書かれた『新アプローチ――諸学問の完成と人間の幸福のための歴史学』(A VI, 4, N. 160, S. 686. K II, 2, 328)や後年の『善意に満ちた聡明な人々に宛てた書簡』(一六九二年頃 A IV, 4, N. 123, S. 612. K II, 2, 125)、『正義の共通概念についての省察』(一七〇三?年 K II, 3, 162)にもある。なお、A版はキケロ『アッティクス宛書簡』一・二〇・三を示している。
(23) フィシャンは聖書『ローマの信徒への手紙』八・二八を示している。
(24) 「やや à peu près」は手稿にはなかったが、清書で付加された。
(25) この節について、ロムカーの注は『形而上学叙説』と同年に書かれた『概念と真理の解析についての一般的研究』の参照を示している。この論文では第七一節以降で存在の問題が扱われている(A VI, 4, N. 165, S. 762-. K I, 1, 179-)。

(26) この後、手稿では当初「が、この違いは被造物にとってのものでしかない。」とした後、削除している。

(27) 「例えば、」は手稿では(　)で括られて「(例えば、)」となっていたが、清書で括弧が外れた。

(28) 「ジオマンシー geomance」は石や砂を撒いてその姿から一定の形を読み取って解釈する占いの一種で、西欧社会では古くからあって精緻化されている。「土占い」とも訳される。一七世紀にイギリスの神秘主義的医学者ロバート・フラッド(Robert Fludd 1574-1637)が論じた『ジオマンシー論』(一六八七年)は死後出版で、ライプニッツの『形而上学叙説』執筆後ということになる。ジオマンシーは神秘主義が数学と接点を持つことを示している。

(29) 奇蹟についてのこのような理解は晩年まで一貫している。『弁神論』第二〇七節などを参照。

(30) 「全体的な意志 volonté general」は対象となる存在すべてに例外なく該当するように向けられるもので、「個別的な意志 volonté particuliere」が特定の対象に向けられるのと区別される。下位の準則としての自然法則に合致していないことでも全体的な意志の下にある。奇蹟はそのようなものと理解されている。

(31) action という語は、これまで主として「行い」あるいは「行為」と訳し、神や被造物の能動性を指していたが、この節以降は実体的存在のあり方として対比的に扱われるので、このような場面では「作用」とし、特に受動という意味での passion との対比が強い場合には重言のようではあるが「能動的作用」とした。これに合わせて passion は「受動的作用」と訳した。

(32) 手稿ではこの後に、「また被造物そのものの能動的な作用と受動的な作用とを区別するのも〔難しい〕」と続けていたが、清書で削除された。

(33) フィシャンはマルブランシュ(Nicola de Malebranche 1638-1715)の名を挙げ、『真理探究論』第六巻第一章第三節を示している。

(34) フィシャンはデカルトの名を挙げ、『哲学原理』第二巻第三六—四四節を示している。

(35) 「作用は基体に属す actiones sunt suppositorum」。A版注によると、トマス・アクィナス『神学大全』(第二部第二部門2c)を示している。

(36) 「つまり述語は主語の内にある、」は手稿にはなく、清書で付加された。

(37) アレクサンドロス大王の例は、手稿では初め古代リュディア王ギュゲスの指輪の円形、次いで古代ギリシアのポリュクラテスの指輪の円形を例にしていたが、手稿の段階で変更された。この後にあるダレイオスはペルシアの王、ポロスは古代インドの王。

(38) 「このもの性 hecceité, haecceitas」とは、個体化の原理を質料によらずに質的規定によって定めようとして、ドゥンス・スコトゥスによって提唱された概念。

(39) 「表出する exprimer」はアルノーに送られた概要清書で強調された。この語は、ライプニッツにとって重要である。外へ押し出すというのが原義で、受容のニュアンスを持つ「表象 perception」なども基本的には同様の事態を示すが、「表出」には能動的なニュアンスが込められている。後注47も参照。

(40) 「逆説 paradoxes」。ここで「パラドクス」とは、論理的な意味(逆理)ではなく、世間的な常識とは異なる説という意味で、むしろライプニッツの哲学の独創的な面を示す自負の表現である。

第一一節でも用いられる。この節で述べられる断片的な命題は、いずれもライプニッツ哲学の核心をなすものばかりである。

（41）「数においてのみ solo numero 異なる」というのは、例えばAとBとはその内容が完全に等しく、「二つだ」ということ以外には二つであることの理由がないこと。ライプニッツによれば結局はAとBとは同一のものである。「不可識別者同一の原理」が作動する場面である。この原理は随所で説明されているが、『形而上学叙説』に近い時期の説明として、『論理形而上学原理』（従来、冒頭の句から『第一真理』と題されていたが、A版が内容からこの表題を付した。A VI, 4, N. 324, S. 1645. A版は執筆時期を手稿の透かしから一六八九年頃としている）では、「自然においては数的にのみ異なる二つのものは存在しない。なぜなら、その二つが異なるものであることの理由を与えることが可能でなければならないからである。この理由は両者の間の何らかの差異として求められるはずである。」これに続いてトマスの叡智体に触れた後で、現実の事物として卵、葉などの例を挙げる。これより後期の著作では、『人間知性新論』（第二巻第二七章第三節）、クラーク宛の第四書簡などがよく知られている。

（42）A版の注は、トマス・アクィナス『神学大全』（第一部第五〇問第四項c）を示している。天使には質料がないとされているので、形相的差異の最小単位である種概念が個体化の原理となる。ライプニッツはこの議論を天使だけではなく全被造物にとっても妥当すると考えている。

（43）幾何学の図形はそれ自体としては質料を考慮しないので、例えば円の図形は大きさや位置に関わらずすべて同一の特質を持つ。それゆえすべての円は「同一」だと言え、このとき「円」はそれ以上の種差を含まないために最低種となる。そしてこの限りにおいて最低種が個体となって天使の例と重なる。ただし幾何学的図形それ自体は質料を含まないために、本質を示すだけであって現実の存在とはならない。このことはアルノーとのやり取りの中でも問題となる。ライプニッツはこのことをアルキメデスの墓に置かれた球体などの例をもって示している(一六八六年六月発送のアルノー宛の手紙の草稿の中では、幾何学的球体は本質を示すだけだが、アルキメデスの墓に置かれた球体は存在するためには質料を含め他のあらゆる存在との関係が含まれると述べている。A II, 2, N. 11, S. 45)。

(44) 手稿では当初この後に、「また、もし物体が実体であるならその本性が単に大きさや形や運動にのみ存することはなく、なんらかの別のものが必要になる」と続けていたが削除された。

(45) 手稿の欄外には「原罪の〈永遠の〉[継承]」との書き込みがある(〈 〉内はA版での推定)。これからすると、その前の「形態を変える transformés」とは、生物体の変態のような複合実体の生成変化、あるいは進化論的な変化(ライプニッツの場合あり得ないわけではないが)よりはむしろ、実体の宗教的な意味での「形相 forme」そのものの変化(化体)のことかもしれない。

(46) 鏡の比喩は『モナドロジー』第五六節で、次の都市の比喩は同じく第五七節で登場する。

(47) 「表現する representer」は「再現」あるいは「代理」の意味を有し、「表象」「表出」と並んで実体と世界との関係を表す語だが、重点の置き方が微妙に異なる。

(48) 手稿の欄外概要には「もし身体が実体であるなら、」とあったが、アルノーに送った概要清書では削除されている。

(49) 注52参照。

(50) la qualité horodictique provenante de sa forme(A版)。G版は la quantité horodictique prev-

enante de sa forme とあるが、quantité, prevenante 共に誤記である。後者はレスティエンヌが指摘している。

(51)「迷宮 labyrinthe」。ライプニッツは多くの箇所で「二つの迷宮」に触れている。一つが連続体の合成の問題、もう一つは自由の本性についてである。二つの迷宮については本書所収の『自由、偶然性、原因の系列、摂理について』でも触れられ、そこでは迷宮は無限を源泉にすると述べている。また、『弁神論』「序文」第七節、「緒論」第二四節などを参照。一七〇六年一月一九日のデ・ボス宛書簡、一七〇九年四月二四日のデ・ボス宛書簡などを参照。「連続体の合成」とは例えば長さのない点が線を構成することができるかという問題である。一七〇六年一月一九日のデ・フォルダー宛書簡、一七〇九年四月二四日のデ・ボス宛書簡などを参照。「迷宮」という語の由来についてライプニッツは『弁神論』「緒論」第二四節や『人間知性新論』第二部第二三章第三一節で、南ネーデルラント(現ベルギー)出身の神学者リベール・フロワモン(Libert Froidmont (Lat: Libertus Fromondus) 1587–1653)の『連続体の合成の迷宮』(一六三一年)に触れている。

(52)「原質アルケウス Archée」は「原初」を意味するギリシア語 ἀρχή に由来するが、一六世紀以降にスイス出身の医学者パラケルスス(Paracelsus(本名 Philippus Aureolus Theophrastus Bombastus von Hohenheim) 1493–1541)やブリュッセル出身の医化学者ファン・ヘルモント(Jan Baptist van Helmont 1580–1644)、イングランドの科学者ロバート・フラッド(Robert Fludd 1574–1637)などの生気論者によって、生命原理として説かれた。ライプニッツはこれより以前既に『新物理学仮説』(一六七一年 A VI, 2, N. 40)でも触れている。

(53) 手稿の欄外概要では単に「軽視されるべきではない」だったが、アルノーに送った概要清書では「完全に entierement」が付加された。部分否定として読む。

(54) 手稿ではこれに続けて(　)で挟んで「(私が行っているのはただ、物体が実体であると言える限りにおいて[仮定的に]のみできることである)」とあったが、清書で削除された。

(55) 「想像的な imaginaire」の基本形の image は、あるものの「姿、形」であり、またそれを思い描いた似姿である。その派生形である形容詞の imaginaire、動詞の imaginer、更にそれが名詞化された imagination(想像力)なども「姿、形」を基本としているが、「空想」のニュアンスが加わり「実在」の対語として理解されると、原義の「姿、形」が後景に退いてしまう。このニュアンスを避けるためであろう、河野与一は「形象思惟(的)」と訳した。一方、imagination のドイツ語系である Einbildungskraft もはカントにとっても重要な概念となるが、カントの著作の邦訳では伝統的に「構想力」とされる。それが展開して三木清にまで続くが、これも「姿、形」の意は希薄になっている。ライプニッツの用法としては比較的原義に近く、ある対象とそれを受け止める側との間に位置づけられる。つまり「像」を「想」うの意味として用いられているので、「想像」と訳すが、「空想」の含意は排除しておきたい。

(56) 手稿ではこの後に、「形而上学的に厳密に言うなら身体は実体ではない(これは実際にプラトン主義者たちの考えであった)、あるいは」と続けていたが、清書で削除された。

(57) ここで「物体」と訳した原語は corps で、日本語との対応関係が難しい。西洋語のこの系列語(corpus, corps, Körper など。また淵源は異なるが英語の body も事情は似ている)は一般に、ある大きさ(多くの場合空間的な意味だが何らかの集合体を指すこともある)を占める存在を示すのが基本である。そのため、生命体にとっての「からだ」にも非生命体の「もの」にも広く用いることができる。両者を自在に行き来できる西洋語がいわば心身二元論の根幹に潜んでいるとさえ言える。しかし日本語の場合には、生命体であれば「身体」「からだ」、非生命体であれば「物体」と訳し分けざるをえず、西洋語が持つような両者の意味を共に含む語は存在しない(「もの」はcorps以上に多義的)。そのため、あえて訳し分けても場面によっては訳語のせいで思考の流れが途絶えてしまうことがある。やむを得ず、文脈を斟酌して「物体」「身体」と訳し分けるが、どうしても一方に決めがたい場合には〔　〕でニュアンスを付加することもある。

(58)手稿では単に「認識」だったが、清書で「認識する基礎」とされた。

(59)この疑念こそアルノーが抱いたものだが、当初は激しかった口調もライプニッツとのやり取りの中で和らいだ結果が、本書『アルノー宛書簡』【一】の冒頭へと続くことになる。

(60)手稿には(　)がなかったが、清書で付加された。

(61)「反対対当le contraire」は論理学用語で、対当関係にある二命題が質(肯定/否定)を異にする場合。この意味において簡単に「反対」と表すこともある。

(62)レスティエンヌ版によれば、以下のカエサルの例は当初ペテロの裏切りで書かれていた。西谷訳、橋本・他訳は注で全文訳出している。しかしA版もG版もこの点には一切触れていない。その他の版や各国語訳もほぼ同様なので、ここでも訳出はしない。なお、ル・ロワ版はこのことを指摘するにとどめ、ペテロの神学的議論に関わる例を避けてカエサルの世俗的な例で説明しようとしたのだろうと注記している。

(63)手稿では当初単に「自由」とあったが、清書で「ローマ人の」が付加された。

(64)手稿の欄外概要では「仲介mediation」とあったが、アルノーに送った概要清書で「介在intervention」となった。実質的に違いはない。

(65)「能動的作用と受動的作用」第八節の注31参照。
(66)「流出 émanation」という語は『弁神論』第三八五節でも用いられる。その前後では連続創造説が論じられているので、この考え方を表したものである。『モナドロジー』第四七節では同様の趣旨で「閃光放射 fulguration」という語が用いられる。
(67) この後頻出する「我々 nous」だが、いわば内省的記述が続くので、むしろ単数形の意味で解すべきであろう。
(68) 現象の実在性の問題については、一六八三年から一六八六年ごろに書かれたと推定されている『実在的現象を想像的現象から区別する仕方について』(A VI, 4, N. 299 (2), S. 1500–1504. GP VII, 319–322. K I, 8, 64–69)で主題的に論じられている。現象が夢のような仮象にすぎないものか真の実在であるかを区別するためにいくつかの徴標を検討した上で、最もしっかりしたものは「生活の全系列との合致」だとし、さらに過去と現在から未来を予言できれば最強だとする。しかしながらこれはあくまでも慣習的な確実性にすぎず、形而上学的な確実性をもたらすことはない。いわば「よく基礎付けられた現象」であること以上に、真の実在性を証明することは不可能であるということになる。
(69) 手稿の欄外に「注意NB」と書かれている。
(70) A版では注記されていないが、レスティエンヌ版、G版はじめ多くの刊行版では「神はすべての個体が……見ているのだから、」は( )で括られている。
(71)「つまり完成された概念」は手稿にはなかったが、清書で付加された。
(72) 注157参照。

(73) 手稿では当初、この後に以下の長い文章が続いていたが手稿段階でライプニッツ自身により削除された。A版では本文に小字で組んでいる。レスティエンヌ版は脚注に収めている。G版にはない。

ある現象が起きることを我々が望み、それが指定した場所に生起し、いつもそうなっているとするなら、我々は自分自身が能動的に作用していて自分がその現象の原因になっていると言うが、このことは紛れもない事実である。それは例えば、手を動かすという動作を私がしようと思う時のようなことである。また、私が他の実体と呼ぶものに何らかのことが私の意のままに生じ、しかもその実体が望んでいるわけではないにもかかわらずそのように生じるとき(経験ではよくあること)、私はその実体は「私から」作用を受けていると言う。私が他の実体の意志によって同じようなことになっていれば、私の方が作用を受けていると考える。また、我々が何かが生じることを望んでいたのに、結果的には望んではいなかった別のことが生じてしまったときでも、事《こと》の顚末を理解しさえすれば、それは自分がしたことだと言わざるを得ない。更にまた、延長している現象があり、我々がそれを何よりも自分自身のものだとし、加えてその現象の「実在的な」基礎が我々の身体と呼ばれるものであり、そしてその身体に生じた大きな出来事、つまり我々に目立って現れた変化がいつも強く感じられるなら、我々はそのようにして身体に生じた受動的な作用をすべて自分のものとする。そしてそうすることには大きな理由がある。なぜなら、当座は十分に自覚していなかったとしても、その結末についてはよく自覚することになるはずだからである。それはちょうど、眠っている間にある場所から別の場所へ連れて行かれたようなものである。また、走って躓《つまず》いて転んだ時、一旦動き始めた自分の身体のせいでそうなったのだから、我々は身体の作用を自分自身のものだとする。しかし他人の身体に起きたことを自分のせいにはしない。なぜなら、自分には感じられないような大きな変化がありそうだと私にはわかっていても、私の身体はその変化が私に起こったことだと感じられそうなほどの変化を受けているわけではないからである。したがって、宇宙の中にあるあらゆる物体が何らかの仕方で我々に属し我々の身体〔物体〕と共鳴しあっているとしても、他の身体〔物体〕に生じていることが自分に属していることではない、とわかる。そもそも、自分の身体が押されている時には私は誰かが私を押したと言うが、誰かが別の人を押した時には、私がそのことに気付いていて私の中に受動的な作用を生じさせたとしても、私は自分の身体を通して自分の位置を見積もっているので、私は自分が押されたとは言わない。日常の実践の場にあってはこのようにはっきりと表明しておくことが適切なのだから、このような言い方は至極もっともなことである。精神についても少し述べておこう。意志や判断や推論は能動的な作用だが、表象や感覚は受動的な作用である。身体については、そこに生じる変化が先行する変化からの帰結であるなら能動的な作用であり、そうでない時には受動的な作用という。総じて、形而上学の場面でも日常の場面でも同じ意味で通用するような言葉遣いをするならば、多くの実体が同じ変化から影響を受けている時(例えばどの変化もすべての実体に触れているような時)、その影響から直ちに完成度が高まったりあるいは同じ完成度を維持したりするなら、その実体は能動的に作用していると言い、完成度が直ちに一層制限され表現力が一層雑然としたものになるなら、その実体は受動的に作用している、と言う。

(74)「ただし、神が」以降は、手稿の欄外概要では「ただし、神が両者を互いに一致するように予め造っておいた限りだが。」だったが、アルノーに送った概要清書で書き改められた。

(75)手稿では、これに続けて「もしくは観念」とあったが、清書で削除された。

(76)手稿の欄外概要の「常に」に続けて、アルノーに送った概要清書で「規則的に」が付加された。

(77)「幾何学的に」は手稿では「もっと幾何学的に」だったが、清書で変更された。

(78)ライプニッツは『学術紀要 Acta Eruditorum』(ライプツィヒで刊行された学術雑誌)一六八六年三月号に『自然法則に関するデカルトおよび他の学者たちの顕著な誤謬についての簡潔な証明』(「補遺」を含む。A VI, 4, N. 369, S. 2027–2030. K I, 3 386–395. 山田・町田版一二二—一二七頁)を発表し、『形而上学叙説』第一七節と同じ図を用いて説明をしている。また、A版は、デカルト『哲学原理』第二部第三六節を示している。本書所収の『デカルト『哲学原理』評釈』の当該箇所も参照のこと。

(79)「理に適っている」は手稿では「実に理に適っている」だったが、清書で変更された。

(80)「機械的な永久運動 le mouvement perpetuel mecanique」の否定については、前々注78の『自然法則に関するデカルトおよび他の学者たちの顕著な誤謬についての簡潔な証明』でも述べている。その後も力学関連の著作(『運動の法則に関する力学試論』(一六九一年頃 GM VI, 215–231. K I, 3, 468–490)『物体の力と相互作用に関する驚嘆すべき自然法則を発見し、かつその原因に遡るための力学提要』(一六九五年 GM VI, 234–254. K I, 3, 491–527)など)でも触れている。なおここでわざわざ「機械的な永久運動」としていることについては、一七〇六年頃執筆の『「天体運動の原因についての試論」の解説』(この著作は『学術紀要』一六八九年二月号に掲載された『天体運動の原因についての試論』への反論に対する返答)で「物理的な永久運動は存在しても、機械的な永久運動は存在しないであろう」と述べている(GM VI, 275. K I, 3, 460. K版の訳注58によれば、二種類の永久運動の区別は、一六九二年執筆の『力学試論 Essay de Dynamique』(これは前記の『運動の法則に関する力学試論』とは別のもの)でも述べられ、「機械的な永久運動」とは「外界に対して仕事を行いながら無限に続く運動」で、「物理的な永久運動」とは「外界に対して何らの仕事を行わずに無限に続く運動」(例えば完全に自由な振子。振り幅は減衰するが停止はしない)のこととされている)。

(81)「リーヴル」は重さの単位。約五〇〇グラム。「トワーズ」は長さの単位。約二メートル。なお、以下の数詞の表記は、原文が欧語数詞の場合には漢数字で、アラビア数字の場合はそのままアラビア数字で訳す。

(82)「まだ自分の考えが熟していないのに」は手稿にはなかったが、清書で付加された。

(83)「物理学 physique」。この語は今日では一般に「物理学」と訳されるが、元々は「自然」を意味するギリシア語 φύσις に由来し、一七世紀当時までは広く自然一般に関わる学問という意味で「自然学」と解する方が適切である。本書でも概ねこの方向で訳しているが、むしろ近代科学の一分野としての「物理学」と理解した方が適切である場合もある。その場合には「物理学」とした。

(84)これは「仮説の等価性」の問題である。本書所収『デカルト『哲学原理』評釈』第二部第二五節注74参照。

(85)「とその変化」は手稿にはなかったが、清書で付加された。

(86) 第二節参照。

(87) 「自由思想家 esprit fort」は無神論の傾向をもった思想家。『理性に基づく自然と恩寵の原理』（岩波文庫『モナドロジー』所収）第四節でも触れられている。

(88) 「著『パイドン』」は手稿にはなかったが、清書で付加された。

(89) 手稿では余白にラテン語で次の文が書かれている。［ここに、プラトン著『パイドン』からソクラテスがアナクサゴラスに対して精神を導入しながら役立てていないとして嘲笑した箇所を挿入する。］この一文は、ライプニッツがここに自分で訳した『パイドン』の一節を載せようとしていたことを示す。当時の執筆場所がハルツの山中であったために手元に資料がなかったので、覚書のようなメモという形になったのであろうか。G版は余白の記載のことを簡潔に注で示したのみで、プラトンの訳文は掲載していないが、A版はここに続けて、ライプニッツ訳の『パイドン』の一部を本文に小字で掲載している。本訳もこれに倣う。これは既存の著作『新ストア派と新エピクロス派に反対するソクラテスの考え方』（一六七八―八〇？年 A VI, 4-B, N. 263, S. 1384-1388. GP VII, 333-336）の後半部分である。この作品の前半（以下で訳出）では、エピクロス派は万物を物質に還元し神の存在を認めないのに対し、ストア派は非物質的な実体や神の存在を認めるがそれらは無分別な必然性に支配されると主張し、いずれも目的因の存在を認めていない。そして同時代の哲学者としてエピクロスにはホッブズが、ストア派にはスピノザとデカルトを位置付ける。これらを批判し目的因の価値を説く立場としてプラトンを援用することになる。

《付録》第二〇節について

『新ストア派と新エピクロス派に反対するソクラテスの考え方』前半部分。

現在流行している自然学者たちに二派あり、いずれも古代に淵源を持ち、一つはエピクロスの思想の焼き直しであり、もう一つは実際にはストア派的である。エピクロス派の考えでは、精神どころか神までもすべての実体は物体的であり、つまりは物質で延長の塊である。それゆえ、全能で全知の神は存在し得ない。そもそも一つの物体がすべてのものに能動的に作用しつつも作用を受けることも腐敗することもないからだと言う。フォルスティウスなる人物〔Conradus Vorstius 1569–1622. ドイツ・オランダの改革派神学者〕もこの考え方の一人で、彼は他の人々が通常神に与えている偉大なる属性をすべて拒否した。ある者に至っては、感覚によって知られる限り太陽は文句なく万物を見えるようにする最強の力なのでこれこそが神だとした。しかしながら彼らは、すべての恒星が同じように太陽であることを知らなかった〔ライプニッツは、恒星はみなそれぞれが太陽であり(その惑星に)住人がいるかもしれないという可能性について述べている(『弁神論』第一九節)〕。一つの太陽が何でも見たり何でも作ったりできるわけではない。物体にはどれも重さがあり、大きければずっしりし小さければ弱い。小さくても大きな威力があれば(大砲の火薬のように)一撃でひとたまりもない。それゆえ物体が神であるはずがない。昔のエピクロスと今日のホッブズはあらゆるものが物体的だと主張し、摂理など一切ないと強弁した。

現代のストア派は、〈非物体的な実体が存在する、人間の精神は身体ではない、神は精神もしくは世界の第一動者とでも言うべきである、神は言わば物質の原因である、〉と考えているが、その神を突き動かしているのは無分別な必然性だと言う。それゆえ神は宇宙の中で時計のバネか錘のようなものであることになる。彼らの主張はこうだ。〈万物には機械的な必然性がある。

それは力によるのであって、万物に作用する神の理に適った選択によるのではない。なぜなら神には元来知性や意志などはないからだ。それらは人間の属性である。万物は物質が取り得るあらゆる多様性に従って次々と生じる。目的因を求めるべきではない。霊魂の不滅も来世の命も確かではない。神には正義も善もない。神の決定が正義と善を決めるのだ。したがって無実な人が悲惨に遭おうとも神の正義に反するわけではない。〉以上の主張をすることで、彼らは摂理を名前だけのものとし、我々の人生の所作振舞いはすべてエピクロスの思想に帰着することになる。つまり世の中の流れに逆らったり変えようもないものに満足しないでいたりすることとは愚かなのだから、現世で味わう満足した平静さ以外に幸福はないと言う。もし彼らが万物は全体にとっての善のためにもそれに寄与する人々にとっての個別的な善のためにも秩序立てられているということを知ったならば、幸福を単なる忍従に求めたりはしなかったことだろう。彼らの言い回しが今私が示したものとは全く異なっているということは私も承知している。しかし彼らの考えに深く入り込むなら、私が述べたことに同意することになるだろう。そしてこれは実際にはスピノザの考え方であり、また多くの人はデカルトも同じ考えだと見ている。実際デカルトは目的因の探究を拒み、正義や善や真理さえも神が絶対的な仕方で決定したからこそ存在しているのだと主張し、更には物質が可能な限りの多様性をもって次々に生じているということを(ついでにとはいえ)無視しているのだから、嫌疑十分である。

もしエピクロス学派とストア派の二学派が信仰心にとって危険であるなら、ソクラテスとプラトンの学派は(私が考えるに)ずっとまともなピュタゴラスの仲間である。霊魂の不滅について述べたプラトンの素晴らしい著作を読みさえすれば、現代の新しいストア派の人々の考えに対抗する思想に気付くことになる。ソクラテスはプラトンの著作の中で死の当日に死杯を仰ぐ前に語っている。友人たちの悲しみの心を取り除き、素晴らしい語り口で称賛を引き起こした。彼がこの世を去るのは来世で親しい友人たちとの幸せな日々を過ごすために他ならないようだ。ソクラテスは言う。「私は来世でこの世の友よりも優れた人々を探すつもりだ。しかし少なくとも神々には出会えると確信している。」彼は目的因が自然学にとって主要なものであり万物を説明するためには目的因を探究すべきだと考えている。ソクラテスがアナクサゴラスを嘲っている時は、現代の新しい自然学者たちを嘲笑しているようだ。その言うところは聞くに値する。〔これに続いて、プラトン『パイドン』の一部(97b-99c)のライプニッツ自身による訳(本文に掲載)が書かれる。〕

(90) 前注の《付録》(A VI, 4-B, N. 263)ではここに段落を置くが、A版での『形而上学叙説』の引用文には段落はない。

(91)「というのも、」以下はA版では省略されている。

(92) フィシャン、フレモンは『抽象運動論』(一六七一年 A VI, 2, N. 41. GP IV, 221-240)を示している。またこの問題は、本書所収『デカルト『哲学原理』評釈』第二部第四九節でも扱われる。

(93) A版注によると『学術紀要』一六八二年六月号の『光学、反射光学、屈折光学の唯一の原理』(Dut III, 145-150. K I, 3, 528-539)。ここでは光学の基本が同一の原理に基づき、それは更に目的因に由来することを論じていた。この理解はその後も一貫していて、本書所収の『遡源試論』で詳述している。

(94)「神々しき解剖学 la divine anatomie」に直接該当する事項は不明だが、ガレノスを念頭においていると考えられる。ガレノスについては、本書所収『遡源試論』注11参照。なお後年の『弁神論』「序文」(第二九節)には次の文がある。「神は、人が身体の細部〔解剖〕(l'anatomie des corps)に深く分け入れば一層その姿を顕にするであろう。」

(95) ヴィレブロルト・スネル(Willebrord Snell または Snellius 1580–1626)。オランダの天文学者、数学者。屈折の規則は「スネルの法則」(あるいは「スネル-デカルトの法則」)として知られる。屈折の法則の実質的な内容は古代ギリシアにおいて既に知られていたが、その後一七世紀初頭にイギリスのトーマス・ハリオットによって、次いで独立にスネルによって法則として再発見された。しかし両者とも公表していなかったこともあり、その後デカルトが『屈折光学』(一六三七年)で屈折の法則を述べたことがスネルからの盗用ではないかという疑惑も出された。本書所収の『遡源試論』でも触れている。

(96) ラリッサのヘリオドロス(Heliodorus Larrisae)。三世紀頃のギリシアの数学者。詳細は不明。A版注は、ヘリオドロス『光学第二巻』(一六五七年)を、フィシャンは『光学の章』(一六一〇年)を示している。

(97) ピエール・ド・フェルマ(Pierre de Fermat 1607–1665)。フランスの数学者。本業は裁判官で、数学はアマチュアだったが、数学の各分野で優れた業績を残した。屈折の法則へのデカルトの証明を批判した。パスカルと並んで確率論の創始者でもある。

(98) A版の注はこの点について、ライプニッツは一六五七年八月ならびに一六六二年一月のフェルマからマラン・キュロー・ド・ラ・シャンブル宛の手紙を典拠にしていると指摘している。フィシャンの注は、一六六二年の手紙でフェルマは最短距離の法則は目的因によってのみ証明でき、屈折の法則は最短時間を要する線になるとした。

(99) A版注によると、デカルト『屈折光学』第二部(AT VI, 93–105)。

(100)「観念 idée」についてはこの後の注113参照。

(101)「完全性」第一節注3参照。

(102) conchoide は直交座標上でコンコイド方程式によって描かれる曲線。古代ギリシアのニコメデスが発見。その後多くの数学者が扱った。コンコイド曲線は座標軸に対しては漸近線となり決して交わらない。

(103) 手稿の欄外記載の概要では「十全な認識と直観的認識、または仮定的認識」だが、アルノーに送った概要清書では書き換えられた。手稿が「または不十全な認識、」を(不注意から)単に書き落としていただけだとするなら、概要清書はその欠を補ったことになる。しかし手稿では「または(選言)」と「かつ(連言)」を明確に遣い分けていると解釈することもできる。

(104) こうした区別は、本論の二年前に『学術紀要』一六八四年一一月号に掲載された『認識、真理、観念についての省察』(A VI, 4, N. 141, S. 585–592. K I, 8, 23–41)で述べられている。同論では分類が比較的整然となされているが、本論ではやや錯綜していてわかりにくい。推測するなら、『叙説』は本文も概要もハルツ山中で書かれているために、上記『省察』を直接参照できなかったこともあるのかもしれない。参考のために『認識、真理、観念についての省察』での認識の分類の箇所を訳出しておく。「……認識は曖昧《ぼんやり》か明晰《はっきり》である。明晰な認識は更に雑然《ごちゃごちゃ》としているか判然《くっきり》としている。判然とした認識は不十全《まあまあ》か十全《とことん》である。それはまた記号《しるし》的か直観《ぱっと》的かである。十全的で直観的な認識は最も完全である。」判然とした認識が、〈不十全/十全〉、〈記号的/直観的〉の二重の分岐となっている。後年の『人間知性新論』第二巻第二九章でも説明がなされている。なお、「雑然 confus(e)」「判然 distinct(e)」について、恐らくは河野訳以来「混雑」「判明」と訳され定着しているが、「混雑」の語感がそぐわないのと、ライプニッツはこの二語を対として用いていることから、「雑然」「判然」とする。ただし、デカルトの用法に則する場合には「判然」は従来通り「判明」とする。

(105)「曰く言い難きもの un je ne sçay quoy」はコルネイユの戯曲に登場する台詞で、説明できない感情の表現として用いられた。パスカルの『パンセ』の有名な「クレオパトラの鼻」の断章(塩川徹也訳、岩波文庫、四一三番。ブランシュヴィック版一六二番)にも登場する。

(106) 手稿では欄外に概要とは別に次のラテン語による記載がある。[注意。ある概念に含まれているすべての概念について少なくとも明晰な認識を持っているなら、その概念は直観的な概念と明晰な概念との中間である。NB. Notio media inter intuitivam et claram est cum omnium notionum ingredientium saltem claram cognitionem habeo.] この ingredientium saltem をレスティエンヌは impedientium saltem falli と判読した。その場合には前半は[誤りを防ぐためのすべての概念を明晰に認識しているなら、……]となる。

(107)「仮定的《とりあえず》 suppositif(ve)」という表現は、注104の『認識、真理、観念についての省察』には見られず、そこでは代わりに「盲目的《あやふや》 caeca」「記号的 symbolica」となっている。逆に「仮定的」という表現はない。

(108)「連続螺旋 vis sans fin」。直接的な意味は「ウォームギア」だが、ここではその円筒ネジ部分の形状を指す。

(109)「互換的特性 propriété reciproque」とは推論の前後を交換しても真理性が損なわれないような性質。例えば、もし「ある四角形が平行四辺形であるならその対角線は中央で交わる」と「ある四角形の対角線が中央で交わるならそれは平行四角形である」において「平行四辺形であること」と「対角線が中央で交わる」ことは常に真であって、この両者は互換的特性と言える。これに対して、「ある四角形が平行四辺形であるならその対角線の長さは等しい」と「ある四角形の対角線の長さが等しいならその四角形は平行四辺形である」は必ずしも真とは言えないので、「平行四辺形である」ことと「対角線の長さは等しい」は互換的性質とは言えない。連続螺旋は、「各部分が合同で互いに重なり得る立体の線図形だ」という定義に該当する対象は連続螺旋以外にはないので、互換的特性ということになる。

(110)「任意な arbitrair」。第二節では「善」や「美」について任意だとする考え方が批判されていた。ここでは「真理」について任意だとする考え方が批判される。A版の注はホッブズの『物体論』第一部第三章第八節を示している。この他にも『リヴァイアサン』第一部第四章では「真実と虚偽はことばの属性であって、ものごとの属性ではない」がある。ライプニッツはこの真理観を早い時期から批判している。フィシャンは『ニゾリウスの著書への序文』(一六七〇年)を挙げている。その後も『事物とことばの結合、ならびに真理の実在性について』(一六七七年)でも論じられる。この批判は道徳や正義の場面にも及び、『正義の共通概念についての省察』(一七〇三?年)で論じられる。

(111)「実在的で」は手稿にはなかったが、清書で付加された。

(112) フィシャンは、この例として、一六八六年(月日不明)のシモン・フーシェ(Simon Foucher

1644–1696)宛の手紙を引いている(GP I, 385. A II, 2, N. 16)。「円は平面の上を一方が固定された直線が移動して描く図形だと言えば、円の原因もしくは実在性を認識する。」だがこの説明は、幾何学の円という抽象的な概念の「実在性」の例証ではあっても、事物の存在の「実在性」ではない。定義が実在的であるためには可能性がア・プリオリに証明されなければならないとすると、現実の存在においては、神以外にはあり得ないということになりそうだ。

(113) 前節から扱われる「観念」「概念」「認識」といった用語につき、大雑把に整理すると、「観念 idée」は対象に帰属する内容であり、「概念 notion」はその対象の観念を認識主体が捉えている内容である。概念と観念が結びつくことが認識であると言える。注122も参照。

(114) ( )内は手稿ではそのまま地の文であったが、清書では括弧で括られた。

(115) 手稿では当初これに続けて「それでもその間に我々は実際にはすべての可能な観念を持ちそれについて雑然とした仕方によってではあれ考えている。」とあったがライプニッツ自身によって削除された。

(116) 「精神 esprit」。この語を含め、広く「こころ」に関する語の機能、態様、所在を示す語は多様であり一義的ではない。このことは日本語でも同様であり、単純な置き換えはできない。ライプニッツは実体にはすべて非延長的な働きがあることを認め、そのような働きをするものに対しては âme と呼ぶが、人間の場合にはそれに加えて高次の働きがあることを認めて esprit と呼ぶ。この二語を区別するために「魂 âme」「精神 esprit」と訳し分ける。ただし場面が異なればこの訳し分けの通りにならないこともある。

(117) この二派について、ビュルジュランはロックとプラトンを挙げているが、執筆時期に近い論争に則して理解するなら、一方はフーシェとアルノーに、他方はマルブランシュを想定することになる。この理解は、レムカーをはじめ、ル・ロワ、フレモン、フィシャンが示している。当時アルノーとマルブランシュとの間でのいわゆる「観念論争」があった。アルノーは観念を認識主体の側に置き、マルブランシュは認識対象に置いている。こうした論争を背景に、ライプニッツ自身も観念については考察を加え、『観念とは何か』(一六七七?年 A VI, 4, N. 259, S. 1368-1371. K I, 8, 19-24)ではすでに両者を繋げる基本姿勢が示されている。

(118)『モナドロジー』第七節の「窓」が想起されてよい。

(119) A版注によると、プラトン『パイドン』(72e-77a)、『メノン』(80d-86c)。

(120) 手稿では当初「『メノン』と題された対話で」とあったが手稿段階で削除された。A版注によると、『メノン』(82b-85c)。なおここにある「不可通約の難問」とは、ある正方形の二倍の面積を持った正方形を描くという問題で、辺の長さが$\sqrt{2}$という無理数になることを意味する。

(121) A版注によると、アリストテレス『デ・アニマ』(430a1, 432a7)ならびに『分析論後書』(81a 38-b5)。なお、「石板」はロックの「タブラ・ラサ」を連想させるが、ロックの『人間知性論』が刊行されたのは一六九〇年、ライプニッツが用いたコストの仏訳は一七〇〇年なので、ここで直接に念頭にあったとは考えにくい。ちなみに、ロックの「タブラ・ラサ」をライプニッツが直接批判したのは、『人間知性新論』(一七〇四年)第二部第一章第二節。

(122) ここでは「概念」と一語で訳した原語はフランス語 notions とラテン語 conceptus の二語が併置されている。この文脈では区別されていない。しかし「観念 idée」と「概念 notion, conceptus」は、第二四節以降、ライプニッツは明確な区別を求めている。「概念」は人が抱く「思いなし」であるのに対し、「観念」は存在そのものにつながっている。注113参照。

(123) 『ヨハネによる福音書』一・九。このラテン語原文 “lumen illuminans omnem hominem venientem in hunc mundum.” において、venientem 以下は hominem に掛かるので、そのように訳した。ラテン語聖書(ウルガタ)での当該箇所は、“Erat lux vera, quae illuminat omnem hominem venientem in hunc mundum” である。ルター訳ドイツ語聖書(一五二二年以来順次刊行)も欽定英訳聖書(一六一一年)も同じ構造となっている。しかし近代以降の各国語訳では、「やって来る」を「光」に掛けているものが多い。日本語訳でも例えば『新共同訳』(一九八七年)では「その光は、まことの光で、世に来てすべての人を照らすのである。」とある。『岩波書店新約聖書翻訳委員会訳新約聖書』(小林稔訳、二〇〇四年)、『聖書協会共同訳』(二〇一八年)も同様である。『希和対訳脚註つき新約聖書4　ヨハネ福音書(上)』(岩隈直訳、山本書店　一九八二年)もこの方向を示しながら、他の訳し方を多数示している。日本正教会訳はウルガタと同じ構造である。以上の点では遠藤勝信氏、澤川おりが氏のご教示を得た。

(124) 「能動知性」はアリストテレスの知性の解釈の中で論じられた概念で、アヴェロエスはこれをすべての人間に共通な単一のものとしたが、トマス・アクィナスは個々の人間に内在するものとした。『弁神論』「緒論」第七節参照。

(125) 手稿ではここに続いて「ソルボンヌの博士」とあったが、清書では削除された。ギヨーム・ド・サンタムール(Guillaume de Saint-Amour 1202–1272)はフランスの神学者。

(126) ここはマルブランシュを念頭に置いている。

(127) 「神とともに」は手稿にはなかったが、清書で付加された。

(128) 原文冒頭の語は手稿の欄外記載によるA版では comment とあり、アルノーに送った概要清書でも comment とある。しかし、G版、レスティエンヌ版をはじめ確認できたフランス語各版はいずれも comment として訳している。各国語訳は多くが comment として訳している。A版はこの点について一切言及していない。内容的には comme の方が適切だと思われるのでそのように訳したが、A版に従って comment を採用するなら「神はいかにして我々の魂を傾けながらも強いることはないのか、」となる。

(129) 「不完全性もしくは本源的な制限」は、手稿の欄外記載の概要では「本源的な不完全性」だったが、アルノーに送った概要清書で書き換えられた。

(130) 「法則」は手稿では当初「自然」だったが手稿段階で書き換えられた。

(131) 「存在」は手稿では当初「自然〔本性〕」だったが手稿段階で書き換えられた。

(132) 「自発的につまりは自由に」は手稿では当初「自発的にかつ自然に」だったが手稿段階で書き換えられた。以上三箇所の変更で「自然」が避けられている。

(133) 手稿ではピリオド(.)で文が終止し平叙文だったが、清書で疑問符(?)が付されて疑問文となった。

(134) 「罪を犯していたのでもない限りは」は手稿では「罪を犯しているとき」であったが、清書で sinon が付加された。これを手稿段階での誤記であるとしたのか、A版では手稿に[sinon]と追記している。

(135) 手稿では「この世の旅人」だったが、清書で「この世の」が削除された。「この世の旅人」の類似の表現は、『ヘブライ人への手紙』一一・一三、『ペトロへの手紙一』一・一三などにある。

(136) A版によると『ローマの信徒への手紙』一一・三三「ああ、神の富と知恵と知識のなんと深いことか。」

(137)「堕落前予定説 supralasaire」は「神はすべての罪を考慮に入れる前から選ばれるべき人々を選び見放されるべき人を拒絶した」という考え方で、「堕落後予定説 infralapsaire」と対立される(『弁神論』第八二節)。ライプニッツはこの両説の対立は神の意志についてよく考えれば終結すると言う(『弁神論』第八四節)。

(138) A版注によると、アウグスティヌス『エンキリディオン(信仰・希望・愛への提要)』三、一一。ならびに『神の国』一一、一三、三二。

(139)「自分の力で par ce qui est de luy」は、手稿では「自分の意志で」とあったが清書で書き換えられた。

(140)「傾向性 inclination」は手稿で当初「意志 volonté」だったが、手稿段階で訂正された。

(141)「恩寵そのものの力によるのであれ適切な状況に恵まれた場合であれ」は手稿にはなく、清書で書き加えられた。

(142) 手稿では、草稿段階でこれに続けて「結局被造物は神から与えられた恩寵を受けざるを得ず……」と書き出した上で激しく書き換えた後、手稿において節を改めて第三一節とした。

(143)「中知 la science moyenne」。『弁神論』第四〇節では、神の知に三種類あることが述べられ、その一つが「中知」である。スペインのカトリック神学者モリナ(Luis de Molina 1535-1600)の説で、神の知の対象には可能的なもの、現実的事象、条件的事象の三種があり、これらに対する知はそれぞれ単純叡智の知、直視の知、そして両者の中間にある中知だとした。『弁神論』第一

○二節以下、『神の大義』第一七節でも触れられている。ライプニッツにとっては不要な考え方とされる。

(144)「人物を選び現実に存在することを認める決心をしたのか」は、手稿の欄外記載の概要では「人物を現実に存在させようと選んだのか」であったが、概要清書で書き換えられた。

(145) A版注は、オリゲネス『ローマの信徒への手紙注解』(七、七—八)、アウグスティヌス『堅忍の賜物』、加えて、『ローマの信徒への手紙』(八・二八—三〇)の参照を示している。

(146)「この知」は手稿では一旦「中知」とした後、書き直された。

(147)「善に向かうべく激励されて改心する必要があるとはいえ、」は手稿では更に( )で括られて「(善に向かうべく激励される必要があるとはいえ、)」だったが清書でこの箇所の( )は外された上で書き換えられた。

(148)「この大問題に対しては」は手稿にはなかったが清書で付加された。

(149)「そして一般に神のもろもろの美点〔完全性〕の動機」は手稿にはなかったが清書で付加された。

(150) A版注によると、「ローマの信徒への手紙」(一一・三三)。

(151)「大原理 le grand principle」は手稿では単に「原理」だったが清書で書き加えられた。

(152)「という原理 celuy de」は手稿では「こと」だったが清書で変更された。

(153)「密接に結びついていること」は手稿では「どのように密接に結びついているか」とあったが清書で書き換えられた。

(154)「外から au dehors」は手稿にはなかったが、清書で追加された。

(155) 手稿では草稿段階でこの後「(これは神の決定の機会原因に他ならない)」と一旦括弧書きし

た後、削除された。

(156)「個別的な理由」は、手稿では一旦「機会原因」とした後、書き直された。

(157) A版はじめ諸版の注は、アビラのテレサ(Teresa de Ávila, Theresia Abulensis 1515–1582)を示している。スペイン出身のカトリック思想家、神秘主義者。「アビラの聖テレサ」「イエスの聖テレジア」「大テレジア」などとも呼ばれる。その思想についてA版その他の注は『自叙伝』(一五八八年)一三、九を指摘している。同様の言及はライプニッツ著『実体の本性と実体間の交渉ならびに魂と身体とのあいだにある結合についての新説』第一四節でも(やはり直接的な明示を避けつつ)なされている。

(158)「交渉 commerce」は、手稿の欄外記載の概要では「結合 union」だったが、概要清書で書き換えられた。

(159) 手稿には「期せずして inopiné」とあったが、清書にはない。そのためG版にはない(A版にはある)。しかしレスティエンヌによると、手稿での記載が他の線に紛れて清書の段階で読み取られなかったためである。この経緯を考慮して、ここでは本文として復活させておく。

(160) これは機会原因説のこと。

(161)「連結 connexion」は手稿では「結合 union」とあったが清書で書き換えられた。

(162)「我々の感覚がすべてのものと関連づけられているからといって quoyque nos sens se rapportent à tout」は、手稿では「我々の感覚が我々を切り離しているので comme nos sens nous renoncent tout」とあったが、清書で書き換えられた。この“renoncent”をレスティエンヌは誤記と見たのか(sic)と付記している。

(163)「対応する attendre」は手稿の段階で最初「注意を向ける avoir de l'attention」とあったが attendre となり、そのまま清書に引き継がれた。

(164) 手稿ではこの節の冒頭に以下の文があったが清書で削除された。したがって、G版にはない。「私がまだ決着をつけようとしていないことがある。物体は実体であるかどうか、(形而上学的に厳密に語って)、もしくは物体は虹のような真なる現象にすぎないのか、つまりは知性をもたない魂や実体的形相は存在するのか、ということである。しかし」

(165)「人間のような[それ自身による一]を作る」は手稿にはなく、清書で付加された。

(166) 手稿では単に「部分」だけだったが、清書で「究極的な」が付加された。

(167) 手稿では単に「真理」だけだったが、清書で「必然的で普遍的な」が付加された。

(168)「私 MOY」は手稿では初め小文字で記した後、すべて大文字に書き直して強調された。清書も同様。なお数行後の「私 moy」は小文字のままだがライプニッツ自身によって下線で強調されている。この語は元来一人称単数代名詞の強勢形であるが、名詞化されて哲学的含意を付与されると「自我」とも訳される。しかし人称性を失うわけではないので、対象化する際には再帰的性格が伴うことになる。このような事情を含めて「私」と訳す。ライプニッツ自身による強調は傍点で示した。

(169)「他の単純な実体」は手稿の欄外記載の概要では単に「他の実体」であったが、概要清書で書き換えられた。

(170)「国家 republique」。この原語は政治形態としては通常「君主制」の対概念として「共和国」と訳されるが、ライプニッツはしばしば単に「国家」に等しい意味で使う。この用法は、プラトンの『国家 *Πολιτεία*』篇のラテン語訳標題が *De Republica* であることや、republica の語源が res publica であることなどを考えれば、誤りではない。

(171) 神は精神 esprit の一種(ただし最も完成された)とされている。この節以降、類似の表現が幾つかある。神と被造物との間には超え難い距離がありながら、神を精神の一種として理解している。後年「モナド」が用語として用いられるようになってからは神は単純な実体として捉えられている。一七一一年八月一二日、ドイツの神学者ビーアリング(Friedlich Wilhelm Bierling 1676–1728)に宛てた手紙で次のように書いている。「モナドつまり単純な実体は一般に表象と欲求とを結合している。そしてモナドは、究極の理由を内に有する原初的なモナドすなわち神か、創造されたモナドかである。創造されたモナドは理性を具えた精神か、感覚を備えた魂か、それよりも劣った表象と欲求を具えた魂類似で裸のモナドと呼べるものか、である。」(GP VII, 502)『モナドロジー』第四七節では「神だけが原初的な一なるもの(草稿では「神は原初的な単純実体すなわちモナド」)、すなわち本源的な単純実体であり、」としている。『モナドロジー』で論じられる「モナド」は「創造されたモナド」ということになる。

(172)「確かに」から「そして」までは、手稿では次のようになっていた。「確かに精神だけが(物体が真の現象にすぎない場合には)この世界にある実体であるか、さもなければ少なくとも最も完全な実体である。なぜなら」

(173)「神を表出し l'expriment」。目的語が単数形なので、ここでは「神」もしくは「宇宙」のどちらかしか指さないが、前後から内容的には「神と宇宙」と解すべきであろう。

(174)「知性を具えた(intelligentes)実体とそうではない実体との間の」は、手稿にはなかったが清書で付加された。
(175)「神の満足感に何も寄与することはないし」は、手稿にはなかったが清書で付加された。
(176)「とはいえ」から「ないからである。」までは、手稿の段階で追加された。
(177)この後、手稿では草稿段階で当初「以上の重要な真理は古代の哲学者たちにはほとんど知られていなかった。ただイエス・キリストだけが神の導きによって正しく示し……」と書きかけたが消去している。内容的には第三七節で述べられている。
(178)注3参照。
(179)A版注は聖書『使徒言行録』(一七・二四―三二)を示している。
(180)手稿によるA版も清書によるG版も infinement とあるが、infiniment の単純な誤記であろう。レスティエンヌ版では infiniment としており、現行の諸版も多くはこれに従っている。
(181)A版注は『ルカによる福音書』(一二・七)を示している。以下も聖書への言及。
(182)『マタイによる福音書』二四・三五。
(183)この箇所の聖書への引証箇所は不明。
(184)『ルカによる福音書』一二・四。
(185)『知恵の書』三・一。
(186)『マタイによる福音書』一〇・四二、一二・三六、二五・三四―三六。
(187)『ローマの信徒への手紙』八・二八。
(188)『マタイによる福音書』一三・四三。
(189)『コリントの信徒への手紙一』二・九。

二　アルノー宛書簡(抜粋)　一六八六―一六九〇年

(1) アントワーヌ・アルノー(Antoine Arnauld 1612-1694)はフランスの哲学者として高名であり、同時代の代表的な哲学者たちと交わした論争は後世にも残るものであった。アルノーと書簡が交わされることになった経緯は、解説を参照。

(2) A II, 2, N. 14, S. 67-84. ただし、加除を施したものを本文とし、その経緯は注で示した。

(3) ライプニッツの草稿では「一六八六年六月」とあるが、アルノーに送られた書簡には「七月四日／一四日ハノーファーにて」と記している。なお、この時期ヨーロッパでは、旧暦のユリウス暦から新暦のグレゴリウス暦に変更される最中で、フランスでは新暦を既に採用していたがドイツでは旧暦のままだったので、併記された。四日が旧暦となる。

(4) 「いつもながら」は追記された。

(5) 「でご理解をいただいた」は当初「をご覧になった」だった。

(6) 「流れ出し」は当初「生じ」だった。

(7) 「実行するように自らを仕向ける」は当初「実行する」だった。

(8) 当初「と私が以前述べた」とあったが後に削除された。

(9) 当初これに続き「私はと言えば、充実して包括的な概念がそのまま神の知性の内に表現されていると考えていたのです。」とあったが後に削除された。

(10) 当初これに続き「、それも単なる知性にとっての差異というよりはむしろ神の意志にとっての差異」とあったが後に削除された。

(11) 当初「極めて抽象的な」とあったが後に削除された。

(12) 手稿の欄外に次のラテン語による付記がある。［充足した概念 notio plena は例えば熱のような事物の述語をすべて包含する。完成された completa 概念は、例えば〈これは熱い〉のように個体的な主語に適合する述語として、主語に属する述語をすべて包含する。］G版はこの欄外注記を注9の箇所としている。

(13)「十二分に entierement」は追記された。

(14) 当初「上で」とあったが後に削除された。

(15) これまでは「世界 monde」としていたのが、段落内では「宇宙 univers」となっている。特に内容的に差異があるようには見えない。

(16)「観念 idée」については、「概念 notion」との相違として、『形而上学叙説』注113、注122を参照。

(17)「出来事相互の」は追記された。

(18)「必然的に」は追記された。

(19) 当初続けて「しかしそこまで言わずとも、もしAがBであるということが確実ならば、BでないものがAでないことは確かです。もしAが「私」を意味し、Bが「この旅行をする人」を意味するとしたなら、この旅行をしない人は私ではありません。この結論は私が未来に旅行をするということの確実性だけから引き出すことができるのであって、ここで私に関する命題に頼る必要はありません。」とあったが削除された。

(20) アルノーは一六八六年五月一三日付のライプニッツ宛の書簡で述べている。

(21)「私とは何かということを理解するためには、」は追記された。なお「私」については『形而上学叙説』注168参照。

(22)当初「説明することができる」だったが、「説明するのに十分なものを含む」と書き換えられた。

(23)「もしある人物……」以下は当初「もしある人物について、またこの宇宙の全体について」だったが後に書き換えられた。

(24)「我々が」は追記された。

(25)当初「別のもの」であったが「別の個体」と書き換えられた。

(26)この〔 〕内はA版による補足。紙片が傷んでいるため。G版では通常通り本文として記載。

(27)この〔 〕もA版による本文内の補足だが、「異なる諸状態」は括弧の外にある。これも紙片の傷みによる。G版では通常通り本文として記載してある。

(28)「不可分の indivisibles」をG版は「個体的な individuelles」としている。ル・ロワ版、ロディス＝レヴィス版、ロージー版はA版と同じ。

(29)「以下で再度」は追記された。

(30)当初これに続いて次の( )で括った文が記されていたが、後に削除された。「(そもそもその女性をイヴと名付けたり庭園を天国と呼んだりしてそれらが決定された個体であるように解してはいけません。そう呼んでしまうと[一般的な観点から]ではなくなってしまいます。)」

(31)A版その他の注によると、『対異教徒大全』第二巻第九章。『神学大全』第一部第五〇問第四項c。

(32) ここで問われているのは「不可識別者同一の原理」のことで、これについては、『形而上学叙説』注41参照。

(33) 当初「創造した」だったが書き換えられた。

(34) 当初「初めの頃遠いと思われた」だったが書き換えられた。

(35) 『形而上学叙説』注157参照。

(36) 仮説の等価性については『デカルト『哲学原理』評釈』注74を参照。

(37) 当初「直接的で物理的な」とあったが消去された。

(38) ライプニッツは十代の頃ライプツィヒ近郊のローゼンタールの森を散策中に、実体形相の説を採るか新しい機械論を採るか迷ってその時は機械論が勝ったが後に実体形相の説に立ち戻ったと晩年に述懐している(一七一四年一月一〇日、レモン宛、GP III, 606)。

(39) ハノーファーに残る手稿はここまでだが、アルノーに送られた書簡ではその後、『形而上学叙説』第一七節での力学についての補足説明が一段落と、終わりの挨拶が残されている。

(40) A II, 2, N. 25, S. 116–127.

(41) A版その他の注によると、ホラティウス『書簡集』I, 1. 32. なお、ホラティウスの原文は est quodam prodire tenus, si non datur ultra だが、ライプニッツは前半のみを一語誤って引用し、est aliquid prodire tenus と記している。

(42) 一六八六年九月二八日付のアルノーからライプニッツ宛の手紙に書かれている(A II, 2, N. 17, S. 95)。

(43) この最後の一文は、アルノー宛の書簡では省略された。

（44）第五ラテラン公会議（一五一二―一五一七年）を指す。ローマのサン・ジョバンニ・イン・ラテラノ大聖堂で開催された公会議はこれが最後となる。

（45）A版その他の注によると、トマス・アクィナス『神学大全』第一部問七六第四項。

（46）A版注によると、アルベルトゥス・マグヌス（Albertus Magnus c. 1200–c. 1280）『形而上学』第二巻第三論第一八章、第二巻第二論第三章。

（47）A版その他の指示によると、（偽）ヒポクラテス『養生訓』I, 4「いかなるものも滅びることなく、かつて存在したものは生じることもない」。

（48）A版その他の注によると、『創世記』一・一一―一二。

（49）この段落は当初次のように書かれていた。「第三に、私の考えでは大理石のブロックは一つの実体ではなく、石を積み上げた山でしかありません。なぜなら、〔それを構成する〕二つの物体が離れたり接近したり他の物体が間に入って分離するとかしないとかいうことは実体的な統一体には無縁のことだからです。私の考えでは、実体的な統一体とは不可分な完成体であり自然の過程では滅びないものです。そしてその統一体の概念はそれ自身に生じることのすべてを含み、さらに全宇宙を表現するものです。」

（50）正確な該当箇所は不明。A版注は、プラトン『法律』一二、950a–bと『ティマイオス』30a–92b, bes. 69–72を示しているが、適切とは言い難い。

（51）「身体性の形相 forma corporeitatis」は、アルノーからの一六八六年九月二八日の手紙で触れられていた。これは例えば人間の場合にその人としての形相とは別に身体（物体）にも形相があるという説のこと。ドゥンス・スコトゥスなどが主張した。

(52) コルドモア(Géraud de Cordemoy 1624–1684)はフランスの哲学者、歴史家、政治家。A版の注は次の著書を指示している。『魂と身体の区別について、自然学の解明に資する六篇』(一六七〇年)第一篇「物体と物質」。

(53) A版その他の注によると、デカルト『哲学原理』第二部第四五—五二節。なお、本書所収の『デカルト『哲学原理』評釈』の当該箇所参照。

(54) 「機械的な永久運動」については、『形而上学叙説』の注80参照。

(55) A版は、アルノーからの一六八六年九月二八日付の書簡(A II, 2, N. 17, S. 98)を指示している。そこではアルノーはデカルトの書簡を特定していないが、A版の注は、ホイヘンスに宛てた一六三七年一〇月五日の書簡とし、ライプニッツはこの書簡の情報をデカルト著『力学原理……』(一六六八年)か『機械と道具の説明……』(一六七二年)のどちらかから得たとしている。

(56) 「死んだ力能 puissance morte」。ライプニッツは『学術紀要』一六八六年三月号に掲載された『自然法則に関するデカルトおよび他の学者たちの顕著な誤謬についての簡潔な証明——この自然法則に基づいて彼らは同一の運動量が常に神によって保存されると主張するとともに、この法則を機械学的な事柄において乱用している』(『形而上学叙説』注78参照)「補遺」の中で「死んだ力能 potentia mortua」を「生きた力能 potentia viva」と並べて論じている(GM VI, 120. K I, 3, 392)。その後、『学術紀要』一六八九年二月号に掲載された『天体運動の原因についての試論』では「死力 vis mortus」「活力 vis viva」と呼ばれ(GM VI, 153. K I, 3, 406)、以後の「活力論争」へと展開する。

(57) A II, 2, N. 42, S. 174–191.

(58) タレスが天上の星を見ていて足元の井戸に落ちたという逸話について、A版その他の注は次の箇所を指示している。プラトン『テアイテトス』174a.
(59) 「と膜」は追記された。
(60) 「我々にとって」は追記された。
(61) 当初、以下「たり身体の他の部位が神経に働きかけたりす」とあったが削除された。
(62) 「もしくは結果」は追記された。
(63) この箇所は、アルノーが一六八七年三月四日の手紙で「植物には実体的形相はない。木の部分を挿木にしても接木にしても、以前と同じ種の樹木であるからだ。」と述べていた(A II, 2, N. 36, S. 153)のに対するものである。次段落でも述べるように、植物と動物の間に連続性があることの可能性を示唆しているとも読める。『アルノー宛書簡』【四】での注132も参照。
(64) 「例えば……」から「説明のできないことだからです。」までは手稿で追記されたが、アルノー宛の書簡では削除された。
(65) 「ところが……」から「本質的な違いです。」までは手稿で追記されたが、アルノー宛の書簡では削除された。
(66) 当初次のように続いていたが書き直された。「運動の量は変えることはできないと考えたのでしょう。私はここに同じ困難を見出します。というのも、いかなるものも新たな方向や程度を決定することはできないからです。魂が世界の災厄や状況に中立でいるのと同じことです。しかしこうした説明不可能な困難は、神は世界という機械は常にその動力によって然るべき時に自ら作動し、精神は自ら欲する時に運動の法則を変える必要もないまま満足している、と考えれば、解消されるのです。神がこのような業を用いていることは疑いようがないことです。」

(67) 以下、当初、次のようになっていたが書き直された。「釣り合っていて、力の保存と同様に方向も当然保存され、魂は方向にも力に働きかけることはできませんし、神が物体の速度や方向を変える理由となるような機会を与えることもありません。思考がいかにして〔腕が挙がる〕運動の機会原因になるかを説明しようしている人は、腕やその他の身体について語ることはできません。それは言い方が漠然としすぎるからです。むしろ魂に直接結びついている最初の身体を捉え、それをありのままに把握して、例えばいくつかの球体などによって、魂は今どのような思考を抱いているのかがわかります。神はこの魂の働きを機会としてある規則に従いその球体にしかるべき方向と速度を与えたことになっている〔ここで途絶〕」

(68)「幕間劇 intermedes, (intermezzo)」。一七世紀のオペラでは幕間に娯楽性に富んだ寸劇などが行われた。この後の「シンフォニア symphonie」はハイドン以降の「交響曲」とは異なり、オペラの中で演奏された器楽曲のこと。

(69) 当初次のように続いていたが削除された。「神の観念と決定にのみ基づいているからです。そしてこの連結もしくは実在的な因果関係は〔一種の範例的な原因に還元することができます。それは形相因でもありますが、現象によって定義しようとすれば作用因でもあります。なぜならば、形而上学的に厳密に言って、変化をもたらした仕方からすれば神のみが作用因だからです。創造し、保存し奇蹟を生み出すという三つの働き方のことです。〕」

(70) 当初次のように続いていたが削除された。「しかしこれは、これまで他の人々によって不当にも無視されていた概念に私が目を向け目立たせたということではありません。」

(71)　アルノー宛書簡【二】のことを指す。

(72)　「その実体〔なるもの〕の本質は一つの実体であることの存在の仕方ではありません dont〔d'une substance〕l'essence ne soit pas une [maniere] d'estre d'une substance」。手稿では matiere とあり、G版もそのままだが、多くの版の編集者によって maniere の誤りとされている。A版は括弧で括って本文に採用している。また、最後の箇所はル・ロワ版などでは d'une autre substance としているが、G版もA版も採用していない(A版はその旨、注記している)。本書では、「寄せ集めによる一」をあたかも実体であるかのように見なす場合を論じていると解し、その意味での実体を「実体〔なるもの〕」と訳した。

(73)　中世哲学において、カテゴリーを超えた超越概念 transcendens として「もの」「存在」「一」などが挙げられ、これらはカテゴリーに属さないので互換的だとされた。

(74)　「それゆえ……」以下、段落最後までは手稿で追記された。アルノー宛の書簡にはない。

(75)　(　)で括られた句「(これらの実体は互いに妨げ合うことはない以上)(puisque ces substances ne s'ntrepechent pas)」は、手稿の段階で加除が繰り返された結果、A版では(　)で閉じる形でこの位置に納められた。ル・ロワ版ではコンマで両端を括っているが、G版では最初にだけコンマを付している。

(76)　ガッサンディ(Pierre Gassendi 1592–1655)はフランスの哲学者、科学者。原子論とキリスト教の両立を図る。

(77)　「あなたが仰せのエジプト人の蛙もイスラエル人の鶉も到底及ぶ数ではありません。」は追記されたもので、アルノー宛の書簡では省略された。蛙と鶉の話は、アルノーが前便(一六八七年三月四日)で、『出エジプト記』を引き合いに出したことに関している。
(78)「むしろ身体の……でなければなりません。」は追記されたが、アルノー宛の書簡では省略された。
(79)「(少なくとも粗大となった身体)」は( )のまま追記されたが、アルノー宛の書簡では省略された。
(80)「永久の」は追記されたが、アルノー宛の書簡では省略された。
(81)「法 loix」。「法則」も原語は同じ。日本語ではしばしば社会規範と自然秩序とに遣い分けるが、根は共通である。「自然法」と「自然法則」も同様。
(82)「その中に包み込んでいる無数の生きた物体〔身体〕によって、実体化された」は追記されたが、アルノー宛の書簡では省略された。
(83)ユダヤ教のラビは、死者は復活の日まで不壊な小骨を背骨の中に有していると説いたという。「ラビの光」「実体の花」とも呼ばれる。ライプニッツは一六七〇年代の初めごろカバラに関心を抱き、情報を得ていた。「ユダヤ人の伝説では、彼らが光と呼ぶ小骨(ossiculum)のようなものに魂があり、実体の花としていかなる場合にも耐えて生き残ると言う。」(一六七一年五月二一日、ハノーファー公ヨハン・フリードリヒ公宛　A II, 1, N. 59, S. 185)。
(84)ライプニッツは完全な剛体の存在を否定する。物質、物体は必ず流動性を有していると言う。『デカルト『哲学原理』評釈』第二部第五六、五七節参照。
(85)A版注によると、ディオゲネス・ラエルティオス『ギリシア哲学者列伝』第九巻第七章四五節「事物のもろもろの性質は、法律や習慣の上でだけあるにすぎず、自然の本来においては、アトムと空虚があるだけだ」。
(86) A版注によると、プラトン『ティマイオス』27d.
(87)「や感覚的性質」は、手稿の段階で追記された。
(88)「砂の山 un monceau de sable」はA版では「砂の一片 un morceau de sable」とあり意味不明。G版、ル・ロワ版は monceau としていて、これを採用する。A版には注記もないことからすると単なる誤記かもしれない。
(89)「石灰なき砂 arena sine calce」は永続しない仕事のことで、A版の注によると、スエトニウス『カエサルとカリグラの生涯』53.
(90)「そしてこれこそが……唯一の方法なのです。」は、手稿の段階で追記されたが、アルノー宛の書簡では省略された。
(91) ル・ロワ版(アルノーに送ったもの)はこれに続けて、「、その本質が何かということを示さ」とあるが、A版にもG版にもない。
(92) A II, 2, N. 57, S. 238-261.
(93)「このように、……。しかし」は追記されたが、アルノー宛の書簡では省略された。
(94)「至るところで」は追記された。
(95)「我々の魂以外のどの魂も実体も toute autre ame, ou substance」は、ル・ロワ版などいくつかの刊行本では「我々の魂つまりは実体は toute notre ame ou substance」となっている。ここは、autre で読む。
(96) 本書『アルノー宛書簡』【三】冒頭省略後の第一段落。

(97)「についての何らかの表象を私が持っている j'aye quelque perception du」は手稿の段階で当初「について多少は自覚している je m'appercevoir un peu de」だったが、書き換えられた。

(98) 当初続けて「もしくは実体的形相」とあったが削除された。

(99) nodus vindice dignus, cui Deus ex machina intervenire debeat. 諸版の注によると、ホラティウス『詩学』191「その結節が神の干渉に値するにあらざれば神を持ち込むべからず nec deus intersit nisi dignus vindice nodus」のもじり。nodus は「(ゴルディオスの)結び目」で難問のこと。「機械仕掛けの神」は、『デカルト『哲学原理』評釈』注125参照。

(100)「それゆえ、一つ一つの実体とそれゆえすべての魂はその本性上」は、当初「なぜなら、魂はすべてその本性上」とあったが書き換えられた。

(101) A版の注は、四世紀の詩人クラウディアヌス(Claudius Claudianus)の『小詩集』51, 5-6を指示するが、刊行本によっては異なる指摘もある。「シラクサイの宿老」はアルキメデスのこと。

(102)「のすべて」は追記された。

(103)「つまり運動を引き起こす派生的な力を受ける、」は追記された。

(104)「現在の present」は、手稿では「先立つ precedent」だが、諸版の編集者により、恐らく誤記とされ、修正された。G版は手稿の通りとなっている。

(105)「しかも厳密に……」から段落最後の「言われることなのです。」まで(ただしG版ではここで段落としていない)は、ライプニッツ自身が手稿の欄外に書いていたが、アルノー宛の書簡ではライプニッツ自身により省かれた。A版では本文に組まれているが、G版では脚注に収められた。ル・ロワ版では言及がない。

(106) A版注によると、プラトン『テアイテトス』183c–184a.

(107) A版注は、アリストテレス『天界について(天体論)』第三巻第一章 298b15–17を指示する。ただし第二章 301b30–302a10では再度この点が取り上げられているので、ライプニッツはこちらを指示したのであろう。

(108)『養生訓』については、注47参照。

(109) A版注によると、アルベルトゥス・マグヌス『形而上学』第二巻第三論第一六章、第一一巻第二論第三章。ジョン・ベイコン(John Bacon/Baconthorpe c. 1290–1346)『命題集第四巻への注』第二巻第十八論第一問第一項。このベイコンはイングランドのスコラ学者。哲学者ロジャー・ベイコン(1214–1294)の大甥らしい。アヴェロエス主義者とされる。ライプニッツは『実体の本性と実体間の交渉ならびに魂と身体のあいだにある結合についての新説』第四節で触れている(岩波文庫『モナドロジー』九九頁)。

(110) A版注によると、フェルネル(Jean François Fernel(Lat: Ioannes Fernelius) 1497–1558)『万物の隠れた原因』一・一・第八―九章、一・二・第二八章。フェルネルはフランスの自然学者。

(111)「していませんでした」は当初「できませんでした」だった。

(112)「転生 transmigration」「変遷 traduction」「変形 transformation」加えて前書簡の「輪廻 metempsychose」はいずれも、同一の魂が異なる身体へと移り変わることを意味するが、時代、地域、宗教により内容は異なり、用語も一定しているわけではない。「転生」「変遷」は概ね人間の魂の「生まれ変わり」を意味する。「輪廻」は、仏教等インド思想やピュタゴラスでは他の動物も含まれる。

(113) ピロポノス(Johannes Philoponos c. 490–570)はアレクサンドリアのヨハネとしても知られる。『世界の永遠性について、プロクロスに反対して』。

(114) ビール(Gabriel Biel 1420(–25)–1495)はドイツのスコラ哲学者。ライプニッツは当初手稿の欄外に「形相は創造によりて生ず」と注記してから削除した。ビール『命題集』二第一項問一。

(115) A版注によると、トマス・アクィナス『対異教徒大全』第二巻第六五章四。

(116) A版注によると、デカルト『省察』概要(AT VII, 13–14)。

(117) A版注によると、デカルトからヘンリー・モア宛一六四九年二月五日(AT V, 276–278)。

(118) アヴェロエス(ラテン名ではAverroes, アラビア名ではIbn Rushd 1126–1198)はアラビアのアリストテレス注釈者。ライプニッツは後年の著作『唯一の普遍的精神の説についての考察』(一七〇二年)で、この説のイタリアにおける信奉者として、ポンポナッツィ、コンタリーニの名を挙げているが、正確とは言えない。

(119) 「対人論法 ad hominem」はアリストテレスが誤謬の一つとして示した論法で、発言内容やその論理ではなく、発言者の個人や人格を指摘して発言内容を肯定もしくは否定しようとする論法。「人に訴える論証」とも言う。

(120) A版注によると、コルドモア『魂と身体の区別について、自然学の解明に資する六篇』(注52参照)の第一篇「物体と物質」で「不可分の物体」と言っている。

(121) 「原始的なエンテレケイア……」以下段落末までは当初「形相を与えられて物体的実体となっているような部分を認めることができます。」だったが、書き換えられた。

(122) 「エンテレケイア」は当初「実体的形相」だったが、書き換えられた。

(123) A版注によると、例えばトマス・アクィナス『神学大全』第一部問七六第七項c。

(124) 当初はこの後すぐに第三項目に移っていたが、以下が付け加えられた。

(125) この文と次の文の「私」は原文では複数形だが意味からして単数と解して訳した。

(126) 「エンテレケイア」は手稿では当初「実体的形相」だったが書き換えられた。

(127) 「エンテレケイア」は手稿では当初「形相」だったが書き換えられた。

(128) 「明晰」「判然」の用法については、『形而上学叙説』第二四節を参照。

(129) A版注によると、N・マルブランシュ『真理探究論』第三巻第七章「解明」一一。なおライプニッツはマルブランシュの同書から膨大な抜き書きをしている。A版に収められている。A VI, 4, N. 348, S. 1803–1938.

(130) 「表象」は当初「実体的形相」だったが書き換えられた。

(131) 「単純な物体的実体もしくは生きている(だけの)実体を動物的な実体から」は当初「単純な物体的実体と生きているものと動物的な実体とを」だったが書き換えられた。

(132) マルピーギ(Marcello marpighi 1628–1694)はイタリアの生物学者。顕微鏡を用いた発見にライプニッツは大いに興味を示している。A版の注によると、マルピーギが『植物解剖学』(一六七五年)で動物と植物が連続的であると考えていることにライプニッツは注目している。注63参照。

(133) A版注によると、レーウェンフック「雨水、海水、雪解け水の中に胡椒溶液と同様に観察される小動物の観察」(*Philosophical Transactions* No. 133 Mar. 1677 pp. 821–831)。レーウェンフック(Antonie van Leeuwenhoek 1632–1723)はオランダ人で自作の顕微鏡を用いて多くの発見をした。ライプニッツは一六七一年にデルフトで会っている。その後も随所で高く評価している。

(134)「(ように思われる)」は付加された。

(135) A版注によると、レーウェンフック「小動物の誕生と発生」(*Philosophical Transactions* No. 142 Dec. 1677–Febr. 1678. pp. 1040–1043)。

(136) A版注によると、J・スワンメルダム『自然の驚異としての母胎の仕組』(一六七二年)。スワンメルダム(Jan Swammerdam 1637–1680)はオランダの生物学者。顕微鏡を用いて小動物の観察を行った。

(137) A版注によると、S・アルビヌス『溺者救助の報告と手順』(一六七五年、初版は一六一五年)。

(138)「エンテレケイア」は当初「実体的形相」だったが書き換えられた。

(139)「エンテレケイアもしくは」は当初「実体的形相と」だったが書き換えられた。

(140) 羊の話は、アルノーが一六七八年八月二八日付の手紙で魂の変形による存続にというライプニッツの説に揶揄する仕方で疑義を呈したことに対応するものである。

(141) 神が精神であるということについては、『形而上学叙説』注171参照。

(142) この後に当初以下の文が続いていたが削除された。「それゆえ精神は神の国から何ものも失われないようにするために自らの役割と道徳的資質を保持していなければなりません。これに対し動物的実体はすっかり変形してしまうことがあっても〔形而上学的に言うなら〕〔そのままで〕保存されているのです。〔改行〕精神同士は互いに妨げ合うことがないし神もすべてを最も完全な仕方で行っているのだから、神はすべての生きた実体に精神を与えることもできたのではないかと言う人がひょっとしたらいるかもしれません。しかしそこから帰結するのは、神はすべての動物的実体にはその有機体にふさわしい魂を与えることができただけであって、正義の法則はそれらに意識と思考の能力を与えることを禁じています。宇宙の秩序は正義がそこまで及ぶことを禁じているからです。」

(143)「最後に」以下段落の最後「作り上げているのです。」まで続く文は、アルノー宛の書簡からは削除された。そのためル・ロワ版では注に載せたが、G版では段落を改めて本文に収めている。この内容は、一六八七年九月のアルノー宛の未送の書簡(A II, 2, N. 56, S. 237)にほぼそのまま記されている。そのためA版では補足の形で掲載しているが、ここでは本文として扱っておく。

(144) この〔　〕内は、A版に従って、前注のアルノー宛の未送の書簡によって補足した。

(145) これに続く段落はライプニッツ自身が元々記していたものとしてA版の本文に掲載されている。アルノー宛にはこれとは別に書き換えたものが送られた。アルノーに送られた箇所を以下に訳出する。「カトラン神父が私の考えから完全にかけ離れていることは奇妙なことです。そのことにはあなたもお気付きのようです。神父は三つの命題を提示して私がそこに矛盾を見出していると述べています。しかし私は少しも矛盾を見出しません。それどころか私はこの三つの命題を用いてデカルトの原理の誤りを証明しているのです。物事の上っ面だけを考える人と関わるとこういうことになります。数学の場面でもこうなのだから、形而上学や道徳の場面ではどうなることやら。そうであればこそ、あなたのように正確で同時に公正な批評者と出会えたことは幸甚でした。広く世間のためにもまた私にとっても今後ともお健やかであることを祈ります。」G版、ル・ロワ版はこちらを本文に収めている。さらに同日送付の別便があり、類似の内容が記されている。A版ではN. 59としている。内容的には重なる部分が多く短信であるので、煩雑を避け訳出は割愛した。

(146) カトラン(François abeé de Catelan ?–1719. 詳細不明)。A版の注によるとこの評論文は「デカルトの力学原理に関する『〔文芸国〕通信』一六八七年二月号所収のL〔ライプニッツ〕氏の返答に対するD・C・神父の論考」。カトランについてはライプニッツとアルノーとの書簡で時々余談として触れられる。当初からライプニッツは疑わしい相手として見ていたが、アルノーは、なかなか良くできると評価していた。その後ライプニッツの評価が否定的に固まるにつれアルノーも否定的な見方となる。

(147) GP II, 131–138.(A II, 2, N. 78, S. 309–315)

(148) アルノーからの返信は一六八七年八月三一日付が最後だった。そしてライプニッツは一〇月九日の手紙(アルノー宛書簡【四】)の後に短信を数通送るがアルノーからの返信はなかった。そうこうするうち、ライプニッツは同年一〇月の末から南ドイツ、オーストリア、イタリアへの大旅行に赴くことになる。この目的は主家の家史編纂のための資料収集だったが教会合同のためでもあった。ハノーファーに戻ったのは一六九〇年六月のことだったが、それに先立ち帰途でヴェネチアから送ったのが本書簡である。ここではアルノーとのやり取りを想起しつつ要点を示している。旅先でのメモであるので、おそらくは資料も無しに記憶だけで認《したた》めたのであろう。ハノーファーに残る初稿とは別に改稿されたものが英国大英図書館に保存されている。G版など多くの版はこれに基づいている。A版は初稿を基本とし改訂版を脚注で示しているが、本訳では改訂版を基本とする。日付、発送地は初稿にはない。

(149) これは『形而上学叙説』のことを指すと思われる。しかし結局は『形而上学叙説』は完成に至らず、出版されることもなかった。

(150)「我々のスパルタを飾り orner notre Sparta」。エラスムスの『格言集』に「スパルタに生まれたからにはスパルタを飾れ Spartam nactus es, hanc orna Sparta」とある(淵源は更に古い)。ライプニッツは『弁神論』第一四七節で似た表現を用いている。

三　デカルト『哲学原理』評釈　一六九九年

(1)『デカルト『哲学原理』評釈』は「著作」としては数奇な歴史を辿った。A版(アカデミー版)のN. 3129の冒頭に掲載されている解説が詳しくその経緯を追っているが、補いつつ要点のみ記す。なお、以下での原稿名であるL、lはA版による略記法で、Lはライプニッツ自身による手稿を、lは筆記者による清書であることを示し、小数字はその原稿順を示す。

実は、ライプニッツがデカルトの『哲学原理』を批判したのはこれが最初ではない。すでに一六七五―七六年頃に『哲学原理』の第一部と第二部について簡略的に述べたメモが残されている(A VI, 3, S. 213-217. 山田・町田版二一―三一頁)。特に第二部については『評釈』へと受け継がれる論点がある。そこでこの『評釈』だが、発端は一六九一年でのデカルトの評価をめぐる論争にある(内容は省略)。これを受けてライプニッツが本著作を執筆したことが翌年一六九二年五月六日のエドム・ピロ宛の手紙で初めて言及される。そして手始めに第一部第一項につき「手稿1(L^1)」を記してから、それを元にオットーという書記の手を借りて最初から改めて全編の「手稿2(L^2)」を仕上げた。この原稿をオランダで出版することを期待して、六月五、六日にハノーファーに滞在中の雑誌編集者バナージュ・ド・ボーヴァルに会い、「手稿2」の「清書1(l^1)」を託した。「清書1」作成時には「手稿2」に若干の訂正と追加を加えている。そしてこの「清書1」がA版のN. 3129となる。「清書1」作成段階での加除訂正は脚注で示されている。一方、ライプニッツ自身は「手稿2」を手許に保存していた。託された「清書1」には表題がなかったためにバナージュから尋ねられたライプニッツは『デカルト主義の秤量、すなわちデカルトの原理の総論的部分についてG・G・L〔ライプニッツのこと〕が各論題について評釈し、今後デカルトの学説に関わる論争を理解できるようにする Statera Cartesianismi seu Principiorum Cartesii Pars Generalis cum animadversionibus G. G. L. suo loco subjectis, ut post tantas lites tandem aliquando intelligi possit, quantum Doctrinae Cartesianae sit tribuendum』という長い表題を答えた(一六九二年八月前半、バナージュ・ド・ボーヴァル宛、A II, 2, N. 164, S. 559)。この後のやり取りでは、簡単に『デカルト主義の秤量』あるいは『デカルトの原理の(総論的部分の)評釈』と略称されているが正式な表題は記されないままであった。(「総論的部分」というのは、デカルト著の『哲学原理』の第一部と第二部が総論的で、第三部以下(発表されたのは第四部までだが第五、第六部まで予定されていた)は各論にあたるためそれと区別したものである。)

「清書1」はその後、バナージュを皮切りに幾人かに回覧されることになった。ホイヘンスには好意的に受け取られなかった(注50参照)。ベールは完全無視であった。方々をたらい回しされたためか一六九三年にライプニッツはバナージュに「清書1」の所在を尋ねるほどであった。バナージュは結局オランダでの出版を諦めた。一六九六年にライプニッツは「清書1」を取り戻そうとバナージュに依頼し、途中、スイスの数学者一族の一人ヨハン・ベルヌーイ(J. Bernoulli 1667–1748)の訂正を受けてから、ようやく一六九九年四月にライプニッツの手許に帰ってきた。バナージュに渡してから七年後の「再会」であった。一六九九年六月初めのゲルハルト・マイアー宛の手紙では「デカルトに対する私の評釈がやっと戻ってきました。読み返してみましたが重宝です。いくつかの訂正や表現のし直しはあるとしても、大筋で変更の必要はありません。」と言っている（A I, 17, N. 145, S. 229）。

　こうして取り戻された「清書1」にベルヌーイの訂正を取り込んで作成され再びオットーによって清書されたのが「清書2（l^2）」で、これがA版のN. 3130となる。この流れとは別に、ライプニッツは手許に保管していた「手稿2（L^2）」の余白にいくつかの書き込みをしている。これが「手稿3（L^3）」で、一六九二年から一六九九年中頃まで手が加えられている。しかしライプニッツ（＋オットー）は「清書2」では「手稿3」を考慮していない。一方N. 3129は「清書1」を主文とし、「手稿3」を脚注に示している。ややこしいことではあるが、簡単に言うと、「清書1」（＋「手稿3」脚注）＝N. 3129、「清書2」＝N. 3130である。A版はN. 3129の最終日付を一六九九年五月とし、N. 3130を一六九九年六月としている。なおA版には、「清書1」「清書2」共に筆記者はオットー、「手稿3」はライプニッツとオットーによるとの記載がある。

　結局この著作は出版されることはなく、日の目を見たのは、グーラウアー（Guhrauer, G. E.）が出版に付した一八四三年のことであった。そこでは「清書2」に「手稿3」を加え、表題は『デカルト哲学原理へのライプニッツによる未刊行評釈』とされた。その後は一八八一年のG版が、グーラウアーと同様、「清書2」を基本とし、「手稿3」を脚注として加え、表題は『デカルト哲学原理の総論的部分への評釈』とした。A版は、先述のバナージュ宛の表題案を参考にしたのか『デカルトの原理評釈（デカルト主義の秤量）』と二重の表題としている。

　以上の経緯を考慮して、本訳では表題を『デカルト『哲学原理』評釈』とする。シュレッカーは執筆年を「清書1」と見たためか、一六九二年としているが、本書では最終訂正のあった一六九九年とする。底本としてはA版を用いるが、これまで述べてきたように、A版は二種類の原本を掲載している。

(a) A VI, 5, N. 3129 (S. 312900–312964)は、一六九一年から一六九九年五月までの手稿、清書、欄外書込等の変遷が示されている。

(b) A VI, 5, N. 3130 (S. 313000–313035). 本訳の底本。

(a)(b)共に、二〇二四年七月時点でWeb上で公開されている暫定版だが随時更新されている。

本訳では(b)(N. 3130)による「清書2」を最終稿として底本とする。

(a)(N. 3129)の脚注で示された「手稿3(L^3)」は必要に応じて脚注で示した。それ以外の推敲変遷は詳細には立ち入らず、やや目立つところのみを注記した。

原文にはデカルト『哲学原理』(一六四四年)の見出しは掲載されていないが、参照の便宜のため、各節の冒頭の[ ]内に小字で示す。(ただしこの見出しはデカルト自身のものではなく、必ずしも適切とは言い難いものの、デカルト自身の了解があるものとみなされていることもあり、内容の目安とはなる。フランス語版との違いも小さくないがここではラテン語版に拠る。)ライプニッツの記述としては節番号が飛んでいるところがあるので、その部分は割愛した。

(2)「手稿3」はこれに続けて「プロクロスはこの問題でミレトスのタレスの試みに言及している」とある。アポロニオス(ペルガの)(Ἀπολλώνιος ὁ Περγαῖος, Apollonius Pergaeus c. 262 B. C.–c. 190 B. C.)はギリシアの数学者。プロクロス(Πρόκλος ὁ Διάδοχος, Proclus Lycaeus 412–485)はギリシアの哲学者。ユークリッド『原論』第一巻への注解がある。ジル・ペルソンヌ・ド・ロベルヴァル(Gilles Personne de Roberval 1602-1675)はフランスの数学者。ライプニッツはこれらの人々への賛辞を惜しまなかった。一六九二年一月のシモン・フーシェ宛ての手紙「私がパリにいる頃、ロベルヴァル氏は嘲笑されていました。ユークリッドのいくつかの公理を証明しようとしたからです。しかし私は軽蔑しません。プロクロスやアポロニオスがすでに考えていたことです。学問の細部を突き詰めようとする人は抽象的で一般的な探求を軽視します。原理を掘り下げる人は個別的な問題には滅多に関わりません。私はどちらも同じように評価します。なぜなら、原理の分析は個別的な発見を推し進める役に立つからです。」(A II, 2, N. 137, S. 490-491)。『人間知性新論』第四部第七章第一節参照。

(3)　エウクレイデス(Εὐκλείδης c. 2 C. B. C.)はギリシアの数学者。英語読みはユークリッド。幾何学に直結する場合には慣用の英語読みとする。

(4)「餌 pabulum」は当初「手稿1」「清書1」では「厩舎 praesepe」だったが「清書2」で修正された。A版の注によると、一六八五年五月末のファイト・ルートヴィヒ・フォン・ゼッケンドルフ宛の書簡で「餌」とされている(A II, 1, N. 252, S. 870)。

(5)　幾何学において、公理や公準はこれによって下位の命題を証明する際に用いるとしても、それ自体自明の原理とされ証明すべきものだとは一般には考えられていない、という指摘である。ただライプニッツは公理についても証明の可能性を探っている。例えば一六七九年の『ユークリッドの公理の証明』(A VI, 4, N. 54, S. 165-179)以降の研究がそうである(稲岡大志氏の指摘)。

(6)「しかし……目指した」は「清書1」は「しかし彼〔デカルト〕は、それほど確かではないとしてもむしろもっと賞賛を浴びることを書こうと目指した」。
(7) この点については、『実在的現象を想像的現象から区別する仕方について』で主題的に論じられる。『形而上学叙説』の注68参照。
(8)「手稿3」は続けて「もしくは解析」。
(9)「自由意志 liberum arbitrium」あるいは「(自由)意志 arbitrium」。「意志(voluntas)と自由意志(liberum arbitrium)は二つの力能ではなく一つの力能である。」(トマス・アクィナス『神学大全』第一部第八三問第四項)。この節の後半以降は「意志 voluntas」が用いられる。
(10)「蜂蜜を甘いと思うか……何事かを確立しようとする人は誰であれ、」は「手稿3」では「蜂蜜が自分にとって甘く感じるか苦く感じるかは私の自由意志による判断ではないし、提起された定理が真であるか偽であるかと思われることも私の自由意志による判断ではない。何かを自分で確立する人は誰であれ、」
(11)「手稿3」では続けて「疑ってかかっている時でさえ、大事なのは我々が何を感覚しているか、そのような議論を受けているのかを知ることである。」
(12)「手稿3」では続けて「(大抵の場合間違った意識だが)」
(13)『モナドロジー』第三三節以降参照。
(14) アリストテレスによれば矛盾律は「同じものが同時に、そしてまた同じ事情のもとで、同じものに属しかつ属さないということは不可能である」原理と表現される(『形而上学』第四巻第三章 1005b19–24)。ライプニッツは多くの場合、二大原理として、充足理由律と並んで、矛盾律のみを示す(『モナドロジー』第三一節、『弁神論』第四四節など)。これに比して、『人間知性新論』第四部第二章第一節では、理性の真理として同一律を前面に立てて詳述し、矛盾律は並行して扱っている。なお「同一律」は原文では「[principium] identicorum」とあり、複数名詞であることを生かすなら「同一者同士の原理」となるが、内容的には「同一律」と変わらない。

(15)「魂 anima」。ライプニッツは「魂 anima, âme」と「精神 spiritus, esprit」の両語を遣い分ける。「魂」は人間を含め動物一般にも「心」の存在と働きを認め、その核として「魂」を認める。さらに人間の場合には上位の認知、記憶、自己意識の働きを認め、その場合には「精神」と呼ぶ。『形而上学叙説』注116参照。他方、デカルトの場合には人間以外の動物に「心」の働きを認めないために、「魂」と「精神」の区別をすることには意味がなくなる。『哲学原理』のこの節でのデカルトの本文では anima が用いられていて、諸訳は「精神」としているが、ライプニッツの用法に揃えて訳し分けておく。

(16)以下段落末まで「手稿3」では「我々が魂の存在を認識しているのと同じ位に魂の本性を認識していると仮定するのであれば話は別である。なぜならその時には魂が物体的ではないと結論することができるからである。しかしそうした仮定が確証されていなければならなかったのである。」

(17)「デカルトにとってでさえ」は「手稿3」で「デカルトは言うに及ばず他のどの哲学者であれ」と加筆された。

(18)「カンタベリーの大司教である」は「清書1」にはなく、「手稿3」ならびに「清書2」で追加された。

(19)アンセルムス(Anselmus Cantuariensis 1033–1109)。一〇九三年から没年までカンタベリー大司教。カトリックでは聖人に叙せられている。主著の一つである『プロスロギオン』(原題は「知解を求める信仰」1077–78)では、のちにカントによって「存在論的証明」(あるいは本体論的証明)と名付けられる神の存在証明が論じられている。この書にフランスのマルムティエ大修道院の修道士ガウニロ(Gaunilo 990–1083)が『愚か者に代わりての書』という反論を書いた。その内容はのちにトマス・アクィナスが論じる論点を思わせる。アンセルムスはガウニロへの反論として『弁明』を公表することになる。ライプニッツがここで引く『愚者への反論』は直接的にはこの弁明書を指すが、内容的には弁明を含む『プロスロギオン』全体を指すと見てよい。

(20) この「美点(完全性)」の原語は perfectiones である。『形而上学叙説』の注3を参照。

(21)「清書1」では以下の文が続いていたが、「清書2」では削除されている。G版では脚注に示している。「例としてAを定義して〈Aとは絶対的に必然的な怪獣である〉とする。Aが存在することを以下のように主張する。〈絶対的に必然的であるものはいかなるものであれ存在する(疑いようのない公理により)。Aは絶対的に必然的なものである(定義により)。それゆえAは存在する。〉しかしこれは不合理である。反論の論点は、この定義(もしくは観念)が不可能であること、そしてそれゆえ容認できない不合理である、ということにある。」なお、定義に矛盾が含まれている場合としてライプニッツがしばしば挙げるのは次の第一八節にもある「最高速度」である。この例は、次注の『認識、真理、観念についての省察』でも取り上げられる。

(22)『学術紀要』一六八四年一一月号に掲載された『認識、真理、観念についての省察』のこと。『形而上学叙説』の注104を参照。

(23)「理解して十分に解明しきるのでない限りは」は「清書1」では「判然かつ十全に理解しない

限りは」とある。また「手稿3」ではこの節の末尾に以下の文が続く。「とはいえ、神の観念が我々のうちにあることは何よりも真実である。なぜなら、神が可能でありしかも〔現実に〕存在していて、このどちらも我々が認識していることが何よりも真実だからである。また我々は生来、すべての観念を何らかの形で有していて、感覚は精神をそれらの観念に向かわせるものであることに他ならないのである。」

(24)「手稿3」はこれに続けて第二六節以下に記述を進めて中断している。「第二六節　我々自身は有限であっても、無限について多くの推論を導き出すことができる。例えば漸近線についてもそうだし、無限の空間についてもそれより小さい有限な空間から推論ができる。無限の数列についてもそうだ。そうでなければ我々は神について何も知らないことになる。何事かを知ることと、それに内在することを把握するということは別のことである。問題に則して言うならば、無限に長い線や無限に大きい数は全体ではない。したがって無限に長い線には長さが半分の線がないし、無限に大きい数は等分も不等分もできない。第二八節　確かに我々は神の真の目的や見通しをしばしば認識する……〔途絶〕」

(25) わかりにくい言い方だが、漸近線によって囲まれた図形の面積のことか、または何らかの特殊な図形のことか、あるいは線はそもそも長さだけで面積がないということか。

(26)「把握するというのは、……収めるということである。」は「清書2」で追加された。

(27) A版の注によると、『光学、反射光学、屈折光学の唯一の原理』(『形而上学叙説』の注93参照)、『物体の力と相互作用に関する驚嘆すべき自然法則を発見し、かつその原因に遡るための力学提要』(『形而上学叙説』の注80参照)。また、『形而上学叙説』第二一、二二節を参照。

（28） ad populum phalerae. ペルシウス(Persius 34-62?)はローマの詩人。『諷刺詩集』第三巻第三〇章では ad populum phaleras, ego te intus et in cute novi.（汝は民衆を欺くも私は汝の何者なるかを知る）とある。

（29）「あらゆる誤謬は、……それぞれの仕方で生じる。」は「清書2」で追加された。

（30）ドイツ語の begreiffen は当時の綴り方で、現在は begreifen「自分自身を理解する」という意味になる。フランス語の s'aviser も代名動詞としては「気付く」だが、原義は「自分自身に気付く、助言する」の意。

（31） nomenclatores(pl.)は、古代ローマにおける奴隷の仕事の一つであり、本文にあるように主人の政治活動を助けるものであったが、その後意味が変化、拡大した。

（32）「マケドニアの」は「手稿3」により補う。なおアレクサンドロス三世の父ピリッポス二世にまつわるこの逸話としてA版の注は、紀元二、三世紀のローマのギリシア語作家アイリアノスの『雑録』第八巻第一五章を指示している。ただしそこでの青年の言葉は「汝は人間である」とある。

（33）原語では animadvertere (s'aviser)と、ラテン語とフランス語を並記している。

（34）「手稿3」は quae sine culpa elabuntur aut non subveniunt とする。この場合には「過失がなくても、し損なったりあるいは実行しないでしまうような」となる。

（35） perfectio.『形而上学叙説』注3を参照。

（36）「清書1」では「第三八節」となっていたが、ベルヌーイが訂正した。次の節番号も「第三九節」であったのを「第四〇節」と訂正した。

(37) 前節も含めて「理性」と「理由」の原語はともにratioだが、文脈に応じて訳し分ける。
(38)「手稿3」では以下の句が続く。「もし自由が隷属に対立するなら、」
(39) 本書所収『アルノー宛書簡』注99、『自由、偶然性、原因の系列、摂理について』第五段落参照。
(40) この節の後半では二人称単数形が用いられている。デカルトを意識してのことか。
(41)「再確認し resumas」は「清書1」「手稿3」では「承認し assumas」とある。
(42)「手稿3」では以下の文が続く。「この誤謬で難儀していたことは、デカルトが第二六節で述べていた通りだが、無限についてなされた問いや反論をするときの過誤に対しては、我々の有限な精神は〔無限に対して〕無のようなものだと答えるべきだ。それでも無限に対してこの有限な知性は少なくとも矛盾があってはいけないということは知ることができるのだ。」
(43)「手稿3」では「(『ライプツィヒ学術紀要』所収の「真理、観念について」)」と(　)で記されている。『認識、真理、観念についての省察』(『形而上学叙説』の注104参照)のこと。
(44)「蓋然性 probabilitas」とは「確からしさ」ということで、数学的には「確率」となる。主観的な確信の場合と客観的な頻度の場合との両面を持つ。A版の脚注は、この時期の蓋然性に関する文献として主に法学関連のものを多数挙げている。もう少し後の時期からでは「蓋然性の程度の探究は非常に重要であり、しかも私たちにはまだ欠けていて、このことは私たちの論理学の重大な欠点である」『人間知性新論』第四巻第二章第一四節。同書では随所で同趣旨が説かれる。
(45) ヨハネス・アモス・コメニウス(Johannes Amos Comenius 1592–1670)はモラヴィアの教育学者として知られる。A版の注によればコメニウスの該当箇所は『P・セラリウスの答弁の評価』第二二節にある。これはセラリウス『パラドクス研究に向けた無名の一デカルト学徒による答弁』(一六六七年)に併載されている。

(46) この「定義」はデカルト自身の記述とは正確に対応していない。次の第五二節でデカルトは実体の存在の問題と認識の問題とに分け、存在としては「神の協力のみを必要とする」としながら、認識のためには属性によるとしている。この節でのライプニッツのコメントはやや先走りしている。

(47) この後「手稿3」では以下の文が続いている。「個別の実体について、別の定義によって説明される実体の種《しゅ》として理解するなら、」G版ではこの文を本文に組み込んでいる。

(48) A版の注によると、『物体の本質は延長にありや、という問いに対するライプニッツ氏の書簡抜粋』(『学芸雑誌』一六九一年六月号 A VI, 5, N. 2130)。

(49) 一六九九年三月二四日/四月三日デ・フォルダー宛「延長の概念は分解可能な相対的なものだと考えます。というのもその概念は多数性と連続性と共存性とに分解されるからです。……ここから明らかなことは、連続しているか拡散している何かが想定されるということです。例えばミルクにおいては白さが、金においては色や展性や重さが、物質においては抵抗がそのようなものです。」(A II, 3, N. 207, S. 546. K I, 9, 63)。

(50) ホイヘンス(Christian Huygens 1629–1695)はオランダの数学者、物理学者、天文学者。ライプニッツは、パリ滞在時(一六七二—一六七七年)から自然科学領域で多くの教示をホイヘンスから受け、その後も書簡を通じて学問的交流が継続していた。しかしやがてデカルトの運動量保存の法則や物体の衝突の法則(いずれも『評釈』第二部での主題)、さらには天体の運動論をめぐって考え方に違いが表面化する。『評釈』の回覧された「清書1」はホイヘンスにも渡ったが、デカルトの衝突の規則へのライプニッツの議論には反対の考えを直接ライプニッツに送っている。以上は、横山雅彦「ライプニッツとホイヘンス　力学に関する両者の思想的交流について」(K I. 3. 540-560)による。なお、ライプニッツは晩年にホイヘンスの力学面での業績を評価しながらも「形而上学には全く興味を抱いていなかった」と評している(一七一四年一月一〇日、レモン宛 GP III, 607)。

(51) A版の注によると、マルブランシュの代表作である『真理探究論』(一六七四—一六七五年)第一巻第二部第七章第四節「人はどのようにして自分自身の精神を知るか」。

(52) この後「手稿3」では以下の文が続いている。「今のところもっとも真実なのは、精神と物質は全く別種のものだということである。このことはいずれもっとはっきりと示すつもりだ。」

(53)「手稿3」には「二つの」とあるが、「清書1」「清書2」にはない。なお、緑が青と黄色との混合であることについては随所で触れている。『認識、真理、観念についての省察』『人間知性新論』第三巻第四章第一一節以下など。

(54) この後「手稿3」では以下の文が続いている。「とはいえ、色や熱が事物の内にあると言うときに、現象の基礎のことを理解しているのであれば、その言い方は正当である。」

(55) 竜血は竜血樹の樹脂から精製した医薬品、顔料。鶏冠石はヒ素の硫化化合物で花火、顔料に用いられた。なお、「ドイツの諺」は不明。

(56) この後「手稿3」では以下の文が続いている。「少なくとも必然的な帰結を問題とする場合であれば、」G版では本文に組まれている。

(57) この後「手稿3」では「人生では至るところにある」とある。
(58)「手稿3」では「合成、分割」とする。G版は「手稿3」の形で示している。
(59) A版の注によると、エウクレイデス『原論』第五巻。
(60)「感覚内容 sensio」。この語はライプニッツの用例としては(皆無ではないとしても)見当たらない。意味は、感覚 sensus を通して受けとめた意識内の内容と考えられるので、「感覚内容」と訳した。
(61)「誤りを犯さないこと」は「手稿3」では「事柄を今とは違ったように見ること」。
(62)「実在的な対象 objectum reale」。この二語は、哲学史的に見るなら慎重な扱いが求められる。デカルトの場合には「認識内容が主体にとって存在すると確証できる観念」だが、ライプニッツの場合には「認識主体の外側に実在する対象」という意味で、近代的とも言える。
(63) この括弧書きは原文のまま。
(64)「モルペウス Morpheus, Μορφεύς」はギリシア神話の神で、「造形者」の意味。夢の中で人間に人間としての夢を見させる。「レーテー λήθη の川」は冥界の河の名で死者はこの水を飲んで現世の記憶を忘れる。
(65)「詩人たちもそのように歌っていた」は「手稿3」では以下のようにある。「ある詩人〔単数〕は、次のように歌って、警戒するように訴えた。『柵の外に勇みて出る事勿れ。忘却の川がすべてを水に流す。』なお、物質的なものの実在性の本質については、すでに別のところで述べた。第一部第四節も参照。」なお『 』内の句についてA版の注は、一五世紀のスロヴェニア生まれの詩人ヤーノス・パノニウスの『哀歌』第一五巻を指示している。

(66)「手稿3」では「物体が corpus」とある。G版では削除されていない。

(67)「不可入性 ἀντιτυπία seu impenetrabilitas」。ライプニッツはしばしばこの同義であるギリシア語とラテン語の組み合わせを用いる。意味はいずれも「(空間的に)他からの侵入を受け入れないこと」である。

(68)「手稿3」は続けて「つまり裸の空間 seu spatium nudum」とある。中身のない図形としてだけの空間という意味か。G版ではこの形で本文に組み込んでいる。

(69)デカルト『哲学原理』第二部第一〇節では「空間すなわち内的場所と、その内に含まれている物体の実体とは、ことがらとしては別のものではなく、ただ普通に我々が捉える仕方の点で違うにすぎない。」とある。

(70)「手稿3」は以下のように続いている。「加えて、いつか明らかにしようと思っていることだが、物質の塊それ自体は実体ではなく諸実体から結果する寄せ集めである。そして空間はすべての共存するものの共通の秩序に他ならず、同様に時間は共存しないものの〔共通の秩序である〕。」ここで触れられた問題は後に随所で展開され、特にデ・フォルダーやデ・ボスさらに最晩年のクラークとの往復書簡などでは中心的な問題の一つとなっている。

(71)「手稿3」では以下のように続く。「他の証明をもってしても原子は存在しないと判断できる。」

(72)「形によってのみ区別ができる〉、ということは、」は「手稿3」では「さらに形によってのみ区別される。〉以上の考え方は、」とある。G版はこの形で本文に組み込んでいる。

(73)「手稿3」では以下のように続く。「とはいえ、この考え方も、別の観点からすれば真となり得る。」

(74) 「仮説の等価性」についてライプニッツは『力学提要』(『形而上学叙説』の注80参照。第一部は『学術紀要』一六九五年四月号に掲載されたが第二部は未刊行のままであった）の第二部で述べている。「現象としての運動は単なる関係の中に成り立つ……仮説の等価性は物体相互の衝突によっては変わらない」(GM VI, 247–248. K I, 3, 514–515)。この論文では続けてデカルトの『哲学原理』第二部の第四七節から第五二節までの規則(二―七)への批判が述べられている。

(75) 「手稿3」では以下のように続く。「とはいえ実際のところ、完全に静止している物体など存在しない。」

(76) A版注によると『螺旋について Περὶ ἑλίκων』。

(77) A版注によると、ケプラー『ウィテロ歴代誌論天文学光学篇』(第一章第一九命題、一二一命題、一六〇四年)。

(78) A版注によると、ガリレオ『新科学対話〔機械学及び地上運動に関する二つの新しい科学についての対話及び数学的証明〕』(一六三八年)。

(79) 本書所収『自由、偶然性、原因の系列、摂理について』第五段落参照。

(80) 「神がこの系列の中で……しばしば生じる。」は、「清書1」では「神が保存しようとしていたのは、運動の量なのか、あるいはそれとは異なる別の何かであるのか。この点につき私は運動の量が変化しても力の量は保存されることを証明した。運動量が変化することも至高の知恵が引き起こすことである。」とある。

(81) A版注によると、ライプニッツ『自然法則に関するデカルトおよび他の学者たちの顕著な誤謬についての簡潔な証明』(『形而上学叙説』の注78参照)。

(82) ここからこの節の最後まで、「清書2」は「清書1」とわずかな違いがある。G版は概ね「清書2」に拠るものの句読点に若干相違がある。「清書2」に依拠して訳すが、実質的な違いはなければ特に指摘はしない。

(83) 以下、数字の表記の仕方に、欧語数詞表記とアラビア数字の表記の二種類が混在している。訳出に際してはそれぞれ漢数字とアラビア数字に分けた。

(84) 「ここでAがBに向かって……Bだけが動かされるとしよう。」は、「清書1」では「Aが静止しているBに向かって全速力で移動しBだけが移動する。あるいは同じことだが、Aの力の全体がBに移動するとしよう。」とある。

(85) リーブラ(libra)は重量の単位。約三三〇グラム。ペデス(pedes)は長さの単位(単数はペース(pes)だが、混乱を避けるために「ペデス」で統一する)。約三〇センチメートル。

(86) A版は次の著作を指示している。ガリレオ『新科学対話』(注78)第三日(「位置の変化について」)第二部定理二。

(87) 「(機械的な)永久運動」については、『形而上学叙説』の注80参照。

(88) A版注によると、ガリレオ『新科学対話』(注78)第四日「投射体の運動について」、ガッサンディ『インペトゥス、すなわち移動体から押し出された運動について』(一六四二年)。

(89) 例えばプラトンは、呼吸において出て行った息の代わりに隣接するものが入りこむように、あらゆるものが「回り押し」をしている、そしてこれは空虚が存在しないからだ、と述べた(『ティマイオス』79b-80c)。アリストテレスはこれを批判して、物体が移動する際には空隙(真空)

を埋めるために空気による「置き換わり ἀντιμετάστασις」で動くとした(『自然学』第三巻第一章 208b「回り込み置換 ἀντιπερίστασις」という表現も用いている(同第八章 215a15)が、大同小異であろう。

(90)『コペルニクス天文学摘要』(一六一八年)第一巻、第四部。

(91) このあとに草稿段階ではかなり長い記述がなされたが中途で終わり「清書1」の段階で削除された(N. 3129 = l^l に収載)。各種刊行本、翻訳には掲載されていない。ここでは省略する。

(92)「固体 durus」についてロムカーは、ライプニッツはここで完全弾性体のことを意味していると注している。

(93)「先行者」にあたる原語は、「清書2」、その前の「清書1」、いずれも assequens で、A版ならびにG版では特に指摘がないが、ブヘナウ&カッシーラー、シュレッカー、ロムカーの各翻訳はいずれも praecendens の誤記だとしている。内容からこれらに従って訳した。

(94) この箇所はわかりにくいため、前注に挙げた各訳は注を付している。例えばロムカーは次のように説明している(他も趣旨は同じである)。「言い換えるなら、先行する物体の衝突前の重量をm、衝突前後の速度をv、Vとし、追尾する物体の重量をm_1、衝突前後の速度をv_1、V_1とする。すると、$(m-m_1)/m=2v/v_1$ のときには $V_1=0$ となる。ライプニッツの式は活力保存の原理と運動量保存の原理とから導出することができる。この両原理は完全な弾性体の場合にのみ完全に妥当する。$mv^2+m_1v^2=mV^2+m_1V_1^2$ (1)　$mv+m_1v_1=mV+m_1V_1$ (2)

(1)を(2)で割ることでVの比率の問題を解決し、(2)のVを置き換えれば、$V_1=0$ の等式を導出する問題を解決できる。」シュレッカーも同様に説明を進め、ロムカーが示した(1)(2)の方程式をそれぞれ「力の保存」「運動の保存」と説明した上で、追尾する物体が停止するためには $m-m_1=2v$ とならなければならないと述べ、本文の「二倍」が得られるとしている。

(95) このあとに草稿段階では数行が続いていたが「清書1」の段階で削除された(N. 3129 = l^1 に収載)。各種刊行本、翻訳には掲載されていない。ここでは省略する。

(96) A版注によると「デカルトからメルセンヌに宛てたホッブズについての書簡」(一六四一年一月二一日 AT III, 289 f.)、「ホッブズからメルセンヌに当てたデカルトについての書簡」(一六四一年二月七日 AT III, 307 f.)。シュレッカー注はA版注に加え「デカルトからメルセンヌに宛てた書簡」(一六四一年二月一八日 AT III, 318 sq.)。いずれも邦訳がある。

(97)「連続律 lex continuitatis」(あるいは「連続性の原理」)については、『神慮を考慮に入れることによって自然の法則を説明するのに有用な原理について、マルブランシュ師からの返答への答えとするライプニッツ氏の手紙』(『文芸国通信』一六八七年七月号 GP III, 51-55. K I, 8, 35-41)で論じられた。A版の注はこのフランス語の著作ではなく、ほぼ同内容だが翌年執筆と推測される次のラテン語の著作を指示している。『数学のみならず自然学においても有用な一般的原理、神慮を考察することで自然の諸法則を検討する。マルブランシュ師との論争を契機に解明されたもので、デカルトの誤りが示される』(一六八八年九―一〇月 A VI, 4, N. 371)。ただしこの著作は当時公開されていなかったのでこの指摘は適切とは言えない。なお、注74で触れた『力学提要』の第二部(これは当時未公開)でも楕円と放物線の例を用いて説明をしている(GM VI, 248-249. K I, 3, 518-519)。

(98)「通径 latus rectum」とは、アポロニウスの『円錐曲線論』で用いられた用語で、円錐曲線

（楕円、放物線、双曲線）の焦点を通り長軸に垂直な直線が円錐曲線に切られた線分の長さのこと。ライプニッツが通径の概念を用いて連続律を説明する場面は、『学術紀要』の一六八九年二月号の『天体運動の原因についての試論』（『形而上学叙説』注80参照）でも見られる（GM VI, 155–156. K I, 3, 410）。

(99) 以下、〈規則○…〉としたのはデカルトの記述をライプニッツが言い換えたものなので、規則そのものはデカルトの記述ではない。便宜上この部分を〈　〉で括る。この節から、デカルトの「衝突の規則」が扱われることになる。この七つの規則はデカルトが発表した直後から議論が起こり、第一規則以外はすべて誤りだという評価が多かった。ライプニッツはホイヘンスなどから情報を得て、批判的な態度を固めることになる。比較的早い時期の著作としては『物体の衝突について』（一六七八年）があり、その後も『運動の諸法則に関する力学試論』（一六九一年頃 GM VI, 215–231. K III, 468–490）、『力学提要』（注27参照）で扱っている。なお、ライプニッツの初期の力学関係の研究については、今野諒子氏からご教示を得た。

(100) このあとに草稿段階では数行が続いていたが「清書1」の段階で削除された（N. 3129 = l^2 に収載）。各種刊行本、翻訳には掲載されていない。ここでは省略する。

(101) A版注によると『潜勢力の力学について、また物体の自然法則について』第二部第三節「物体の衝突について」（GM VI, 488–514）。ただしこれは一六八九年にイタリア滞在中に執筆された遺稿で、当時は刊行されていない。

(102) 連続律のこと。

(103) これに続いてライプニッツは最初、第四九節と第五〇節の途中まで書きかけたが廃棄して、改めて第四九節から書き直した。廃棄された草稿では「規則四　もしBとCとが等しくBが動いているとするなら……」とあって、第四九節の「規則4」の前提を取り違えていたからかと思われる。「清書1」では小字で掲載している。

(104)　A版は「清書1」も「清書2」も「B」とし、G版も同様だが、ロムカーは「C」の誤りだとしている。シュレッカーも「C」を採用している。内容的には「C」とすべきなので、この指摘に従う。

(105)　「固体」については、注92、さらにその節での「弾性体」の記述を参照。ライプニッツは「固体」を〔完全〕剛体としてではなく、弾性体として理解している。

(106)　「清書1」の欄外にベルヌーイは次の注記をしている。「注意。デカルトの規則七の考え方は、ここでの〔ライプニッツによる〕検討を待つまでもなく矛盾を含んでいる。それでもこの考えを偽とするためにはこの〔ライプニッツの〕推論によらざるを得ない。」この注記を受けてライプニッツは「清書2」にわずかな訂正を加えた上でベルヌーイの注記を線引きで抹消し「訂正済み correxi」と記した。

(107)　この「図解」はこの節の第二部として続けて示される。

(108)　以下は「図解」の記法に合わせて、数字はその次のアルファベットに付されていることを示す。1Hとある場合は、点1Hを示している。

(109)　「そして、」から「知っている。」までは、「清書1」にはなかったが、「清書2」で追加された。

(110)　「これまで」から「はずである。」までは、「清書1」にはなかったが、「清書2」で追加された。

(111) 注107の「図解」とその説明が「第五三節第二部」として記されている。なおここには印刷に向けた次の注記がある。「印刷においてはそれぞれの図の説明が一眼でわかるように配置されるべきである。」

(112) G版では、これに続けて「デカルトによるもの　奇妙な描線／真理によるもの　調和の取れた描線」とそれぞれ上下(原文では左右)の図に振り分けてあるが、この記述はA版には見当たらない。

(113) 当初ライプニッツは、第五四節、第五五節、第五六節に対して、ほぼデカルトの記述に沿う形で批判を加えていたが、「清書1」の段階で削除して全面的に書き改めた。そこに若干の修正を加えて「清書1」となり、「清書2」に引き継がれたのである。削除箇所はA版(N. 3129 = l^2)にのみ収載されている。

(114) 「前三段論法 prosyllogismus」は三段論法の大小(いずれか、もしくは両方)の前提を導くための三段論法。

(115) 「清書1」ではこの後、次の文があったが、「清書2」で削除された。「さらにこれを換位すると、運動に最大に対立するものは安定性の原因である、となる。」

(116) 「清書1」ではこの後、次の文があったが、「清書2」で削除された。「全称肯定命題の結論を換位しただけではうまくいかないからだ。」

(117) 「清書1」ではこの後、次の文があったが、「清書2」で削除された。「つまり、前三段論法の結論における換位は成り立たない。〈安定性の原因となるものは運動に最大に対立する。それゆえ運動に最大に対立するものは安定性の原因である。〉このように全称肯定命題を単純に換位しただけの命題は、形式だけでは有効ではなく、何らかの内容を持った条件が必要となる。もし最大であるものを一つに決めるとするなら、まさしくここがそうなのだが、しかし最大と言えるものが多数あることも我々は知っている。球体の表面には最大の円が無数にあるからだ。」また「手稿3」ではこれに続けて以下の文があった。「〔最大の円〕(、つまり等しい最短の線)この線に沿うことで一方の極から他の極へと〔最短で〕行ける。以上の指摘を読んで、私が多くの哲学者をスコラ哲学者並だと言っているとして憤慨する人もいることだろうが、我々が確認したことなのである。」

(118)「不可入性 impenetrabilitas」は一般に、物体同士の侵入を妨げる性質として考えられてきたもの。注67参照。

(119)「磁力 magnetismus」は、その実際的な面については古くから知られていたものの、その科学的な解明は一筋縄ではいかなかった。イングランドのギルバート(William Gilbert 1544–1603)の『磁石論』(一六〇〇年)は、地球を巨大な磁石と見立てた理論であった。デカルトは『哲学原理』の第四部第一三三節以降で磁石を詳しく扱い、地球磁性体説にも触れている。ライプニッツは折に触れて言及するが深入りは避けている。

(120)「清書1」ではこれに続いて一旦書きかけた文章を削除して書き改めた。削除した箇所はA版N. 3129に小字で収載されているが、書き改めたものと内容的に大差がないので割愛する。

(121)A版やその他の版によると『媒体の抵抗について、ならびに抵抗力のある媒体中に投射された重量体の運動について』(『学術紀要』一六八九年一月号 GM VI, 135–143)。

(122)「燈芯草に節を求める Queritur nodus in scirpo」は「無い物ねだり」の意。古典からの〔語順を変えた)引用。“Nodum in scirpo quaerere”, Terentius *Andria* V, 5, 38; Plautus *Menaechmi* II, 1, 22.

(123)「形而上学から自然へ a Metaphysica ad naturam」は、次の「物質的なものから非物質的なものへ」と内容的には逆向きになるようにも見える。そのためか、ブヘナウ&カッシーラーの独訳は「数学から自然へ von der Mathematik zur Natur」と解して訳している。ロムカーは英訳の注でそのことに触れた後、この後に続くテキスト内の「自然な naturalis」の狭い意味からすればテキスト通りの読みも可能だとした上で、「力の概念はライプニッツにおいては形而上学的であるが、科学においては派生的な力として現れる。」と注している。

(124)「原質 archaeus」はパラケルススの用語。『形而上学叙説』第一〇節参照。「作用的観念 ideae operatrices」は、チェコ生まれの医科学者ヨハネス・マルクス・マルキ(Johannes Marcus Marci, Jan Marek Mareci z Kronlandu 1595–1667)の著作『作用的観念の観念』(一六三五年)から。「実体形相」や「魂」は、ライプニッツ自身も積極的に論じるが、それはあくまで形而上学に関わる場面であって、自然を論じる際に用いることはない。

(125)「機械仕掛けの神 Deus ex machina」は古代ギリシア演劇で芝居のもつれた展開を解決するために突如登場する神の如き存在のこと。しばしば大掛かりな仕掛けで登場したことから「機械仕掛け」と言われる。

(126) A版注によると、ロバート・フラッド『モーセの哲学』(一六三八年)。

(127)「清書1」ではこれに続いて一旦書きかけた文章を削除して書き改めた。削除した箇所はA版N. 3129に小字で収載されているが、書き改めたものと内容的に大差がないので割愛する。

(128)「黄金の連鎖 catena aurea」はトマス・アクィナスによる福音書注解の表題だが、ここではその表現のみ借用されている。
(129)「国家 Republica」。『形而上学叙説』の注170参照。

四　自由、偶然性、原因の系列、摂理について　一六八九？年

(1) 底本としてはA版を用いる(A VI, 4, N. 326, S. 1653-1659)。フシェ・ド・カレーユ版も参照した(pp. 178-185)。G版には収載されていない。この未刊行の作品は従来『自由について』と題されていたものだが、A版の表題に従った。
(2)「運命 fatum」をライプニッツは三種に分け、マホメット的、ストア的、キリスト教的としている。『弁神論』「序文」第九段落、一七一六年八月一八日クラーク宛第五書簡第一三節などを参照。
(3)「大ブリテンのアーサー王 Rex Artus Magnae Britanniae」はブリテン地方の伝説の王。「アマディス・デ・ガウラ Amadis de Gaula」はスペインの騎士物語の主人公。「ベルンのディートリッヒ Theodericus Veronensus」はベルンの伝説のゲルマン人英雄。
(4) デカルトのこと。
(5)「迷宮 Labyrinthus」については、『形而上学叙説』の注51を参照。『弁神論』「序文」第七節、「緒論」第二四節でも述べられている。
(6)「反対」については『形而上学叙説』の注61参照。
(7) 後年、「十分な理由の原理(充足理由律)」としてライプニッツにとって重要となる原理のこと

である。

(8) 人間が理性を用いて行う証明の手続きにはしばしば矛盾を経由することがあるが(背理法のように)、神にはそのような手続きは無縁だということか。

(9)「神自身の本性を考慮することで consideratione suae naturae」。ロージーはこの箇所を「諸事物の本性を考慮することで il considère leur nature」と仏訳している。一見その方が自然だが、フレモンは文法的に「神の本性」でなければならないと指摘している。他の諸訳も「神の本性」としている。さらにフレモンは、可能的なものは神の知性の内にあるということからこの理解の正しさを補強している。

(10)「加わる」はA版は accedent、フシェ・ド・カレーユ版は accident だが、意味は大差ない。

(11)「中知 scientia media」。『形而上学叙説』の注143参照。

(12)「存在可能で dari posse」の箇所は、フシェ・ド・カレーユ版では「存在可能でなく ne dari posse」と否定の形になっている。グリュア版ではこの本文そのものは収録していないものの訂正だけが指摘してあり、この箇所の"ne"は削除されている(G. Grua *Textes inédits* I. 1948, p. 326)。A版でも同様に"ne"は削除されていて、各翻訳もこれに沿っているが、ロージー版は底本をフシェ・ド・カレーユ版に置いたため、"ne"がそのまま残っている。

五　遡源試論　原因探究についての遡源試論　一六九六年以降

(1) 本論はG版が初めて公にした。タイトルは恐らく編者によるものであろう。執筆年についての記載はないが、ロムカーの指摘の通り、文中の「最速降下線」が一六九六年に初出なので、それ以降ということになる。この翻訳は底本としてG版を用いる(GP VII, 272–279)。A版にはまだ収録されていない。

(2) フレモンによると、冒頭の[　]で括った部分は、ライプニッツによって後から加えられた補注だとの指摘がクーチュラによってなされている(L. Couturat *Opuscules et fragments inédits de Leibniz*, Paris, 1903, p. 587)。G版は区別なしに本文として掲載しているが、ロムカーの英訳はこの部分を注に回している。フレモン版は冒頭に[　]で括ってそのまま掲載し注記している。本論の表題となっている「遡源 Anagogicum」についてのライプニッツ自身の説明はこの部分にしか登場しないこともあるので、フレモンの方式に従う。なお、クーチュラによるとこれとは別に欄外にドイツ語で次の注も追記された。「以下の命題のいくつかがすでにバローもしくはそれ以外の誰かにすでにあるかどうかを見よ。」バロー(Isaac Barrow 1630–1677)はイングランドの数学者、神学者。ケンブリッジにおけるルーカス教授職のニュートンの前任者。

(3)「遡源 anagogie, anagogicum」という語は、ギリシア語 ἀναγωγή を起源とし、元来は「遡る」ことを意味し、特に聖書解釈においては字義通りの意味から霊的意味にまで遡ることだった。ラランドはこれに加えてあえてライプニッツの用法としてこの著作を指して「帰納法 induction」のこととしている(André Lalande *Vocabulaire technique et critique de la philosophie*, Paris, 1902, 16ème éd., 1988)が、論理的な推論方式とは異なりむしろ神学的営為にも近いので、訳語としては「帰納法」を避け「遡源」とした。ライプニッツは冒頭の補注を除いてこの語については説明をせず、また恐らくは他の著作でも使用していない。

(4) アリストテレス『形而上学』第一二巻第七章。

(5) G版は「どこでも par tout」だが、フレモン版は「とりわけ[sur]tout」と解している(この場合の訳文は文の初めの「形象を捉える」の前に置く)。ロムカー訳も(フレモン版より刊行は早いのだが)この理解で訳している。「とりわけ」の方が流れとしては適切に思えるが、一応、G版に沿って訳す。

(6)「最善形式 forma optima」。"optima(-us)"は"bon"の最上級であるため「最善」となってライプニッツの「最善説 optimisme」(この語はライプニッツの死後にその思想を批判あるいは揶揄することを目的として作られたものであった)を予想させるが、この箇所の前後から察するならば、「最適」と訳した方が適切であろう。事実、ロムカーの英訳は"optimal"としている。だがこの適切さが「最善」とのつながりを隠してしまうことにもなる。しかも"optimal"の語の登場は一九世紀末のことである。そのため訳語として「最適」を採らないことにした。むしろ、ライプニッツの(本来の)「最善説」が道徳的、神学的意味だけではなく自然科学分野にも及ぶものであると理解すべきであろう。これ以降に展開される最速降下線や光学的事象の分析が目的因の重要性と重なって最善説に向かうものであると理解したい。以上の含意を込めて「最善」と訳す。

(7) これは「最速降下線 linea brachistchrona」のことである。ヨハン・ベルヌーイは、一六九六年六月九日付の手紙でライプニッツに「鉛直面内に二点が与えられたとき、上部の点から自重で落下する物体が下部の点に最短時間で到達する経路を導き出せ」という問題を提出し、同時にその問題を『学術紀要』にも送っていた。この手紙を受け取ったライプニッツは直ちに解答を作成してベルヌーイに送った(一六九六年六月一六日付の手紙の「付録」GM III, 290–294. K II, 3. 100–108)。ライプニッツはこの解答の中では linea tachystoptos(「最速落下」の意)の語を用いていたが、落下運動以外にも広く適用できる状況を考えて、ベルヌーイの用語を用いることになった。最速降下線は実質的にはサイクロイドとなる。以上は、上記K版の訳注による。この問題にはニュートンも直ちに参戦した。ライプニッツとニュートンの先行者争いの一つでもある。なお、最速降下線と似た曲線の一つに「懸垂線 catenary」がある。二点間を繋ぐ鎖などが垂れ下がってできる曲線のことで、一六九〇年にヤコプ・ベルヌーイ(ヨハンの兄)が問題を出し、ライプニッツは直ちに解答を送り(「柔軟なものが自身の重さによって描く曲線について、また任意個の比例中項と対数を見出すためのその曲線の格別な利用法について」『学術紀要』一六九一年七月 GM V, 243-247. K I, 2, 352-358)、ヨハン・ベルヌーイやホイヘンスも論じた。

(8)「建築術的に architectoniquement」。元はギリシア語 ἀρχιτεκτονική(建築術)で、個別的な技術を統合する高次の技術(τέχνη)のこと。「棟梁的」などとも訳される。アリストテレス『ニコマコス倫理学』第一巻第一章参照(邦訳では「統括的」とも訳される)。『形而上学』第一巻第一章も参照。カントは『純粋理性批判』「超越論的方法論」第三章を「純粋理性の建築術」と題し、「体系を構成する技術」としている(B860)。『モナドロジー』第八三節も参照。なお、注3で参照したラランドの辞典では、アリストテレスの用法とならべて本著作のこの箇所を別して取り上げ、「機械的原因ではなく目的因に従うこと」としている。原語の隠喩の妙味を残しておくために「建築術的」とした。

(9)ルクレティウス(Titus Lucretius Carus 99 B. C.-55 B. C.)はローマ時代の哲学者。『物の本質について』第四巻八二三—八五七「君は眼の明らかなる光明〔視覚〕というものは、我々が眼前を見ることを可能ならしめる為に造られたものである、と考えてはならない……眼の光明〔視覚〕が生ずる以前には、見るということはなく、……」(樋口勝彦訳、岩波文庫　一九六一年、一九一—一九二頁)。

(10)「自由思想」については、『形而上学叙説』の注87参照。

(11) ガレノス(Κλαύδιος Γαληνός 129–c. 216)はギリシアの医学者。解剖を積極的に進める一方で神による創造を強調した。

(12) これは『光学、反射光学、屈折光学の唯一の原理』のことである。『形而上学叙説』の注93参照。

(13) フェルマについては、『形而上学叙説』の注97参照。

(14) 欄外に「(モリニュー氏)」とある。モリニューについては本書掲載『デカルト哲学についての私見に加えられた批判への返答』の注16参照。

(15) スネルについては、『形而上学叙説』の注95参照。

(16)『形而上学叙説』の注95で触れたように、デカルトの『屈折光学』(一六三七年)における屈折の法則はスネルからの盗用疑惑があった。この思わせぶりな言い方はそのことを含んでいるのかもしれない。

(17) ここで問題されているのは、ライプニッツにとって最も重要な原理の一つである連続律である。

(18)「単独者 μοναχόν」は本来は「孤独」の意味。

(19) 図2[Fig. 2]において、CPは鏡(AB)に対する垂線だが、G版ではPの位置がややおかしい。G版のまま掲載した。図3の書き方の方が正確。

(20) ここから数行後の「……CG:CG=PF:PGとなる」まではG版の記載のままだが、わかりにくい。そのためかG版の「:」をロムカーは分数の形で書き直しているので、見やすくはなっている（ただしなぜか奇妙な一行(shortest, though...rule is)が紛れ込んでいる）が、元の記載法のまま訳出した。

(21) 欄外にライプニッツ自身による注記がある。「ここからさらに反射光学と屈折光学の両方に共通なもう一つの定理を引き出すことができる。これはなかなか素敵な代物だと私は思う。それは以下の通り。もし折れ曲がっている光線に二点を取り、両者を結ぶ基線を分割面に垂直に二分割すると、光線同士は常に比例し媒質の抵抗と同様になる。例えば、Fと(G)があってC(P)がF(G)をf(P)と(G)(P)の等しい部分に切り取ると、光線FCの光線C(G)に対する比は常に等しくなる。これはf対gとなる。それゆえ、同じ媒質の場合は反射となって両者は等しくなる。」

(22) 以下の説明における各記号は図3[Fig. 3]と対応するはずだが、わかりにくい。注12で示した一六八二年著の『光学、反射光学、屈折光学の唯一の原理』の説明の方が理解しやすい。

(23) ロムカーによれば、G版における（フレモン版も）この式は誤りである。ロムカーは注20で示したように分数の形で書き直しているが、それを元の形に則して記すと次のようになる。

CF.((P))((G)):C((G)).((P))F=1

(24)「二重反射をする水晶[le] cristal de double réflexion」。ロムカーはこれを「氷州石iceland spar」のことだとしているが、氷州石は純度の高い方解石で「二重屈折（複屈折）double réfraxion」をするとされるので、この推定が妥当かどうかは確認できない。

(25) 正三角形の例は、『形而上学叙説』の注16を参照。

(26)「正義の法則 la Loi de la justice」について、本論より少し前の一六九五年に書かれたと推定される『普遍数学 *Mathesis Universalis*』においては、計算式の等価交換の可能性において言われている(GM VII, 66. K I, 2, 50. 馬場郁訳では「公正さの法則」と訳している)。ライプニッツ晩年の一七一五年頃の『数学の形而上学的基礎』ではこの法則が連続律との関連の中で論じられる(GM VII, 66. K I, 2, 78)。以上は、「正義の法則」が数学的場面で扱われている場面だが、一六八七年一〇月九日のアルノー宛の書簡では「物質的な自然よりも上位にある法則」とされる(最後から四段落目)。これは、数学的な正義(公正)だと人間以外の動物が理性や反省意識を有することなどを否定することができなくなるが、そうさせないことが「正義の法則」だということになる。

(27)『デカルト『哲学原理』評釈』の注97参照。

六　デカルト哲学についての私見に加えられた批判への返答　一六九七年

(1) ライプニッツは、数年前から度々書簡を交わしていたディジョンのカトリック司祭クロード・ニケーズ(Claude Nicaise 1623–1701)宛の私信の中で、デカルト哲学が必然性に陥り、ホッブズやスピノザと同様に宗教上好ましくないと書いていた(一六九七年二月一五日 GP II, 562-565)。ただしこれを公表するのをライプニッツは憚っていたのだが、ニケーズからこの手紙を回送された、アヴランシュの司教でありデカルト主義を批判していたピエール＝ダニエル・ユエ(Pierre-Daniel Huet 1630–1721)が『学芸雑誌』の一六九七年六月号に掲載してしまった。これに早速反応したのがデカルト主義者のピエール＝シルヴァン・レジス(Pierre-Sylvain Régis (本名 Sylvain Leroy) 1632-1707)で、『学芸雑誌』の翌七月号において「ニケーズ神父様宛のライプニッツ氏の手紙に対する見解、この手紙でライプニッツ氏はデカルト氏の哲学の諸原理が宗教と敬虔に反する帰結を含むことを示そうとする Reflexions sur une lettre de Monsieur Leibnits écritte à Monsieur l'Abbé Nicaise, dans laquelle il pretend faire voir que les principes de la Philosophie de Monsieur Descartes renferment des consequences contraires à la Religion et à la pieté」(以下、「見解」と略す)として匿名で過激な批判をした(GP IV, 333-336)。これに対する応答が『学芸雑誌』の翌八月号に掲載された本論である。当時の学者間の熾烈な論戦の一端を物語る。この翻訳はゲルハルト版を用いる(GP IV, 336-342)。

(2) レジスが「見解」を匿名で発表したこともあり、ライプニッツはこの「返答」においてはレジスを不定代名詞(on)で示している。通常の用法と区別し、かつ皮肉のニュアンスを込めて「御仁《ごじん》」と訳しておく。

(3) レジスの「見解」では「彼の sa」とあるが、ライプニッツはそれを「私の ma」と書き換えている。以下も概ね同様である。ここに限らず、ライプニッツがレジスの「見解」に触れるとき、正確に引用しているわけではなく、手を加えて取り込んでいる。むしろ、引用というよりはそのままライプニッツ自身の文として読む方が混乱はない。ゲルハルト版では隔字体(ゲシュペルト)で示されているが、以下の訳でこの形の「引用」に相当する場合には〈　〉で括った。

(4) ヨアヒム・ユンギウス(Joachim Jungius (Jung) 1587-1657)はドイツの哲学者。

(5) リチャード・スワインスヘッド(Richard Swineshead (Suisset) ?-c. 1350)はイングランドの数学者、スコラ学者。『計算機の解剖』を書いて「計算師」の異名をとった。ライプニッツは

『弁神論』第三附論第二節などで触れている。

（6）ジェロラモ・カルダーノ（Gerolamo Cardano 1501–1576）はイタリアの医師、数学者。ライプニッツは『人間知性新論』第一部第一章、第四部第一七章、『弁神論』第二五四、二六〇節などで触れている。

（7）ウィリアム・ギルバート（William Gilbert 1544–1603）はイングランドの物理学者。『磁石論』（一六〇〇年）で知られる。本書『デカルト『哲学原理』評釈』第二部注119参照。

（8）ヴェルラムはフランシス・ベイコンのこと。一六一八年に大法官に任じられた時、「ヴェルラム男爵」に叙された。

（9）トンマーゾ・カンパネッラ（Tommaso Campanella 1568–1639）はイタリアの哲学者。『太陽の都』で知られる。ライプニッツは『人間知性新論』第一部第一章、『弁神論』第一五〇節などで触れている。

（10）「真理の控えの間 l'Antichambre de la verité」。同様の記述は、一六七七年頃の『デカルト主義は真の哲学の控えの間』（A VI, 4, N. 255, S. 1356–1357）と題されたメモに見られる。「ある日私は、デカルト主義には優れたところがあってもそれは哲学の控えの間にすぎない、と人が言っているのを聞いた。宮廷で親しくしているその人は教養もあり、学問にも通じ、風刺も得意だが、時にやりすぎのこともある。その人は私に、古代の人々は我々に階段室を示してくれたし、新しい学院は衛兵の部屋までやってきたと言ってもよいとは思わないか、と私に尋ねた。そしてさらに、現代の改革派たち〔デカルト主義者〕は控えの間までやってきて、自然〔という宮廷〕の官房にまで我々を導いてくれるだろうか、と尋ねた。この譬え話は実に愉快であった。それで私は、

「あなたの比喩は一座を沸かします。しかし忘れてならないことがあります。控えの間と官房の間の間には聴聞の間があります。我々が接見に及びたいと思うなら接見室の内部に入らずとも聴聞の間で十分です。」と答えた。」宮廷の構造には不明なところがあるが、デカルトは控えの間だがライプニッツはその一つ先に進んでいると言いたいようだ。この後にも、一六七九年一二月のフィリップ宛の手紙(A II, 1, N. 217, S. 767)、一六九七年九月ファルデラ宛の手紙(A II, 3-B, N. 144, S. 382)、晩年の一七一四年一月レモン宛の手紙(GP III, 607)などにも見られる。

(11)　微分積分のこと。

(12)　この「引用」は不正確で、レジスが書いていたのは、「驚くべきことに、デカルト氏の弟子の中に師を擁護しようとした者は実に長い間一人もいなかった。」である。

(13)　「フランスの雑誌」は注1の『学芸雑誌』、オランダの雑誌はピエール・ベールが発刊した『文芸国通信』、ライプツィヒの雑誌は『学術紀要』(『形而上学叙説』の注78参照)のこと。

(14)　内容的には『形而上学叙説』第二〇節に相当するが、この作品は公刊されていないので、これとは別に該当する既刊の著作があるのかもしれない。

(15)　『形而上学叙説』第二〇節では「アナクサゴラス」とある。ところが本論文掲載の『学芸雑誌』当該号では「アナクシマンドロス」となっている。ライプニッツ本人の原稿の間違いとは考えにくいので、雑誌編集上のミスかもしれない。G版は雑誌掲載のままの形で編集をしている。

(16)　『形而上学叙説』の注93参照。

(17)　ウィリアム・モリニュー(モリヌークスなどとも William Molineux 1656–1698)はアイルランドの科学者、光学者。『新屈折光学』(一六九二年)。ライプニッツは『力学提要』(『形而上学叙説』

の注80参照）の中でモリニューに書名を挙げて触れている。なお、いわゆる「モリヌークス問題」はモリニューからジョン・ロックへ投げかけた問いが発端となり、ライプニッツも『人間知性新論』（第二部第九章第八節）で採り上げている。

（18） デカルト『哲学原理』第三部第四七節（AT VIII, 103）。この引用文の後半はライプニッツが強調しているため、ゲルハルト版ではイタリック体となっている。傍点で示した。

解説

佐々木能章

一　収録作品について

本書に収めたのは、ライプニッツの中期から後期に至る手前まで、年号で言うと一六八六年から一六九九年までに書かれた作品で、ここには「モナド」も「予定調和」も用語としては登場しない。しかしその内実は十分に成熟しつつあった。残すはその内実を表す符牒としての用語を待つだけである。とはいえその思想は完成したものではなく常に熟成しつつあるものだった。

（1）『形而上学叙説』と「アルノー宛書簡」

1　成立経緯　ライプニッツは一六八六年一月初めから四月初めまで、ドイツのハルツ山地のツェラーフェルトに滞在していた（ハルツについては後述）。ここから二月一日

／一一日、後にアルノーと往復書簡を交わす仲介者となるエルンスト・フォン・ヘセン－ラインフェルス方伯（Landgraf Ernst von Hessen-Rheinfels 1658–1693.「方伯」はドイツの爵位）宛に書いている。方伯とは以前から書物のやり取りなどを通じて知己を得ていた。「私は近頃（某地で数日間何もすることがなかったので）形而上学についての小さな叙説を書きました。」（A II, 2, N. 1, S. 3）これが後に『形而上学叙説』（以下『叙説』）と呼ばれることになる作品である。冬の山地では手元に資料があるはずもない。このような環境の中で執筆されていた。しかし方伯宛の書簡からはそのような境遇も、またそれを苦に思っている様子も感じられない。小編とはいえ数日で一気に書き上げたとは信じられないが、方伯を通じてアルノーに見解を質したいとの思いから急いで書いていたことは間違いない。

アルノーに対してライプニッツは若い頃に一度書簡を送ったことがある（一六七一年一一月初め A II, 1, S. 274–287. K II, 1, 132–158）が、この時には返信は得られなかった。再度接触を試みたのは、自分の哲学的立場を表明するはずの『叙説』について、アルノーからの評価を得たかったのであろう。そこには、高名な相手との論争が自身の知名度を高めることに役立つであろうという抜け目のない思惑もあったかもしれないが、純粋な哲学的動機に発したものだと理解しておきたい。仲介に選んだ方伯の立場が功を奏したのか、書簡のやり取りは無事に開始された。ところが胸を借りる筈の肝心の『叙説』が完成しない。止むを得ずライプニッツは『叙説』の草稿の各節の欄外に「概要」を記し、アルノーには大胆にもその「概要」だけを清書して送り意見を求めることにした。初めの頃は方伯を介していたが、やがて直接の交信となった。しかしこの文通の最中に『叙説』が完成することはなく、文通は最後まで「概要」に対して行われたのである。

一六八六年二月一日／一一日にライプニッツから方伯へ送られた手紙を皮切りに、ライプニッツから方伯(を介してアルノー)へは六通、ライプニッツから直接アルノーへ送られた書簡は八通(最初の手紙は本書【一】の一六八六年七月四日／一四日のもの、最後の書簡は一六九〇年三月二三日)。アルノーから方伯(を介してライプニッツ)へ送られた書簡は四通、アルノーから直接ライプニッツへ送られた書簡は四通(最後の書簡は一六八七年八月二八日)。方伯からライプニッツへの書簡が三通。また、以上の下書きが何通かあり(編者によって数が異なる)、ゲルハルト版では下書きを加えて全二六通の書簡集としてまとめられている。

本書では、ライプニッツがアルノーへ送った書簡から五通を選んで訳出した。往復書簡であれば相手の主張も見るべきだが、ライプニッツは議論の際に相手の主張を再掲する場合が多く(他の往復書簡でも同様)、議論の流れは理解できるので、ライプニッツからの書簡に限った。

ライプニッツが急いで送った「概要」ではあったが、さすがアルノーはそれだけからでも重要な論点を引き出し、辛辣な批判を浴びせる。ライプニッツは大物相手に怯《ひる》むことなく自説の正当性を提示する。しかし終始攻勢に立っていた、というか立とうとしていたライプニッツに対し、論争の終盤でアルノーは腰が引けた感じになる。一六八七年八月二日の書簡を最後にアルノーは論争から手を引く。ライプニッツはその後も数通送ってから、南ヨーロッパへの主として歴史調査への旅に出た。ハノーファーに帰るのは一六九〇年の六月であった。その帰途のヴェネチアからアルノーへ最後の書簡【五】を送っている。それはこの論争から得られた自分なりの結論を要約したものだと言える。

2　何が問題か　肝心のアルノーには「概要」を送ることしかできなかったライプニッツであったが、『叙説』は、細部への彫琢が続くものの、ほぼ「完成」した形で残された。しかしそれは、ライプニッツの多くの著作がそうであるように、生存中に日の目を見ることがなかった。

その構成は、晩年の『モナドロジー』がモナドに始まり神で完結するのとは異なり、神に始まり神で終わるものである。テーマは幾つかにまとめられる。①神は完全であり、善の秩序に従っている。奇蹟も秩序を外れてはいない。したがってその作品である世界は完全である。②被造物としての個体的実体は、その概念に属するすべての述語が内属し、それぞれが全宇宙を表出している。③各人の個体概念はその人に生じることのすべてを一遍に含んでいる。しかしこの真理は、どれほど確実であっても偶然的である。それは神もしくは被造物の自由意志に基礎付けられているからである。選択には常に理由があるが、その理由は傾かせるが強いることがない。④実体同士が直接作用し合うことはないが、互いに一致するように造られている。⑤自然法則の例としての力の保存則。自然の探究における目的因の効用。自然の説明の仕方として作用因と目的因とを調停する。⑥人間の知性のあり方。認識の段階。観念の役割。⑦神の恩寵と人間の自由との関係。⑧魂と身体の関係。精神の卓越性。⑨神はすべての精神からなる国家の君主であり、キリストは神の国と思考の幸福とを人々に示した。

以上の「概要」に対してアルノーが先ず噛み付いたのは「各人の個体概念はその人に生じることのすべてを一遍に含んでいる」という点についてであった。これではすべての被造物の出来事はすべて決まっていることになり、人間に自由がないばかりではなく、神にも自由がないことになってしまう。だがこの論点は、本質的一般的な述語と現実的個別的な述語を区別すること、そして世界の中にあるものはすべてが互いに連関しているというライプニッツからの説明を受けてアルノーは納得することになる。この頃、まだ「可能世界」の概念は成熟していないが、その一歩手前まで来ている。

もう一つの問題は、「身体・物体」の存在論的身分をめぐるものである。別の言い方をすれば、魂と身体との関係である。ここでライプニッツは、後に「予定調和」と呼ぶことになる、相互一致の仮説を提起する。動物は、持続する魂(人間の場合には「精神」)と流動的な身体から構成される複合実体として存在している。この「複合実体」あるいは「物体的実体」は、後々にもライプニッツの哲学の重要なテーマとして論じられることになるが、アルノーとのやり取りの中では着地点を見出せないままに終わってしまう。

ライプニッツの推敲癖は、『叙説』とアルノーとの論争を見ても明らかである。原稿の訂正跡の指摘については最小限にとどめたが、例えば『叙説』では、当初「機会原因説」に寄り添うような表現だったのを書き改めていることや、アルノーとの論争の中で、当初「実体的形相」という表現だったのを「エンテレケイア」と書き換えていることがわかる。ライプニッツが自分自身の哲学的ポジションを見定めるために試行錯誤していることが窺われる。

3　再発見　『叙説』もアルノー宛書簡も日の目を見ることなくハノーファーの書庫に眠っていた。再び世に出たのは、グローテフェント(C. E. Grotefend)によって刊行された一八四六年のことであった。そして両者に大きな光が当てられたのは、ラッセル(Bertrand Russel 1872–1970)によるところが大きい。初期の著作『ライプニッツの哲学 *Philosophy of Leibniz*』(London, 1900)において、それまで『モナドロジー』を、筋は通っていても気ままな御伽噺のようだと思っていたが、『叙説』とアルノー書簡を読んだとたん、光の洪水がライプニッツの哲学の殿堂の最奥部にまで達した、とラッセルらしい言い回しで表現した(p. xiii)。これがライプニッツの哲学の論理学的な解釈の出発点でもあり、その影響力は極めて大きなものであった。

ラッセルの目が個体的実体を巡る論点に集中するのに対し、物体的実体の意味に目を向けたのが、ドゥルーズ(Gilles Deleuze 1925–1995)であった。その著書『襞 *Le pli*』(Paris, 1988. 宇野邦一訳、河出書房新社 一九九八年)は、幾重にも折り畳まれた内実が織りなす存在の全体を、物体的な階とその上にある精神的な階の二階構造によって理解しようとする。これがライプニッツの形而上学の理解の軸となる。

ここでは二人の評価は控えておくが、『叙説』とアルノー書簡がライプニッツの哲学の理解にとって重要であることを示すとともに、この内実が単なる解釈にとどまらず新たな哲学を生み出す力になっていることも示していると言えよう。異なる角度からの理解や解釈を受け入れることができるというのは、掘り下げるに値する内実を含んでいるということである。

とりわけ、二〇世紀の哲学を牽引したドゥルーズが「形而上学」という古典的な学問に積極的な意味を見出そうとしていることは特筆に値する。アリストテレスに起源を有し西洋哲学の歴史の中で王道の地位を有していたこの学問は、二〇世紀にはその思弁的性格から忌避される傾向にあった。特に分析哲学の台頭はその傾向に拍車をかけた。ところが二一世紀に入ると、その分析哲学が形而上学と正面切って向き合うことになり、「現代形而上学」として哲学の主要な役割を担うようにさえなってきた。そしてその内実は、「存在」「原因」「自由意志」「可能性」など、伝統的な形而上学が扱っていた主題を論じている。ここでライプニッツに立ち返ってみるなら、こうした基本概念について、ライプニッツは既に随所で語っていたし、しかも語り口は「現代」形而上学が説くところと遜色がないように思われる。例えば、『叙説』第一四節の最後に、草稿段階では書かれていたが最終的に削除されたやや長い箇所がある(注73)。ここには時代に固有な用語も固有名詞もない。したがって、これをそのまま「現代形而上学」の論述に忍び込ませても恐らくほとんど違和感はなく、それなりに説得力のある主張と見られることであろう。

（2）『デカルト『哲学原理』評釈』

1　『デカルト『哲学原理』評釈』の成立経緯　この作品（以下『評釈』）が辿った数奇な経緯は、冒頭の注を参照されたい。最終的に手を加えたのが一六九九年であるためにその年の作品とされるが、実質的に書き出したのは一六九二年であり、基本的な枠組みはその前年にできあがっているので、ライプニッツがヴェネチアからアルノーへ送った最後の書簡【五】の日付（一六九〇年三月二三日）から見ても、さほど時期的な隔たりがあるわけではない。

ライプニッツは早い時期からデカルトには並々ならぬ関心を抱いていた。デカルト批判に先立ってのデカルト理解である。集められるだけの材料を取り寄せていた。デカルトの『規則論』の写本もその一つである。ライプニッツはデカルト以外にも、スピノザやマルブランシュ、パスカルなどの重要人物の著作を積極的に集めたり自ら書写したりし、コメントを加えている。デカルトに対してはとりわけ念を入れ、関係する書簡にまで調査を進めている。一連の文献で重要なものの一部は、山田弘明・町田一編訳『ライプニッツ　デカルト批判論集』（知泉書館、二〇二三年　同書には本書所収の『評釈』（表題は異なる）も収められている）で読むことができる。

すでにライプニッツは、一六七五年から翌年にかけて、デカルトの『哲学原理』に対する批評を行っていた(『デカルトの「哲学原理」に対して』A VI, 3, S. 213-217. 上記『ライプニッツ デカルト批判論集』二一一―三一頁)が、改めて腰を据えて「対決」することになった。

2 デカルト『哲学原理』への批判　デカルトの『哲学原理』に向けられた書物は、すでにスピノザが書いている。『デカルトの哲学原理』(一六六三年)である。この本はデカルトに付かず離れずしながら全体としてはデカルトの哲学の解説を大きく外れるものではない。スピノザの著作を未刊行のものを含めて丹念に調べているライプニッツが、公刊されているこの書に触れていないのは不思議なことだが、思うところがあってのことかもしれない。

スピノザとは違って、ライプニッツは正面からの対決姿勢に溢れている。デカルトの『哲学原理』は第四部まであり、その続巻も計画していたが、ライプニッツにとっては最初の二部への批判で十分であった。それは第一部が形而上学、第二部が自然学の基本に当てられていて、それ以降は各論だったからだ。

出版することを目指していたほどの作品であり長い年月を経てやっと「完成」したかに見えた『評釈』だったが、『形而上学叙説』と同様に書庫に眠ることになった。

ライプニッツはなぜ『哲学原理』をデカルト哲学の本丸としたのだろうか。デカルトの主要な哲学作品としてはしばしば『方法序説』と『省察』が挙げられるだろう。この両書にライプニッツは触れることもあるのだが、正面切って扱うことはしていない。邪推するなら、この二書が一人称の「私」によって思索の糸を手繰り寄せるような持続的な緊迫感を持っていることに対する、ライプニッツなりの違和感があったのではないだろうか。ロックに対する『人間知性新論』、ベールに対する『弁神論』などのように、体系をなす論点が構造的に順を追って次々と繰り出された方がライプニッツとしては扱いやすいのかもしれない。

第一部の哲学的な議論では、「懐疑」による強烈な吸引力から得られるデカルトの「コギト」に逆らうべく、まずは「懐疑」の射程を断ち切った上で、「様々なものが私によって考えられている」という命題を「コギト」に並立する(第七節)ことで、デカルトに立ち向かう姿勢を端的に表している。そして誤謬に至る可能性を一つ一つ摘み取って、真理へと向かう道筋を探る。

第二部は自然法則に関する問題で運動法則をめぐる議論となる。デカルトが立てた運動法則を執念深く批判的に検討し、「運動の量」ではなく「力の量」が保存されねばならないことを論じている。『叙説』では目的因の重要性を説く文脈で論じられていたのだが、ここではむしろ「連続律」との関係が重視されていることに注目したい。このことは、完全な剛体はなく物体は必ずある程度の弾性を有しているということとも関わっている。ライプニッツは連続律の重要性を随所で説くが、ここではとりわけ運動法則に立ち入ってその意義を説いている。それは自然の法則が秩序ある目的に適うための重要な意義を有していることの証拠として理解されているのである。

『評釈』の二部構成は、「形而上学 metaphysica」が meta-physica であることを考えるなら、「自然学 physica」を含めた構造が「哲学」の課題として自覚されていることは間違いない。その意味においては、『形而上学叙説』は『評釈』の二部構成から逆照射して読むことも可能であろう。

第二部の締め括りは自然の世界と目的の世界が神の恩寵によって統一される姿を示している。『形而上学叙説』や後の『モナドロジー』と同じような終着地は、ライプニッツが一貫して抱いていた構図であることが、改めて確認できる。

(3) 小品

小品として以下の三編を訳出した。

『自由、偶然性、原因の系列、摂理について』

『遡源試論』『デカルト哲学についての私見に加えられた批判への返答』

最初の二篇は、生前には刊行されなかった。どちらも、形而上学の論理と自然の論理との繋がりについて扱っている。『遡源試論』では光学の問題が扱われ、『形而上学叙説』の内容を補完している。『デカルト哲学についての私見に加えられた批判への返答』は、公開論争の厳しさの一端が示されている。ここで論敵がライプニッツに、数学が得意なのはわかったから哲学に首を突っ込むな、という趣旨の難癖を付けたのに対しライプニッツが色をなして反論する様子は面白い。文中の「デカルト哲学は真理の控えの間」という表現は、自負なのか思い上がりなのか、ライプニッツのデカルトへの位置付けとしてこれまた面白い。

二　残されたもの

『形而上学叙説』と『デカルト『哲学原理』評釈』並びに小品を直掘《じかぼ》りすれば、以上のような哲学的論題を探り出すことが可能だろう。しかし周辺部分からこの論争を掘り下げてみると、以上からだけでは明らかにすることができないライプニッツの仕事ぶりを見出すことが可能となる。以下ではその可能性の一端を示すことにする。

現行の岩波文庫『モナドロジー』の前身にあたる『単子論』(河野与(與)一訳、岩波文庫としては一九五一年刊(さらにその前身の「哲学古典叢書」としては一九二八年刊)、これとは別に河野與一著『單子論』が岩波書店から「大思想文庫」として出版されている(一九三六年)が、これは『モナドロジー』の解説を含みつつ大部分は『弁神論』の要約となっている)は、冒頭に「ライプニッツ著作刊行本」という項目で、ライプニッツの文献についての詳細な目録を掲載している。これを再録することは控えるが、その目録の冒頭に引いたライプニッツの言葉は意味深い。「刊行されたものによってのみ私を知る者は私を知らない者である。」(一六九六年二月二一日、プラッキウス宛 Dut VI, I, 65)

河野訳の二様の『単子論』が刊行される間の一九三七年にフランスの書誌学者エミール・ラヴィエが『ライプニッツ著作目録』を刊行した(Emile Ravier *Bibliographie des Œuvres de Leibniz*, Paris, 1937)。この目録は、一九三五年までに刊行されたライプニッツの著作をほぼ網羅した労作である。全体を二部に分け、第一部はライプニッツの生存中に刊行されたもの、第二部は死後に刊行された著作、編著、書簡集、翻訳などを細大漏らさず収めている。

第一部は扉にライプニッツの言葉として「私は無数のことについて無数のものを書いた。しかし出版されたのはわずかなことについてのわずかなものだけだ。」(一六九五年三月一五日、ヨハン・ベルヌーイ宛 GM III, 1, 61)を載せている。第一章は生存中に署名入りで刊行された著作七八点を挙げる。内容は政治、家史、国際法、中国論などに及び、ここに『弁神論』も含まれる。第二章は学術雑誌に掲載された論文で計一一五点を数える。またそれらの雑誌に匿名で掲載された論文も五七点ある。生存中に他者によって刊行された書物に収められたライプニッツの著作は六三点ある。結局、ライプニッツの生存中に刊行された著作は大小含め、三二五点に及ぶ。しかしこの中には、『形而上学叙説』も『モナドロジー』も『人間知性新論』も、そして千二、三百人を相手にした膨大な数の書簡の多くも、含まれていない。それを掘り起こしたものが第二部である。

第二部には、未刊行の著作、書簡、未完成原稿などを編集・刊行したものが収められ、各国語訳も含まれる。短編から複数巻に及ぶ大部の著作集まで、総数五五七点に及ぶ一九三五年までの著作が年代別に列挙されている。大きな著作集は内訳を詳細に指示している。河野氏の翻訳(「哲学古典叢書」としての『形而上学叙説』と『単子論』の二点)も含まれる。ここに収められている著作や書簡は、編者によって選別されているため、重複が多いし、逆に未収録のままの書簡や著作あるいはその断片、メモ等が多数存在しているはずである。数えてみたところ文通相手は六二〇人前後で実数の半数ほどで、著作は七二八点前後ある。遺漏や重複があるし、その後に出版に付されたものも多数あるので、目安と見てほしい。アカデミー版が完結するとき（早くて二〇五〇年以降と推測される）には遺漏なき実数が明らかになるのだろうか。

そしてこの第二部の扉には、岩波文庫に掲載されていた一節と共に次の一句が掲げられている。「遺作が正確に編集されることは滅多にない。」（一六九五年六月二五日、プラッキウス宛 Dut VI, I, 70. この一連の句が書かれたのは本書の扱う時期と重なっている）ライプニッツ自身がいつも肝に銘じていたのか、遺漏が避けられないことを自覚していたのであろう。ここで改めて第一部の扉の句の前半部を思い起こしてみよう。「私は無数のことについて無数のものを書いた。」今我々が手にしているこの文庫で訳出された著作は、ライプニッツのある時期の哲学に関するごく一部である。これだけでも多くの内容を含んでいるが、哲学分野の著作はこれ以外にも無数にある。しかしライプニッツが書き残したものはそれ以外の無数の対象に及んでいる。

ちなみに『形而上学叙説』が書かれた一六八六年二月頃、ライプニッツはハルツ山中の鉱山事務所にいた。この年、ライプニッツは三度ハルツに滞在している。その一年間の滞在期間を通算すると半年以上になる。

一六八六年だけでみると、ライプニッツが送った手紙の総数は五九通、ライプニッツへの手紙は四一通。論文は四六篇だった（資料は、Kurt Müller und Gisera Krönert *Leibniz Eine Chronik*, Frankfurt am Main, 1969. 松尾雄二「ライプニッツ全著作・書簡のクロノロジー」（WEB版））。手紙の相手は哲学者、数学者、法学者、政治家、法律家、歴史家、宗教家、宮廷関係者、鉱山関係者などで、学生宛もある。論文は、『形而上学叙説』と並んで、歴史調査、普遍学、論理学、数学、力学、神学、宗教論争、マルブランシュからの抜き書きなどが並ぶ。ハルツで執筆されたものも多い。これらはA版に収録されているものだが、A版は歴史関係には未だ手がつけられていないのが実情である。「出版されたのはわずかなことについてのわずかなものだけだ。」とライプニッツが嘆く通りである。（しかしさらに言うなら、「残されていないもの」もある。政治家、外交官として、あるいは発明家として表明されたアイデアは、政治的な配慮などから秘匿や廃棄されたものも少なくない。それらはもはや後世の者には知る由もない。）

そもそもライプニッツが一六七六年にハノーファーに赴いたのは、当地を治めていたブラウンシュヴァイク家の宮廷顧問官としてであった。内政、外交に携わるのが本業であり、それに付随する仕事は、家史編纂、図書館整備、財政改革などの国家事業であった。数学や哲学や法学、その他医学、中国学、地質学、言語学などの諸学問、さらに計算機製作などは言わば余技であった(図書館運営、鉱山開発、計算機については拙著『ライプニッツ術』(工作舎、二〇〇二年)でやや詳しく述べた)。

ライプニッツは、本業の一つである財政充実のために、一六七八年以降、ハノーファーから一〇〇キロほど南東にあるハルツ山地の鉱山開発事業に取組んだ。銀などを産出するこの地は国家経済を潤すために有用であると進言したライプニッツは、鉱山開発の指揮を執るために自ら現地に赴くと、開発計画を立案し、坑道排水のためのポンプの設計やその動力のための風車を考案している。一六八〇年から一六八六年までライプニッツが現地に赴いたのは三一回、滞在期間は通算して一六五週に及んだ。当時の馬車で片道一〇〇キロの山道を進むには三日は要しただろうから、この間のほぼ半分は鉱山開発に携わっていたことになる。残りの半分で、宮廷に関わる業務その他をこなしていた(アルノーへの返信はすべてハノーファーもしくはその近郊から送っている)。しかし鉱山開発は諸事情も重なって計画通りに進まず、一六八五年に中止が決定されたが、諦めきれないライプニッツは翌年まで計画を進めようとしていた。『形而上学叙説』が執筆されたのはちょうどこの最後の時期に当たる。

ライプニッツの関心は決して学問中心ではなかった。人々の普段の生活に向ける眼差しの鋭さは、形而上学や数学に決して劣ることはなかった。『形而上学叙説』でも、形而上学を実践あるいは道徳と対比させる箇所がある（第一、一〇、一五、三四、三五節など）。これは実践や道徳を貶《おとし》めているのではなく、理論的な考察とは別に、人々が普段に生活する際の安心できる筋道を示しているのである（この点で、道徳や人倫の形而上学を企てたカントとは姿勢が異なる）。計算機の発明や鉱山開発にかけた情熱（これらの多くは失敗に終わったが）もそうだし、（実定）法や道徳に関する見解もそうだ。こうした努力が人々の幸福に資するものであるという確信は決して揺らいでいなかった。

もし仮にライプニッツの意図を深く理解しようとするならば、「出版されたもの」「残されたもの」を通じて、「出版されなかったもの」「残されなかったもの」を探ることが求められるのだろう。

ライプニッツの「実像」はまだまだ遠い。

＊　＊　＊

思えば、学生時代の河野訳『単子論』がライプニッツとの出会いであった。その後同氏訳の『形而上学叙説』を神保町の古書店で見つけ、両書をボロボロになるまで読んだ。旧字旧仮名など気にならないほど達意の名訳である。さすが、翻訳の天才と言われた所以だ。本当のところはこの両訳を残しておきたい気持ちがある。それでも古典には常に新しい器を用意することも必要なのだろう。『形而上学叙説』にはすでに数種類の翻訳があり、『評釈』も先訳が出た。それらに敬意を表しつつ、負けぬものをとの思いは密かに抱いている。

『評釈』のアカデミー版（暫定版ＶＥ）のある箇所での疑義について編集部に問い合わせたところ、担当するヘンリク・ヴェルス氏から直ちに適切なご対応を得ることができた。感謝する次第である。そして、ごく一部とはいえアカデミー版の修正に寄与できたことを嬉しくまた誇りに思う。

初め清水愛理さんからお話を頂き、吉川哲士さんに編集をお願いすることになりました。大変お世話になったことを心からお礼申し上げます。

二〇二四年一二月一八日

索　引

＊主要な頁のみを示す。一部の語には原語を補った。

事項索引

ア　行

カ　行

サ　行

タ 行

ナ　行

ハ　行

マ　行

ヤ　行

ラ　行

ワ　行

人名索引

ア　行

カ　行

形而上学叙説《けいじじょうがくじょせつ》 他五篇　ライプニッツ著

2025年2月14日　第1刷発行

訳　者　佐々木能章《ささきよしあき》

発行者　坂本政謙

発行所　株式会社 岩波書店
〒101-8002 東京都千代田区一ツ橋 2-5-5
案内 03-5210-4000　営業部 03-5210-4111
文庫編集部 03-5210-4051
https://www.iwanami.co.jp/

印刷・精興社　製本・中永製本

ISBN 978-4-00-336163-4　Printed in Japan

読書子に寄す

――岩波文庫発刊に際して――

岩波茂雄

真理は万人によって求められることを自ら欲し、芸術は万人によって愛されることを自ら望む。かつては民を愚昧ならしめるために学芸が最も狭き堂宇に閉鎖されたことがあった。今や知識と美とを特権階級の独占より奪い返すことはつねに進取的なる民衆の切実なる要求である。岩波文庫はこの要求に応じそれに励まされて生まれた。それは生命ある不朽の書を少数者の書斎と研究室とより解放して街頭にくまなく立たしめ民衆に伍せしめるであろう。近時大量生産予約出版の流行を見る。その広告宣伝の狂態はしばらくおくも、後代にのこすと誇称する全集がその編集に万全の用意をなしたるか。千古の典籍の翻訳企図に敬虔の態度を欠かざりしか。さらに分売を許さず読者を繋縛して数十冊を強うるがごとき、はたしてその揚言する学芸解放のゆえんなりや。吾人は天下の名士の声に和してこれを推挙するに躊躇するものである。このときにあたって、岩波書店は自己の責務のいよいよ重大なるを思い、従来の方針の徹底を期するため、すでに十数年以前より志して来た計画を慎重審議この際断然実行することにした。吾人は範をかのレクラム文庫にとり、古今東西にわたって文芸・哲学・社会科学・自然科学等種類のいかんを問わず、いやしくも万人の必読すべき真に古典的価値ある書をきわめて簡易なる形式において逐次刊行し、あらゆる人間に須要なる生活向上の資料、生活批判の原理を提供せんと欲する。この文庫は予約出版の方法を排したるがゆえに、読者は自己の欲する時に自己の欲する書物を各個に自由に選択することができる。携帯に便にして価格の低きを最主とするがゆえに、外観を顧みざるも内容に至っては厳選最も力を尽くし、従来の岩波出版物の特色をますます発揮せしめようとする。この計画たるや世間の一時の投機的なるものと異なり、永遠の事業として吾人は微力を傾倒し、あらゆる犠牲を忍んで今後永久に継続発展せしめ、もって文庫の使命を遺憾なく果たさしめることを期する。芸術を愛し知識を求むる士の自ら進んでこの挙に参加し、希望と忠言とを寄せられることは吾人の熱望するところである。その性質上経済的には最も困難多きこの事業にあえて当たらんとする吾人の志を諒として、その達成のため世の読書子とのうるわしき共同を期待する。

昭和二年七月

《哲学・教育・宗教》〔青〕

ソクラテスの弁明・クリトン　プラトン　久保勉訳
ゴルギアス　プラトン　加来彰俊訳
饗宴　プラトン　久保勉訳
テアイテトス　プラトン　田中美知太郎訳
パイドロス　プラトン　藤沢令夫訳
メノン　プラトン　藤沢令夫訳
国家　全二冊　プラトン　藤沢令夫訳
プロタゴラス　—ソフィストたち　プラトン　藤沢令夫訳
パイドン　—魂の不死について　プラトン　岩田靖夫訳
アナバシス　—敵中横断六〇〇〇キロ　クセノポン　松平千秋訳
アリストテレス　ニコマコス倫理学　全二冊　高田三郎訳
アリストテレス　形而上学　全二冊　出隆訳
アリストテレス　弁論術　戸塚七郎訳
アリストテレース詩学・ホラーティウス詩論　松本仁助・岡道男訳
物の本質について　ルクレーティウス　樋口勝彦訳
エピクロス　—教説と手紙　出隆・岩崎允胤訳

生の短さについて　他二篇　セネカ　大西英文訳
怒りについて　他二篇　セネカ　兼利琢也訳
エピクテトス　人生談義　全二冊　國方栄二訳
人さまざま　テオプラストス　森進一訳
マルクス・アウレーリウス　自省録　神谷美恵子訳
老年について　キケロー　中務哲郎訳
友情について　キケロー　中務哲郎訳
弁論家について　全二冊　キケロー　大西英文訳
平和の訴え　エラスムス　箕輪三郎訳
エラスムス＝トマス・モア往復書簡　沓掛良彦・高田康成訳
方法序説　デカルト　谷川多佳子訳
哲学原理　デカルト　桂寿一訳
精神指導の規則　デカルト　野田又夫訳
情念論　デカルト　谷川多佳子訳
パンセ　全三冊　パスカル　塩川徹也訳
パスカル　小品と手紙　塩川徹也・望月ゆか訳
スピノザ　神学・政治論　全二冊　畠中尚志訳

知性改善論　スピノザ　畠中尚志訳
スピノザ　エチカ（倫理学）　全二冊　畠中尚志訳
スピノザ　国家論　畠中尚志訳
スピノザ往復書簡集　畠中尚志訳
デカルトの哲学原理　—附　形而上学的思想　スピノザ　畠中尚志訳
スピノザ　神・人間及び人間の幸福に関する短論文　畠中尚志訳
モナドロジー　他二篇　ライプニッツ　谷川多佳子・岡部英男訳
ノヴム・オルガヌム（新機関）　ベーコン　桂寿一訳
市民の国について　全二冊　ヒューム　小松茂夫訳
自然宗教をめぐる対話　ヒューム　犬塚元訳
君主の統治について　—謹んでキプロス王に捧げる　トマス・アクィナス　柴田平三郎訳
精選　神学大全　全四冊　トマス・アクィナス　稲垣良典・山本芳久編／訳
エミール　全三冊　ルソー　今野一雄訳
人間不平等起原論　ルソー　本田喜代治・平岡昇訳
ルソー　社会契約論　桑原武夫・前川貞次郎訳
言語起源論　—旋律と音楽的模倣について　ルソー　増田真訳
ディドロ　絵画について　佐々木健一訳

- 純粋理性批判 全三冊　カント　篠田英雄訳
- カント 実践理性批判　波多野精一・宮本和吉・篠田英雄訳
- 判断力批判 全二冊　カント　篠田英雄訳
- 永遠平和のために　カント　宇都宮芳明訳
- プロレゴメナ　カント　篠田英雄訳
- 人倫の形而上学 全二冊　カント　熊野純彦・宮村悠介訳
- シュライエルマッハー 独白　木場深定訳
- ヘーゲル 政治論文集 全二冊　金子武蔵訳
- 哲学史序論 —哲学と哲学史　ヘーゲル　武市健人訳
- 歴史哲学講義 全二冊　ヘーゲル　長谷川宏訳
- 法の哲学 —自然法と国家学の要綱　ヘーゲル　上妻精・佐藤康邦・山田忠彰訳
- 学問論　シェリング　西川富雄・藤田正勝監訳
- 自殺について 他四篇　ショウペンハウエル　斎藤信治訳
- 読書について 他二篇　ショウペンハウエル　斎藤忍随訳
- 知性について 他四篇　ショーペンハウエル　細谷貞雄訳
- 不安の概念　キェルケゴール　斎藤信治訳
- 死に至る病　キェルケゴール　斎藤信治訳

- 体験と創作 全二冊　ディルタイ　柴田治三郎・小牧健夫訳
- 眠られぬ夜のために 全二冊　ヒルティ　草間平作・大和邦太郎訳
- 幸福論 全三冊　ヒルティ　草間平作・大和邦太郎訳
- 悲劇の誕生　ニーチェ　秋山英夫訳
- ツァラトゥストラはこう言った 全二冊　ニーチェ　氷上英廣訳
- 道徳の系譜　ニーチェ　木場深定訳
- 善悪の彼岸　ニーチェ　木場深定訳
- この人を見よ　ニーチェ　手塚富雄訳
- プラグマティズム　W・ジェイムズ　桝田啓三郎訳
- 宗教的経験の諸相 全二冊　W・ジェイムズ　桝田啓三郎訳
- 日常生活の精神病理　フロイト　高田珠樹訳
- 精神分析入門講義 全二冊　フロイト　高田珠樹・新宮一成・須藤訓任・道籏泰三訳
- 純粋現象学及現象学的哲学考案 全二冊　フッセル　池上鎌三訳
- デカルト的省察　フッサール　浜渦辰二訳
- 愛の断想・日々の断想　ジンメル　清水幾太郎訳
- ジンメル宗教論集　深澤英隆編訳
- 笑い　ベルクソン　林達夫訳

- 道徳と宗教の二源泉　ベルクソン　平山高次訳
- 物質と記憶　ベルクソン　熊野純彦訳
- 時間と自由　ベルクソン　中村文郎訳
- ラッセル教育論　安藤貞雄訳
- ラッセル幸福論　安藤貞雄訳
- 存在と時間 全四冊　ハイデガー　熊野純彦訳
- 学校と社会　デューイ　宮原誠一訳
- 民主主義と教育 全二冊　デューイ　松野安男訳
- 我と汝・対話　マルティン・ブーバー　植田重雄訳
- アラン 幸福論　神谷幹夫訳
- アラン 定義集　神谷幹夫訳
- 天才の心理学　E・クレッチュマー　内村祐之訳
- 英語発達小史　H・ブラッドリ　寺澤芳雄訳
- 日本の弓術　オイゲン・ヘリゲル述　柴田治三郎訳
- 似て非なる友について 他三篇　プルタルコス　柳沼重剛訳
- ことばのロマンス —英語の語源　ウィークリー　寺澤芳雄・出淵博訳
- ヴィーコ 学問の方法　上村忠男・佐々木力訳

国家と神話 全二冊　カッシーラー 熊野純彦訳
天才・悪　ブレンターノ 篠田英雄訳
人間の頭脳活動の本質 他一篇　ディーツゲン 小松摂郎訳
反啓蒙思想 他二篇　バーリン 松本礼二編
マキアヴェッリの独創性 他三篇　バーリン 川出良枝編
ロシア・インテリゲンツィヤの誕生 他五篇　バーリン 桑野隆編
論理哲学論考　ウィトゲンシュタイン 野矢茂樹訳
自由と社会的抑圧　シモーヌ・ヴェイユ 冨原眞弓訳
根をもつこと 全二冊　シモーヌ・ヴェイユ 冨原眞弓訳
重力と恩寵　シモーヌ・ヴェイユ 冨原眞弓訳
全体性と無限 全二冊　レヴィナス 熊野純彦訳
啓蒙の弁証法 —哲学的断想　M・ホルクハイマー T・W・アドルノ 徳永恂訳
ヘーゲルからニーチェへ 十九世紀思想における革命的断絶 全二冊　レーヴィット 三島憲一訳
統辞構造論 付『言語理論の論理構造』序論　チョムスキー 福井直樹 辻子美保子訳
統辞理論の諸相 方法論序説　チョムスキー 辻子美保子 福井直樹訳
快楽について　ロレンツォ・ヴァッラ 近藤恒一訳
ニーチェ みずからの時代と闘う者　ルドルフ・シュタイナー 高橋巖訳

フランス革命期の公教育論　コンドルセ他 阪上孝編訳
人間の教育 全二冊　フレーベル 荒井武訳
旧約聖書 創世記　関根正雄訳
旧約聖書 出エジプト記　関根正雄訳
旧約聖書 ヨブ記　関根正雄訳
旧約聖書 詩篇　関根正雄訳
新約聖書 福音書　塚本虎二訳
文語訳 新約聖書 詩篇付
文語訳 旧約聖書 全四冊
キリストにならいて　トマス・ア・ケンピス 大沢章 呉茂一訳
聖アウグスティヌス 告白 全二冊　服部英次郎訳
アウグスティヌス 神の国 全五冊　服部英次郎 藤本雄三訳
新訳 キリスト者の自由・聖書への序言　マルティン・ルター 石原謙訳
キリスト教と世界宗教　シュヴァイツェル 鈴木俊郎訳
カルヴァン小論集　波木居斉二編訳
聖なるもの　オットー 久松英二訳
コーラン 全三冊　井筒俊彦訳

エックハルト説教集　田島照久編訳
ムハンマドのことば ハディース　小杉泰編訳
新約聖書外典 ナグ・ハマディ文書抄　荒井献 大貫隆 小林稔 筒井賢治 編訳
後期資本主義における正統化の問題　ハーバーマス 山田正行・金慧訳
シンボルの哲学 —理性、祭礼、芸術のシンボル試論　S・K・ランガー 塚本明子訳
ジャック・ラカン 精神分析の四基本概念 全二冊　ジャック＝アラン・ミレール編 小出浩之 新宮一成 鈴木國文 小川豊昭 訳
精神と自然 生きた世界の認識論　グレゴリー・ベイトソン 佐藤良明訳
精神の生態学へ 全三冊　グレゴリー・ベイトソン 佐藤良明訳
人間の知的能力に関する試論 全二冊　トマス・リード 戸田剛文訳
開かれた社会とその敵 全四冊　カール・ポパー 小河原誠訳

《日本思想》〔青〕

- 風姿花伝（花伝書）　世阿弥／野上豊一郎・西尾実校訂
- 五輪書　宮本武蔵／渡辺一郎校注
- 葉隠　全三冊　山本常朝／和辻哲郎・古川哲史校訂
- 養生訓・和俗童子訓　貝原益軒／石川謙校訂
- 貝原益軒 大和俗訓　石川謙校訂
- 蘭学事始　杉田玄白／緒方富雄校註
- 島津斉彬言行録　牧野伸顕序
- 塵劫記　吉田光由／大矢真一校注
- 兵法家伝書　付 新陰流兵法目録事　柳生宗矩／渡辺一郎校注
- 農業全書　宮崎安貞編録／貝原楽軒刪補／土屋喬雄校訂
- 上宮聖徳法王帝説　東野治之校注
- 霊の真柱　平田篤胤／子安宣邦校注
- 仙境異聞・勝五郎再生記聞　平田篤胤／子安宣邦校注
- 茶湯一会集・閑夜茶話　井伊直弼／戸田勝久校注
- 西郷南洲遺訓　附 手抄言志録及遺文　山田済斎編
- 文明論之概略　福沢諭吉／松沢弘陽校注

- 新訂 福翁自伝　富田正文校訂
- 学問のすゝめ　福沢諭吉
- 福沢諭吉教育論集　山住正己編
- 福沢諭吉家族論集　中村敏子編
- 福沢諭吉の手紙　慶應義塾編
- 新島襄の手紙　同志社編
- 新島襄 教育宗教論集　同志社編
- 新島襄自伝 —手記・紀行文・日記　同志社編
- 植木枝盛選集　家永三郎編
- 日本の下層社会　横山源之助
- 中江兆民 三酔人経綸問答　桑原武夫・島田虔次訳・校注
- 中江兆民評論集　松永昌三編
- 一年有半・続一年有半　中江兆民／井田進也校注
- 憲法義解　伊藤博文／宮沢俊義校註
- 日本風景論　志賀重昂／近藤信行校訂
- 日本開化小史　田口卯吉／嘉治隆一校訂
- 新訂 蹇蹇録 —日清戦争外交秘録　陸奥宗光／中塚明校注

- 茶の本　岡倉覚三／村岡博訳
- 武士道　新渡戸稲造／矢内原忠雄訳
- 新渡戸稲造論集　鈴木範久編
- キリスト信徒のなぐさめ　内村鑑三
- 余はいかにしてキリスト信徒となりしか　内村鑑三／鈴木範久訳
- 代表的日本人　内村鑑三／鈴木範久訳
- 後世への最大遺物・デンマルク国の話　内村鑑三
- 宗教座談　内村鑑三
- ヨブ記講演　内村鑑三
- 足利尊氏　山路愛山
- 徳川家康　全二冊　山路愛山
- 妾の半生涯　福田英子
- 三十三年の夢　宮崎滔天／島田虔次・近藤秀樹校注
- 善の研究　西田幾多郎
- 西田幾多郎哲学論集 II —論理と生命 他四篇　上田閑照編
- 西田幾多郎哲学論集 III —自覚について 他四篇　上田閑照編
- 西田幾多郎歌集　上田薫編

西田幾多郎講演集　田中裕編
西田幾多郎書簡集　藤田正勝編
帝国主義　幸徳秋水　山泉進校注
兆民先生 他八篇　幸徳秋水　梅森直之校注
基督抹殺論　幸徳秋水
貧乏物語　河上肇　大内兵衛解題
河上肇評論集　杉原四郎編
西欧紀行 祖国を顧みて　河上肇
中国文明論集　宮崎市定　礪波護編
史記を語る　宮崎市定
中国史 全二冊　宮崎市定
大杉栄評論集　飛鳥井雅道編
女工哀史　細井和喜蔵
奴隷 —小説・女工哀史1　細井和喜蔵
工場 —小説・女工哀史2　細井和喜蔵
初版 日本資本主義発達史 全二冊　野呂栄太郎
谷中村滅亡史　荒畑寒村

遠野物語・山の人生　柳田国男
海上の道　柳田国男
野草雑記・野鳥雑記　柳田国男
孤猿随筆　柳田国男
婚姻の話　柳田国男
都市と農村　柳田国男
十二支考 全二冊　南方熊楠
津田左右吉歴史論集　今井修編
特命全権大使 米欧回覧実記 全五冊　久米邦武編　田中彰校注
日本イデオロギー論　戸坂潤
古寺巡礼　和辻哲郎
風土 —人間学的考察　和辻哲郎
イタリア古寺巡礼　和辻哲郎
倫理学 全四冊　和辻哲郎
人間の学としての倫理学　和辻哲郎
日本倫理思想史 全四冊　和辻哲郎
「いき」の構造 他二篇　九鬼周造

九鬼周造随筆集　菅野昭正編
偶然性の問題　九鬼周造
時間論 他二篇　九鬼周造　小浜善信編
田沼時代　辻善之助
パスカルにおける人間の研究　三木清
構想力の論理 全二冊　三木清
漱石詩注　吉川幸次郎
新版 きけわだつみのこえ —日本戦没学生の手記　日本戦没学生記念会編
新版 第二集 きけわだつみのこえ —日本戦没学生の手記　日本戦没学生記念会編
君たちはどう生きるか　吉野源三郎
地震・憲兵・火事・巡査　山崎今朝弥　森長英三郎編
懐旧九十年　石黒忠悳
武家の女性　山川菊栄
覚書 幕末の水戸藩　山川菊栄
忘れられた日本人　宮本常一
家郷の訓　宮本常一
大阪と堺　三浦周行　朝尾直弘編

国家と宗教 —ヨーロッパ精神史の研究	南原繁
石橋湛山評論集	松尾尊兊編
民藝四十年	柳宗悦
手仕事の日本	柳宗悦
工藝文化	柳宗悦
南無阿弥陀仏 付 心偈	柳宗悦
柳宗悦茶道論集	熊倉功夫編
雨夜譚 —渋沢栄一自伝	長幸男校注
中世の文学伝統	風巻景次郎
平塚らいてう評論集	小林登美枝 米田佐代子編
最暗黒の東京	松原岩五郎
日本の民家	今和次郎
原爆の子 —広島の少年少女のうったえ 全二冊	長田新編
暗黒日記 —一九四二—一九四五	清沢洌 山本義彦編
臨済・荘子	前田利鎌
『青鞜』女性解放論集	堀場清子編
大津事件 —ロシア皇太子大津遭難	尾佐竹猛 三谷太一郎校注

幕末遣外使節物語 —夷狄の国へ	尾佐竹猛 吉良芳恵校注
極光のかげに —シベリア俘虜記	高杉一郎
イスラーム文化 —その根柢にあるもの	井筒俊彦
意識と本質 —精神的東洋を索めて	井筒俊彦
神秘哲学 —ギリシアの部	井筒俊彦
意味の深みへ —東洋哲学の水位	井筒俊彦
コスモスとアンチコスモス 東洋哲学のために	井筒俊彦
幕末政治家	福地桜痴 佐々木潤之介校注
渡辺一夫評論選 狂気について 他二十二篇	大江健三郎 清水徹編
維新旧幕比較論	木下真弘 宮地正人校注
被差別部落一千年史	高橋貞樹 沖浦和光校注
花田清輝評論集	粉川哲夫編
英国の文学	吉田健一
中井正一評論集	長田弘編
山びこ学校	無着成恭編
考史遊記	桑原隲蔵
福沢諭吉の哲学 他六篇	丸山眞男 松沢弘陽編

政治の世界 他十篇	丸山眞男 松本礼二編注
超国家主義の論理と心理 他八篇	丸山眞男 古矢旬編
田中正造文集 全二冊	由井正臣 小松裕編
国語学史	時枝誠記
定本 育児の百科 全三冊	松田道雄
大西祝選集 哲学篇 全二冊	小坂国継編
哲学の三つの伝統 他十二篇	野田又夫
大隈重信演説談話集	早稲田大学編
大隈重信自叙伝	早稲田大学編
人生の帰趣	山崎弁栄
転回期の政治	宮沢俊義
何が私をこうさせたか —獄中手記	金子文子
明治維新	遠山茂樹
禅海一瀾講話	釈宗演
明治政治史	岡義武
転換期の大正	岡義武
山県有朋 —明治日本の象徴	岡義武